독자의 **1초**를 아껴주는 정성!

—

세상이 아무리 바쁘게 돌아가더라도

책까지 아무렇게나 빨리 만들 수는 없습니다.

인스턴트 식품 같은 책보다는

오래 익힌 술이나 장맛이 밴 책을 만들고 싶습니다.

길벗이지톡은 독자여러분이 우리를 믿는다고 할 때 가장 행복합니다.

나를 아껴주는 어학도서, 길벗이지톡의 책을 만나보십시오.

독자의 1초를 아껴주는 정성을 만나보십시오.

미리 책을 읽고 따라해본 2만 베타테스터 여러분과 무따기 체험단, 길벗스쿨 엄마 2% 기획단,

시나공 평가단, 토익 배틀, 대학생 기자단까지!

믿을 수 있는 책을 함께 만들어주신 독자 여러분께 감사드립니다.

(주)도서출판 길벗 www.gilbut.co.kr

길벗 이지톡 www.gilbut.co.kr

길벗 스쿨 www.gilbutschool.co.kr

	말하기 & 듣기	읽기 & 쓰기	발음 & 단어

첫걸음

초급

비즈니스

: QR 코드로 음성 자료 듣는 법 :

1 스마트 폰에서 'QR 코드 스캔' 애플리케이션을 다운받아 실행합니다. [앱스토어나 구글 플레이 스토어에서 'QR 코드'로 검색하세요]

2 애플리케이션의 화면과 도서 각 unit 시작 페이지에 있는 QR 코드를 맞춰 스캔합니다.

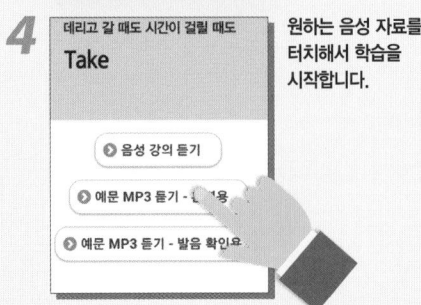

3 스캔이 되면 '음성 강의 듣기', '예문 mp3 듣기' 선택 화면이 뜹니다.

4 원하는 음성 자료를 터치해서 학습을 시작합니다.

: 길벗이지톡 홈페이지에서 자료 받는 법 :

1

길벗이지톡 홈페이지(www.eztok.co.kr) 검색창에서 《영어회화 무작정 따라하기》를 검색합니다.
[자료에 따라 로그인이 필요할 수 있습니다]

2

검색 후 나오는 화면에서 해당 도서를 클릭합니다.

3

해당 도서 페이지에서 '부록/학습자료'를 클릭합니다.

4

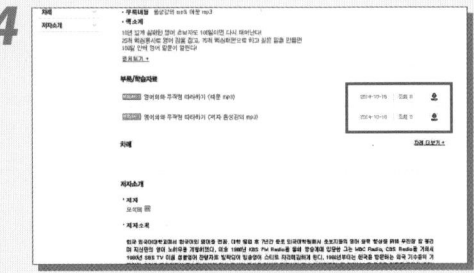

다운로드 아이콘을 클릭해 자료를 받습니다.

영어회화
무작정
따라하기

오석태 지음

영어회화 무작정 따라하기

The Cakewalk Series - English Conversation

초판 1쇄 발행 · 2014년 11월 15일
초판 15쇄 발행 · 2023년 1월 20일

지은이 · 오석태
발행인 · 이종원
발행처 · (주)도서출판 길벗
브랜드 · 길벗이지톡
출판사 등록일 · 1990년 12월 24일
주소 · 서울시 마포구 월드컵로 10길 56(서교동)
대표 전화 · 02)332-0931 | **팩스** · 02)323-0586
홈페이지 · www.gilbut.co.kr | **이메일** · eztok@gilbut.co.kr

기획 및 책임편집 · 신혜원, 임명진 | **표지 디자인** · 강은경 | **본문 디자인** · 황애라 | **제작** · 이준호, 손일순, 이진혁
마케팅 · 이수미, 장봉석, 최소영 | **영업관리** · 김명자, 심선숙 | **독자지원** · 윤정아, 최희창

원고정리 및 편집진행 · 이정선 | **표지 일러스트** · 삼식이 | **본문 일러스트** · 김근예 | **전산편집** · 연디자인
원어민 감수 · Mark Holden | **녹음 및 편집** · 와이알미디어 | **CTP 출력 및 인쇄** · 예림인쇄 | **제본** · 예림바인딩

ISBN 978-89-6047-902-9 (03740) (길벗 도서번호 300742)
ⓒ 오석태, 2014

정가 15,000원

독자의 1초까지 아껴주는 정성 길벗출판사
(주)도서출판 길벗 IT교육서, IT단행본, 경제경영서, 어학&실용서, 인문교양서, 자녀교육서
www.gilbut.co.kr
길벗스쿨 국어학습, 수학학습, 어린이교양, 주니어 어학학습, 학습단행본
www.gilbutschool.co.kr

정기연 | 25세, 편입준비생

체계적인 학습법과 음성 강의 덕분에 독학용으로 최고예요!

영어는 어느 정도 기초가 있다고 생각했는데 막상 외국인을 만나니 대화가 전혀 안 돼서 좌절했어요. 그러다 만난 이 책! 실용성 있는 표현들과 친절한 설명으로 정말 일상 회화에 도움이 되겠다 싶었어요. **무엇보다 좋았던 점은 친절한 설명과 핵심동사→핵심패턴→프리토킹으로 이어지는 체계적인 구성이에요.** QR코드로 저자 직강 음성 강의를 바로 확인할 수 있는 것도 큰 도움이 되었죠. 선생님이 이끌어 주지 않아도 충분히 혼자서 학습할 수 있어요.

조광복 | 39세, 직장인

핵심동사와 핵심패턴만 알면 영어회화에 자신감이 생겨요!

14년 만에 영어에 다시 도전하게 됐습니다. 처음에는 부담이 컸죠. 그런데 이 책에서 take, bring, get, come, go 등 누구나 알고 있는 아주 기본적인 동사들이 다양한 뜻으로 활용된다는 것을 알게 되었어요. **간단한 동사들로 다양한 표현들을 배울 수 있다는 것이 정말 신기했죠.** 뿐만 아니라, 핵심동사를 활용한 패턴으로 표현을 만드는 훈련하다 보면, 내가 하고 싶은 말을 할 수 있어요. 알짜배기만 뽑은 핵심동사와 핵심패턴으로 영어회화에 자신감이 생기네요!

서나단 | 27세, 취업준비생

그림으로 익히니 더 오래 기억할 수 있어요!

이 책은 동사–패턴–회화로 이어지는 단계적인 학습과 예문을 소리 내어 따라하는 반복 훈련으로 영어회화에 자신감을 불어 넣어 줍니다. 가장 좋은 점은 핵심동사를 학습할 때 그림이 있다는 점이에요. **한 단어에 여러 뜻이 있는 핵심동사의 뜻을 그림과 함께 익히니 이해도 더 쉽고 오래 기억할 수 있죠.** 생생한 표현들과 그림으로 영어회화가 지루할 틈이 없어요!

송현수 | 34세, 직장인

학습 스케줄로 영어회화 끝장을 볼 수 있어요!

승진 시험을 앞두고 이 책을 만나게 되었어요. 핵심동사와 핵심패턴, 실생활에서 자주 쓰는 예문들로 가득 차 있어서 '물건이다!' 싶었죠. 이 책은 QR코드를 찍으면 저자 음성강의와 예문 듣기 파일을 바로 확인할 수 있어서 때와 장소를 가리지 않고 학습이 가능해요. **학습 분량을 정해 주는 학습 스케줄도 큰 도움이 됐어요. 하루에 학습할 분량을 정해 주니 효율적으로 학습할 수 있거든요.** 이번에는 정말 영어회화 끝장을 볼 수 있을 것 같아요!

베타테스트에 참여해 주신 모든 분께 감사드립니다.
이 책을 만드는 동안 베타테스터 활동을 해 주시고 여러 가지 좋은 의견을 주신
정기연 님, 조광복 님, 서나단 님, 송현수 님께 감사드립니다.

핵심동사 25개와 핵심패턴 75개로
프리토킹에 도전한다!

어떤 사람이 영어를 잘하는 사람일까요? 영어로 한마디도 못하는데 토익 점수가 높다고 영어를 잘하는 것일까요? 바디랭귀지와 broken English를 동원해서 외국인과 말이 통한다고 영어를 잘하는 것일까요? 아닙니다. '영어를 잘한다'는 것은 정확하고 고급스러운 영어로 내 생각을 표현하는 것입니다. 아직 초보 수준인데 어떻게 정확하고 고급스러운 영어로 말하냐고요? 핵심동사와 핵심패턴을 알면 정확하고 고급스러운 영어를 구사할 수 있습니다.

핵심동사로 영어회화 감을 잡으세요.

언어의 핵심은 동사입니다. 영어도 마찬가지입니다. 동사만 제대로 알아도 영어회화의 반이 끝난다고 해도 과언이 아니죠. 특히 영어에는 하나의 동사에도 여러 뜻이 있기 때문에 동사 몇 개만 알아도 다양한 표현을 말할 수 있습니다. 이 책에 미국인들이 정말 자주 쓰는 핵심동사 25개를 담았습니다. take, come, go 등 아주 기초적이라고 생각했던 동사들이 놀라울 정도로 다양하게 활용되는 것을 예문과 그림으로 확인해 보세요. 군이 어려운 단어를 알지 않아도 내가 하고 싶은 말을 할 수 있다는 것을 알게 될 것입니다. 핵심동사 25개를 익히고 나면 어렵게만 느껴졌던 영어회화가 훨씬 쉽게 느껴질 거예요.

핵심패턴으로 문장 만드는 법을 익히세요.

핵심동사로 영어회화의 감을 잡았다면 이제 본격적으로 문장 만드는 법을 배울 차례입니다. 앞서 배운 25개 핵심동사를 활용한 세련된 75개 핵심패턴을 제시했습니다. 패턴의 가장 큰 장점은 얼마든지 응용이 가능하다는 것입니다. 하나의 패턴을 응용하여 수십 개의 표현을 만들 수 있고, 여러 패턴을 익히면 내가 원하는 어떤 문장이든 만들 수 있죠. 이 책은 패턴을 문법이 아닌 상황별로 나누었습니다. 실생활에서 일어나는 다양한 상황에서 쓸 수 있는 표현을 익히는 데 큰 도움이 될 것입니다. 이 책에서 제시하는 훈련법대로 소리 내어 읽는 훈련을 하다보면 어느새 핵심패턴이 머릿속에 들어와 있을 것입니다.

프리토킹에 도전해 보세요.

핵심동사와 핵심패턴을 어느 정도 익혔다면 기본기는 다 장전한 셈입니다. 이제 실력을 확인할 시간이죠. 부록으로 제공되는 프리토킹 워크북에는 언제나 대화의 주제가 되는 다양한 프리토킹 주제가 실려 있습니다. 동사와 패턴을 활용하여 나라면 어떻게 대답할지 대답을 만들어 보세요. 잘 떠오르지 않을 때는 예시로 주어진 답변을 참고해도 좋아요. 영어 실력이 쑥쑥 향상되는 것을 느낄 수 있을 거예요.

외우려 하지 말고, 자연스럽게 익히세요.

언어는 외우는 것이 아닙니다. 억지로 외우는 건 금방 사라지죠. 하지만 머리로 이해하면 사라지지 않습니다. 가장 중요한 것은 소리 내어 반복해서 읽는 것입니다. 눈으로만 읽지 말고 네이티브의 발음을 따라하며 연습해 보세요. 출퇴근길이나 등하교길, 짬나는 시간마다 mp3 파일을 들으며 소리 내어 따라하는 습관을 들이면 외우지 않아도 자연스럽게 표현을 익힐 수 있습니다.

자, 이제 이 책으로 영어 초보에서 '진짜 영어 잘 하는 사람'으로 거듭나 보세요!
여러분은 할 수 있습니다! You can do it!

개정판에 부쳐

2007년 이 책이 처음 출간된 이후, 영어회화의 새로운 패러다임을 만들었다는 평가를 받으며 많은 독자분들의 사랑을 받았습니다. 이번 개정판은 학습적인 면이나 디자인에서 학습자들이 훨씬 더 자연스럽게 접근 가능하도록 만들었습니다. 이전 책에 쓰인 예문과 대화를 시기성을 반영하여 완전히 새롭게 바꿨습니다. 이 책이 또 한 번 우리나라 영어회화 시장에 새로운 흐름을 제시할 수 있기를 바라며 이 책으로 공부하는 독자분들이 좋은 결과 얻기를 기대합니다. 마지막으로, 이 책에 도움을 주신 김연희 님께 고마움을 전합니다.

오석태

500만 명의 독자가 선택한 〈무작정 따라하기〉 시리즈는 모든 원고를 독자의 눈에 맞춰 자세하고 친절한 해설로 풀어 냈습니다. 또한 저자 음성강의, 예문 mp3 파일 무료 다운로드, '무작정 따라하기' 애플리케이션, 길벗 독자지원팀 운영 등 더 편하고 쉽게 공부할 수 있도록 아낌없는 서비스를 제공합니다.

1 음성강의

모든 과에 저자 음성강의를 넣었습니다. QR 코드를 스캔해 핵심 내용을 먼저 들어 보세요.

2 본 책

쉽고 편하게 배울 수 있도록 단계별로 구성했으며 자세하고 친절한 설명으로 풀어 냈습니다.

7 동영상 강의

저자가 직접 알려 주는 동영상 강의도 준비했습니다. 혼자서 공부하기 힘들면 동영상 강의를 이용해 보세요.
(추후 유료 서비스 예정)

3 예문 mp3

홈페이지에서 mp3 파일을 무료로 다운 받을 수 있습니다. 듣고 따라하다 보면 저절로 말을 할 수 있게 됩니다.

6 홈페이지

공부를 하다 궁금한 점이 생기면 언제든지 홈페이지에 질문을 올리세요. 저자와 길벗 독자지원팀이 신속하게 답변해 드립니다.

4 소책자

출퇴근 시간에 지하철이나 버스에서 편하게 공부할 수 있도록 훈련용 소책자를 준비했습니다.

5 애플리케이션

〈무작정 따라하기〉 시리즈의 모든 자료를 담았습니다. 어디서나 쉽게 저자 음성강의와 예문, 텍스트 파일까지 볼 수 있습니다. (추후 서비스 예정)

일단 책을 펼치긴 했는데 어떻게 공부를 시작해야 할지 막막하다고요? 그래서 준비했습니다. 무료로 들을 수 있는 저자의 음성 강의와 베테랑 원어민 성우가 녹음한 예문 mp3 파일이 있으면 혼자 공부해도 어렵지 않습니다.

음성강의 / 예문 mp3 활용법

모든 과에 저자의 친절한 음성강의와 네이티브의 음성으로 녹음된 예문 mp3 파일이 수록되어 있습니다. 음성강의를 먼저 들으며 전반적인 내용을 이해하고 책으로 학습한 다음, 예문 mp3 파일을 들으며 따라해 보세요. 귀로 듣고 입으로 말하는 훈련으로 학습 효과를 극대화할 수 있습니다. 음성강의와 예문 mp3 파일은 본 책의 QR코드를 찍거나 홈페이지에서 다운로드 받아 들을 수 있습니다.

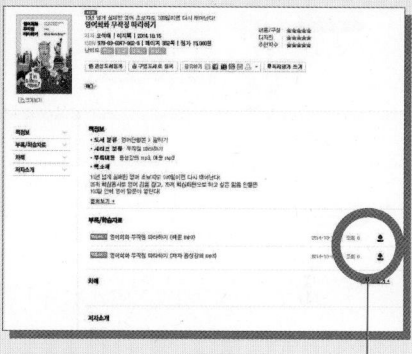

❶ QR코드로 확인하기

스마트 폰에서 QR코드 어플로 각 과 상단의 QR코드를 스캔하세요. 저자의 음성강의와 예문 mp3를 바로 들을 수 있습니다.

❷ 홈페이지에서 다운로드 받기

이지톡 홈페이지(www.eztok.co.kr)에 접속한 후, 자료실에 있는 '영어회화 무작정 따라하기'를 검색하면 음성강의와 예문 mp3를 다운로드 받을 수 있습니다.

이 책의 예문 mp3 파일은 말하기 훈련을 위한 '훈련용'과 발음 확인을 위한 '발음 확인용'으로 구성했습니다. 책과 함께 공부할 때는 '훈련용' mp3 파일로, 책 없이 이동하며 들을 때는 '발음 확인용' mp3 파일로 학습하세요.

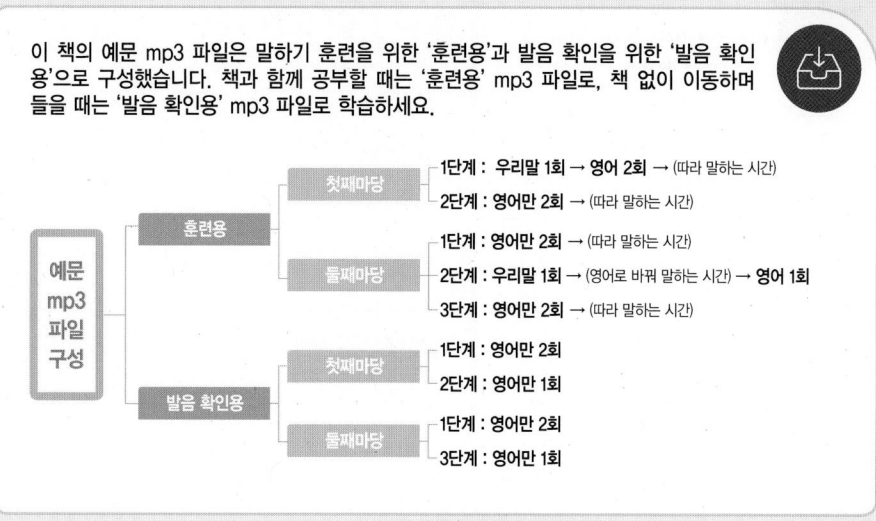

첫째 마당

영어회화를 유창하게 하고 싶다면 미국인들이 자주 쓰는 핵심동사 25개로 기초부터 탄탄하게 다지세요.

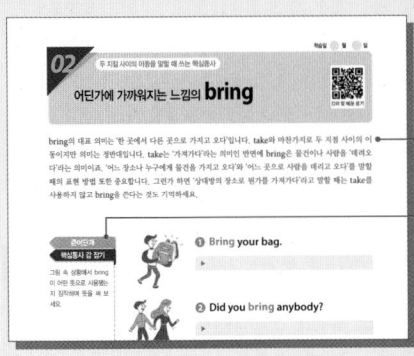

핵심동사에 대한 간략한 설명을 훑어보세요.

준비단계 핵심동사 감 잡기

그림을 보고 핵심동사의 뜻을 유추해 보세요. 그림과 함께 기억하면 연상 작용으로 더 오래 기억할 수 있습니다.

1단계 핵심동사 파헤치기

핵심동사의 다양한 의미를 하나하나 집중적으로 익혀 보세요. 문제를 풀며 잘 이해했는지 점검할 수 있습니다.

컨닝페이퍼

혹시 모르는 어휘가 있다면 참고하세요.

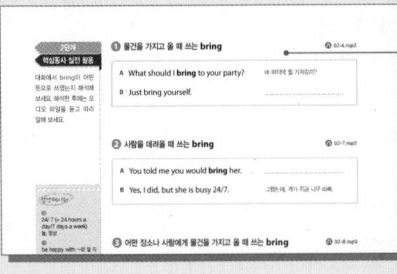

2단계 핵심동사 실전 활용

핵심동사를 활용하여 실전 대화에 도전해 보세요. mp3를 들으며 네이티브의 발음을 따라하는 것도 잊지 마세요.

둘째 마당 : 핵심동사를 이용한 75개 핵심패턴으로 하고 싶은 말을 만들어 보세요. 패턴이 상황별로 정리되어 있어서 평소에 자주하는 말을 골라 익힐 수 있습니다.

준비단계 핵심패턴 감 잡기

먼저 오늘 배울 패턴과 변형 패턴에 대한 간략한 설명을 읽어 보세요. 설명을 다 읽은 후 상황과 예문을 보며 패턴의 쓰임을 확실히 이해하세요.

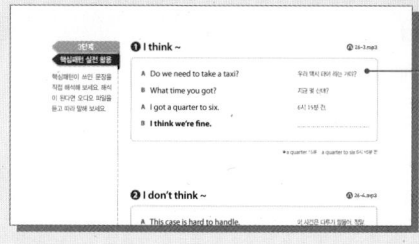

1단계 핵심패턴 입에 붙이기

주요 패턴을 활용한 표현들입니다. 우리말 해석은 보지 말고 mp3만 들으며 큰 소리로 따라 읽어 보세요.

2단계 핵심패턴 말하기

우리말 해석만 보면서 혹은 mp3를 들으면서 우리말 문장을 영어로 바꿔 보세요.

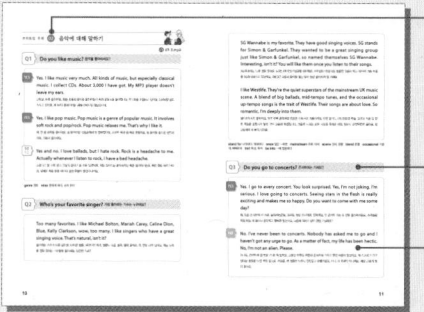

3단계 핵심패턴 실전 활용

앞서 배운 패턴을 활용해서 실전 대화에 도전해 보세요! mp3를 들으며 네이티브의 발음을 따라하는 것도 잊지 마세요.

훈련용 소책자 : 소책자는 프리토킹을 할 때 가장 많이 나오는 주제 10개를 모아 '프리토킹 워크북'으로 구성했습니다. 항상 들고 다니며 학습하면 어떤 주제로도 막힘없이 술술 말할 수 있습니다.

대화 할 때 많이 나오는 10가지 주제를 모았습니다.

주제와 관련된 여러 가지 질문을 담았습니다.

긍정, 부정 등 다양한 대답을 제시했습니다. 내 의견을 어떻게 표현해야 하는지 참고하세요.

첫째마당 : **핵심동사 25개만 알아도 회화 기본은 한다**

첫째마디 • **네이티브가 매일 쓰는 핵심동사**

01	데리고 갈 때도, 시간이 걸릴 때도 take	··017
02	어딘가에 가까워지는 느낌의 bring	··021
03	갖다, 먹다, 알다 등 실용적인 의미의 get	··025
04	내게로 오거나 너에게 갈 때는 come	··029
05	어디로 갈 때도, 상태가 될 때도 go	··033
06	떠나 버릴 때도, 남겨 놓을 때도 leave	··037
07	뭔가를 갖고 싶거나 하고 싶을 때는 want	··041
08	뭔가 필요하거나 해야 한다고 할 때는 need	··045
09	뭔가를 좋아하거나 마음에 들 때는 like	··049
10	마음에 들지 않거나 싫을 때는 hate	··053
11	뭔가 잘 알고 있을 때는 know	··057
12	뭔가를 생각할 때는 think	··061
13	어떤 기분이 들거나 촉감이 느껴질 때는 feel	··065
14	뭔가를 찾거나 알아낼 때는 find	··069
15	보관하거나 어떤 상태를 유지할 때 keep	··073
16	눈으로 보고, 만나고, 이해할 때는 see	··077
17	유심히 보거나 어떤 상태로 보일 때 look	··081
18	지켜볼 때, 감시할 때, 조심할 때도 watch	··085
19	그냥 말을 한다고 할 때 say	··089
20	대화한다고 할 때는 talk	··093
21	말하거나 대화할 때 speak	··097
22	일방적으로 어떤 사실을 전할 때는 tell	··101
23	묻거나 부탁할 때는 ask	··105
24	소리를 들을 때는 hear	··109
25	신경을 바짝 써서 들을 때는 listen	··113

둘째마당 : **75개 패턴이면 하고 싶은 말은 모두 할 수 있다**

둘째마디 • **자신의 생각을 말할 때 항상 쓰는 핵심패턴**

26	자신의 의견을 말하고 싶다면 I think ~ ~인 것 같아	··121
27	꺼림칙한 내 의견을 말할 때 I'm afraid ~ ~인 것 같아	··124
28	강력한 내 의견을 말할 때 I believe ~ 난 ~라고 믿어	··127

29 자신의 선택을 말하고 싶다면 **I'd rather ~** 차라리 ~할래 • • 130

30 자신의 확신을 말하고 싶다면 **I'm sure ~** ~라고 확신해 • • 133

31 보이는 느낌을 말하고 싶다면 **It looks ~** 그것은 ~해 보이네 • • 136

32 보고 난 느낌을 말하고 싶다면 **It looks like ~** ~처럼 보여 • • 139

33 듣고 난 느낌을 말하고 싶다면 **It sounds ~** 듣고 보니 ~인 것 같아 • • 142

34 듣고 난 느낌을 말하고 싶다면 **It sounds like ~** 듣고 보니 ~인 것 같아 • • 145

35 확신은 못하지만 내 느낌을 말하고 싶다면 **It seems (like) ~** • • 148
~인 것 같아

36 하고 싶은 것이 있다면 **I'd like to ~** ~하고 싶어 • • 151

37 꼭 하고 싶은 것이 있다면 **I feel like ~** ~을 하고 싶은 기분이야 • • 154

38 허락을 구할 때는 **Let me ~** ~할게 • • 157

39 이루어지기 힘든 일을 소망할 때 **I wish ~** 내가 ~라면 얼마나 좋을까 • • 160

40 바라는 바가 있다면 **I hope ~** 나는 ~을 희망해 • • 163

41 후회가 된다면 **I should have p.p. ~** ~했어야 했는데 • • 166

셋째마디 • **사실을 말할 때 항상 쓰는 핵심패턴**

42 계획하고 있는 일이 있다면 **I'm going to ~** ~할 거야 • • 170

43 지금 당장 할 일을 말하고 싶다면 **I will ~** ~할래 • • 173

44 미리 정해져 있는 일이 있다면 **I'm ~ing** 나 ~할 거야 • • 176

45 할 수 있다고 말하고 싶다면 **I can ~** ~할 수 있어 • • 179

46 오해를 풀고 싶다면 **It's not ~** ~이 아니야 • • 182

47 새로운 정보나 놀랄 만한 사실을 털어놓을 때
actually/in fact/as a matter of fact 사실은 • • 185

48 있고 없고를 설명해야 한다면 **There is/are ~** ~이 있어 • • 188

49 반드시 해야 할 일이 있다면 **I must ~** (반드시) ~해야 해 • • 191

50 당연히 해야 할 일이 있다면 **I have to ~** ~해야 돼 • • 194

51 해야 할 일이 있다면 **I gotta ~** ~해야 해 • • 197

52 이성적이고 옳은 일을 해야 한다면 **I should ~** ~해야 돼 • • 200

53 뭔가 예정된 해야 할 일이 있다면 **I'm supposed to ~** • • 203
~하기로 되어 있어

54 비교해서 말하고 싶다면 **more than ~** ~보다 더 …해 • • 206

55 비교해서 말하고 싶다면 **better than ~** ~보다 더 나아 • • 209

56 시간에 대해 설명한다면 **at/around~** ~에/~쯤 • • 212

57 시간에 대해 말하고 싶다면 **in/on ~** ~ 후에/~에 • • 215

58 장소나 상황을 설명하고 싶다면 **in ~** ~안에 •• 218

59 어떤 장소를 가리킬 때는 **at ~** ~에서 •• 221

60 어느 장소의 표면에 있는 것을 가리킬 때는 **on ~** ~에 •• 224

넷째마디 • **모르는 걸 물어볼 때 항상 쓰는 핵심패턴**

61 기분이나 건강이 궁금하다면 **How is/are ~?** ~이 어때? •• 228

62 상대방의 의향이나 생각을 묻고 싶다면 **What do you think ~?** •• 231
~을 어떻게 생각해?

63 상대가 원하는 것을 확인하고 싶다면 **Do you want to ~?** •• 234
~하고 싶어?

64 의향이나 생각을 묻고 싶다면 **What do you want to ~?** •• 237
무엇을 ~하고 싶은 거야?

65 조언을 구하고 싶을 땐 **What should I ~?** 내가 뭘 ~하면 되는 거야? •• 240

66 계획이나 할 일이 궁금하다면 **What are you going to ~?** •• 243
너는 뭘 ~할건데?

67 이유가 궁금하다면 **Why ~?** 왜 ~하는 거야? •• 246

68 이유가 궁금하다면 **How come you ~?** 너는 왜 ~인 거야? •• 249

69 방법을 묻고 싶다면 **How can/do ~?** 어떻게 ~할 수 있니/하는 거야? •• 252

70 시간이 알고 싶다면 **When ~?** 언제 ~야? •• 255

71 기간이 궁금하다면 **How long ~?** 얼마 동안 ~야? •• 258

72 장소가 궁금하다면 **Where do you ~?** 어디에서 ~해? •• 261

73 어떤 의견이나 말에 동의하는지 알고 싶다면 **Do you agree ~ ?** •• 264
~에 동의해?

74 뭔가 있는지 확인하고 싶다면 **Is/Are there ~?** ~이 있어? •• 267

다섯째마디 • **행동을 유도할 때 항상 쓰는 핵심패턴**

75 정중히 부탁할 일이 있다면 **Could you ~?** ~해 주시겠어요? •• 271

76 공손하게 부탁할 일이 있다면 **Would you ~?** ~해 주시겠어요? •• 274

77 허락을 받고 싶다면 **Can I ~?** 내가 ~해도 될까? •• 277

78 권유하고 싶다면 **Why don't you ~?** ~하세요 •• 280

79 누군가에게 일을 시켜야 한다면 **Have him/her ~** •• 283
그가/그녀가 ~하도록 시켜

80 당연히 해야 하는 일이라면 **You need to ~** 너는 꼭 ~할 필요가 있어 •• 286

81 절대로 허용할 수 없다면 **Don't ~** 너 ~하지 마 •• 289

여섯째마디 • **가볍게 지나가는 말에 항상 쓰는 핵심패턴**

82 누군가를 만났을 때 How ~ ? ～이 어때? ·· 293

83 누군가와 헤어질 때 See you ~ ～에 보자 ·· 296

84 잘 안다고 말할 때 I know ~ 나는 ～을 잘 알아 ·· 299

85 모르겠다고 말할 때 I have no idea ~ 나는 ～을 모르겠어 ·· 302

86 마음에 들지 않을 때는 I don't like~ 나는 ～이 싫어 ·· 305

87 정말 싫다고 말할 때 I'm allergic to ~ 나는 ～이 정말 싫어 ·· 308

88 오해를 풀고 싶을 때 I don't mean to ~ ～할 의도는 아니야 ·· 311

89 미안하다고 말할 때 I'm sorry ~ ～해서 미안해 ·· 314

90 약속하거나 장담할 때 I promise ~ ～을 약속해 ·· 317

91 고맙다고 말할 때 Thank you for ~ ～해 줘서 고마워 ·· 320

92 과거의 경험을 말할 때 I used to ~ 한때 ～했었지 ·· 323

93 과거의 경험을 말할 때 Have you ~? ～해 본 적 있어? ·· 326

94 익숙해진 상태를 말할 때 I'm used to ~ ～에 익숙해졌어 ·· 329

95 전혀 없다고 말할 때 There is nothing ~ ～은 전혀 없어 ·· 332

96 가격, 양, 정도를 물을 때 How much ~? 얼마나 ～하니? ·· 335

97 개수를 물을 때 How many ~? 몇 개나 ～하니? ·· 338

98 시간이 얼마나 걸리는지 물을 때 It takes ~ 시간이 ～ 걸려 ·· 341

99 때맞춰 뭔가 할 일을 말할 때 It's time ~ ～할 시간이야 ·· 344

100 도저히 믿기지 않는 것에 대해 말하고 싶다면 I can't believe ~ ·· 347
～을 믿을 수가 없어

핵심동사 25개만 알아도
회화 기본은 한다

첫째마디 · 네이티브가 매일 쓰는 핵심동사

동사만 제대로 알아도 영어회화의 반은 끝납니다. 첫째마당에서는 원어민들이 정말 자주 쓰는
핵심동사 25개를 그림과 함께 소개하고 예문으로 쓰임새를 확인합니다.

첫째마디

·

네이티브가 매일 쓰는 핵심동사

01 데리고 갈 때도, 시간이 걸릴 때도 **take** 02 어딘가에 가까워지는 느낌의 **bring** 03 갖다, 먹다, 알다 등 실용적인 의미의 **get** 04 내게로 오거나 너에게 갈 때는 **come** 05 어디로 갈 때도, 상태가 될 때도 **go** 06 떠나 버릴 때도, 남겨 놓을 때도 **leave** 07 뭔가를 갖고 싶거나 하고 싶을 때는 **want** 08 뭔가 필요하거나 해야 한다고 할 때는 **need** 09 뭔가를 좋아하거나 마음에 들 때는 **like** 10 마음에 들지 않거나 싫을 때는 **hate** 11 뭔가 잘 알고 있을 때는 **know** 12 뭔가를 생각할 때는 **think** 13 어떤 기분이 들거나 촉감이 느껴질 때는 **feel** 14 뭔가를 찾거나 알아낼 때는 **find** 15 보관하거나 어떤 상태를 유지할 때 **keep** 16 눈으로 보고, 만나고, 이해할 때는 **see** 17 유심히 보거나 어떤 상태로 보일 때 **look** 18 지켜볼 때, 감시할 때, 조심할 때도 **watch** 19 그냥 말을 한다고 할 때 **say** 20 대화한다고 할 때는 **talk** 21 말하거나 대화할 때 **speak** 22 일방적으로 어떤 사실을 전할 때는 **tell** 23 묻거나 부탁할 때는 **ask** 24 소리를 들을 때는 **hear** 25 신경을 바짝 써서 들을 때는 **listen**

01

두 지점 사이의 이동을 말할 때 쓰는 핵심동사

데리고 갈 때도 시간이 걸릴 때도 **take**

강의 및 예문 듣기

take는 다양한 의미를 갖고 있습니다. 대표 의미는 '한 곳에서 다른 곳으로 가지고 가다'입니다. 두 지점 사이의 이동인 것이죠. 그래서 '시간이 걸리다 (한 곳에서 다른 곳으로 이동하는 데 시간이 걸리다)', '받아들이다 (어떤 일을 내 머리로 이동시켜서 이해하다)', '약을 복용하다 (약을 내 위 속으로 이동시키다)', '물건을 어디로 가져가다, 사람을 어디로 데려가다 (한 장소에서 다른 장소로 이동시키다)', '어떤 행동을 하다 (정지된 상태의 행동을 본격적으로 이동시켜 수행하다)' 등의 의미를 전할 때 활용할 수 있습니다.

준비단계
핵심동사 감 잡기

그림 속 상황에서 take가 어떤 뜻으로 사용됐는지 짐작하며 뜻을 써 보세요.

❶ I'll **take** you to your office.

▶

❷ It **takes** an hour.

▶

❸ How about **taking** a walk?

▶

❹ I can't **take** it any longer.

▶

| 정답 | ❶ 내가 사무실까지 데려다 줄게. ❷ 그 일은 보통 1시간 걸려. ❸ 산책하는 게 어때? ❹ 그건 더 이상 받아들일 수 없어. ❺ 머리가 아파서 약을 좀 먹어야겠어.

❺ I'll **take** something for my headache.

▶

각각 의미가 다른 take의 설명을 읽고 뜻을 이해한 후 빈칸을 채워 보세요. 그리고 오디오 파일을 듣고 문장을 따라 말해 보세요.

❶ 데려다 줄 때 쓰는 take 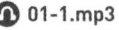 01-1.mp3

take (사람) to (장소) (사람)을 (장소)까지 데려다 주다
I'll **take** you **to** your office. 사무실까지 데려다 줄게.

take 다음에 사람을 언급하여 '어떤 장소까지 누구를 데려다 주다' 또는 '데리고 가다'라는 의미로 말할 수 있습니다. 장소를 가리키는 말 앞에는 to를 쓰는데, '~까지', '~로' 등의 의미죠. 장소 자리에 home이 올 때는 부사이기 때문에 to를 사용하지 않습니다. 부사는 전치사의 의미를 포함하고 있기 때문입니다.

I'll **take** you home. 내가 집에 데려다 줄게.

I should **take** John **to** the doctor. 내가 존을 병원에 데려다 줘야 돼.

Can you **take** me **to** the bank? 🎤 ....

제인이 나를 집까지 데려다 줬어. 🎤 ....

❷ 시간을 나타내는 take 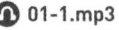 01-2.mp3

take (시간) (어느 정도의 시간이) 걸리다
It **takes** an hour. 그 일은 보통 1시간 걸려.

take 다음에 시간을 말하면 '그만큼의 시간이 걸리다'의 의미입니다. '시간이 좀 걸리다'라는의미로 말하고 싶을 땐 take time이라고 말하세요.

It **takes** time. 그건 시간이 좀 걸려.

That didn't **take** any time. 그것은 시간이 전혀 안 걸렸어.

That wouldn't **take** much time. 🎤 ....

그것은 1시간 걸렸어. 🎤 ....

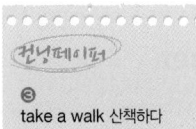
컨닝페이퍼
❸
take a walk 산책하다

❸ 어떤 행동을 할 때 쓰는 take 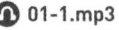 01-3.mp3

take (행동) (어떤 행동)을 하다
How about **taking** a walk? 산책하는 게 어때?

take 다음에 어떤 행동을 나타내는 명사를 사용하면 '그 행동을 하다'의 의미를 전달할 수 있습니다.

| 정답 |
❶ 나를 은행까지 데려다 줄 수 있겠어? / Jane took me home.

❷ 그건 시간이 많이 걸리지 않을 거야. / It took an hour.

❸
break 휴식
take a break 쉬다
close 자세한
take a close look at
~을 자세히 보다
nap 짧은 수면
take a nap
잠깐 눈을 붙이다
❹
take something for
granted
뭔가를 당연하게 받아들이다
compliment 칭찬
take one's word for it
~의 말을 액면 그대로 받아
들이다
seriously 심각하게
❺
Advil 상표명으로 '항염증제'

Let's **take** a break.   잠깐 쉬자.

Take a close look at this.   이것 좀 자세히 봐 봐.

I'd like to **take** a nap. 🎤

커피 마시면서 잠깐 쉬자. 🎤

❹ 뭔가를 받아들일 때 쓰는 take   🔊 01-4.mp3

take (말/일)	(말이나 일)을 받아들이다

I can't **take** it any longer. 그건 더 이상 받아들일 수 없어.

take 다음에 누군가의 말이나 어떤 일, 상황 등을 말하면 '그것을 받아들이다'라는 의미입니다.

Don't **take** it for granted.   그걸 당연하게 받아들이지 마.

Can I **take** that as a compliment?   그걸 칭찬으로 받아들여도 되는 거야?

Take my word for it. 🎤

그걸 심각하게 받아들이지 마. 🎤

❺ 약을 복용할 때 쓰는 take   🔊 01-5.mp3

take (약)	(약)을 먹다

I'll **take** something for my headache. 머리가 아파서 약을 좀 먹어야겠어.

'약을 먹는다'고 말할 때도 take를 활용해 보세요. '약'은 medicine이지만 의학 용어이기 때문에 take medicine은 '약을 복용하다'라는 의미를 나타내며, 일반적인 상황에서는 잘 사용하지 않습니다. 대신 '약을 먹다'라는 의미로 take something을 주로 사용합니다. '알약'은 pill입니다.

You should **take** some medicine for that.   그건 약을 좀 복용하셔야겠습니다.

I **take** sleeping pills these days.   나, 요즘 수면제 먹어.

You need to **take** some aspirin. 🎤

나, 애드빌(Advil) 먹었어. 🎤

| 정답 |
❸ 눈 좀 잠깐 붙여야겠어.
/ Let's take a coffee
break.

❹ 내 말을 있는 그대로 받아
들여. / Don't take it
seriously.

❺ 너, 아스피린을 좀 먹어야
겠어. / I took some Advil.

019

대화에서 take가 어떤 뜻으로 쓰였는지 해석해 보세요. 해석한 후에는 오디오 파일을 듣고 따라 말해 보세요.

천냥페이퍼

①
after work 퇴근 후에
make plans for ~을 위해 약속하다
②
get to ~에 도착하다
place 집
③
take a shower 샤워하다
④
in trouble 곤란한 상황에 빠진
⑤
more than ~ 이상으로

① 데려다 줄 때 쓰는 take   🔊 01-6.mp3

A I'll **take** you home after work.   ....

B You don't have to. I've made plans for   그럴 필요 없어. 오늘밤 약속 있어.
   tonight.

② 시간을 나타내는 take   🔊 01-7.mp3

A How long did it **take** to get to   걔 집까지 가는 데 얼마나 걸렸어?
   his place?

B It **took** about an hour.   ....

③ 어떤 행동을 할 때 쓰는 take   🔊 01-8.mp3

A What are you doing now?   지금 뭐해?

B I'm getting ready to **take** a shower.   ....

④ 뭔가를 받아들일 때 쓰는 take   🔊 01-9.mp3

A Do you want me to **take** your   ....
   word for it?

B You should, or you're going to be in   그래야 돼. 아니면 너 곤란해져.
   trouble.

| 정답 |
① 퇴근 후에 내가 집까지 데려다 줄게.

② 1시간 정도 걸렸어.

③ 샤워 준비 중이야.

④ 네 말을 액면 그대로 받아들이라고?

⑤ 몇 알을 먹어야 되는 거야?

⑤ 약을 복용할 때 쓰는 take   🔊 01-10.mp3

A How many pills do I have to **take**?   ....

B No more than six pills a day.   하루에 여섯 알 이상은 안 돼.

02

두 지점 사이의 이동을 말할 때 쓰는 핵심동사

어딘가에 가까워지는 느낌의 **bring**

강의 및 예문 듣기

bring의 대표 의미는 '한 곳에서 다른 곳으로 가지고 오다'입니다. take와 마찬가지로 두 지점 사이의 이동이지만 의미는 정반대입니다. take는 '가져가다'라는 의미인 반면에 bring은 물건이나 사람을 '데려오다'라는 의미이죠. '어느 장소나 누구에게 물건을 가지고 오다'와 '어느 곳으로 사람을 데리고 오다'를 말할 때의 표현 방법 또한 중요합니다. 그런가 하면 '상대방의 장소로 뭔가를 가져가다'라고 말할 때는 take를 사용하지 않고 bring을 쓴다는 것도 기억하세요.

준비단계

핵심동사 감 잡기

그림 속 상황에서 bring이 어떤 뜻으로 사용됐는지 짐작하며 뜻을 써 보세요.

❶ **Bring** your bag.

▶

❷ Did you **bring** anybody?

▶

❸ **Bring** the book back to me tomorrow.

▶

❹ **Bring** your mother to school.

▶

| 정답 | ❶ 네 가방 가져와.
❷ 누구 데려왔어? ❸ 그 책
나한테 내일 도로 가져다 줘.
❹ 학교에 어머니 모시고 와라.
❺ 내가 음식 좀 가져갈게.

❺ I'll **bring** some food to you.

▶

각각 의미가 다른 bring 의 설명을 읽고 뜻을 이해한 후 빈칸을 채워 보세요. 그리고 오디오 파일을 듣고 문장을 따라 말해 보세요.

천녕페이퍼
❶ laptop 노트북 컴퓨터

❶ 물건을 가지고 올 때 쓰는 bring

 🎧 02-1.mp3

bring (물건)　　(물건을) 가지고 오다
Bring your bag. 네 가방 가져와 봐.

bring 다음에 물건이 나오면 '그 물건을 가지고 오다'의 의미입니다. 여기에는 물건을 가지고 오는 장소가 생략되어 있지요. 장소를 말하지 않아도 그게 어디인지 대화를 하는 사람들끼리 서로 잘 알고 있을 때는 장소를 흔히 생략하고 말합니다.

What should I **bring**?	나는 뭘 가져오면 돼?
Bring your own water.	네 물을 가지고 와.
You can **bring** your laptop. 🎤	
너는 음식을 좀 가져와. 🎤	

❷ 사람을 데려올 때 쓰는 bring

🎧 02-2.mp3

bring (사람)　　(사람을) 데려오다/모시고 오다
Did you **bring** anybody? 누구 데려왔어?

bring 다음에 사람이 나오면 '그 사람을 데려오다', 또는 '그 분을 모시고 오다'의 의미가 됩니다. 상황에 따라서 존댓말과 반말로 다 활용할 수 있는 거죠.

I forgot to **bring** my father.	아버지를 모시고 온다는 걸 깜빡했네요.
You told me you would **bring** her.	너, 그녀를 데려오겠다고 했잖아.
Bring yourself.	너는 그냥 몸만 와.
He **brought** his father. 🎤	
내가 그를 데려올게. 🎤	

❸ 어떤 장소나 사람에게 물건을 가지고 올 때 쓰는 bring

🎧 02-3.mp3

bring (물건) **to** (사람/장소)　(물건)을 (사람/장소)로 가져오다
Bring the book back **to** me tomorrow. 그 책 나한테 내일 도로 가져다 줘.

bring 다음에 물건이 나오고 전치사 to와 사람이나 장소를 말하면 그 사람에게 또는 그 장소로 물건을 가지고 온다는 의미가 됩니다. 전치사 to는 '최종 목표지점'을 말할 때 사용합니다.

Bring it **to** my office.   그걸 내 사무실로 좀 가져와.

He **brings** joy **to** us.   그는 우리에게 즐거움을 가져다 주잖아.

Bring some coffee **to** my room.   🎤

그거 나한테 좀 가져다 줄 수 있겠어?   🎤

❹ 어떤 장소나 사람에게 사람을 데려올 때 쓰는 bring   🔊 02-4.mp3

bring (사람) **to** (사람/장소)   (사람)을 (사람/장소)로 데려오다
Bring your mother **to** school. 학교에 어머니 모시고 와라.

bring 다음에 사람이 나오고 전치사 to와 사람이나 장소를 말하면 그 사람에게 또는 그 곳으로 사람을 데려온다는 의미가 됩니다. 〈to + 장소〉 대신에 부사 here를 쓸 수도 있습니다.

Dad **brings** me here a lot.   아빠가 저를 여기에 자주 데려오세요.

What **brings** you here?   여긴 웬 일이야?

You should **bring** her **to** the party.   🎤

그를 카페로 데리고 와.   🎤

❺ 상대방이 있는 장소로 무언가를 가져갈 때 쓰는 bring   🔊 02-5.mp3

bring (사람/물건) **to** (너/네가 있는 장소)
(사람/물건)을 (네게/네가 있는 장소)로 가져가다/데려가다
I'll **bring** some food **to** you. 나는 음식을 가져갈게.

'너에게' 또는 '네가 있는 곳으로' 뭔가를 가져갈 때, 또는 누군가를 데려갈 때는 take 대신에 bring을 씁니다. you의 입장에서 보면 '가져가는 것'이 아니라 '가져오는 것'이기 때문입니다.

What should I **bring to** your party?   네 파티에 뭘 가져갈까?

I'll **bring** him **to** you.   내가 그를 네게 데려갈게.

Can I **bring** Jane **to** your party?   🎤

그걸 너한테 가져갈게.   🎤

대화에서 bring이 어떤 뜻으로 쓰였는지 해석해 보세요. 해석한 후에는 오디오 파일을 듣고 따라 말해 보세요.

컨닝페이퍼

❷
24/ 7 (= 24 hours a day/7 days a week) 늘, 항상

❸
be happy with ~와 잘 지내다

❹
so late 이렇게 늦은 시간에

❺
emergency 급한 일

❶ 물건을 가지고 올 때 쓰는 bring 🔊 02-6.mp3

A What should I **bring** to your party? 네 파티에 뭘 가져갈까?

B Just bring yourself. ....

❷ 사람을 데려올 때 쓰는 bring 🔊 02-7.mp3

A You told me you would **bring** her. ....

B Yes, I did, but she is busy 24/7. 그랬는데, 걔가 지금 너무 바빠.

❸ 어떤 장소나 사람에게 물건을 가지고 올 때 쓰는 bring 🔊 02-8.mp3

A Are you happy with him? 너 걔하고 잘 지내?

B Absolutely. He **brings** joy to me. 물론이지. ....

❹ 어떤 장소나 사람에게 사람을 데려올 때 쓰는 bring 🔊 02-9.mp3

A What **brings** you here so late? ....

B I have some things to talk about with you. 너하고 얘기할 것들이 좀 있어서.

❺ 상대방이 있는 장소로 무언가를 가져갈 때 쓰는 bring 🔊 02-10.mp3

A I have something to tell him. This is an emergency. 걔한테 말해줄 게 있어. 급한 일인데.

B I'll **bring** him **to** you tomorrow. ....

| 정답 |
❶ 그냥 몸만 오면 돼.

❷ 너, 걔 데려올 거라고 했잖아.

❸ 그가 내게 기쁨을 주는걸.

❹ 이렇게 늦은 시간에 여긴 웬일이야?

❺ 그를 내일 너한테 데려갈게.

강의 및 예문 듣기

03

소유를 말할 때 쓰는 핵심동사

갖다, 먹다, 알다 등 실용적인 의미의 **get**

get의 대표 의미는 '내 것으로 소유하다'입니다. 내 손으로 쥐어서 내 것으로 만드는 것 이외에 머리를 써서 내 것으로 만드는 것, 그리고 내 소화기관을 이용해서 내 것으로 만드는 것이 포함됩니다. 이것들을 '처리하다', '가져다 주다', '갖다', '사다', '먹다', '이해하다' 등으로 이해하면 됩니다. 다양한 의미를 갖고 있는 만큼 정확히 이해하기도 사용하기도 만만치 않은 어휘입니다. 자주 쓰이는 문장들만 쏙쏙 골라 놨으니 이번 기회에 확실히 익혀서 get만으로도 영어를 잘한다는 소리를 들어 보세요.

준비단계

핵심동사 감 잡기

그림 속 상황에서 get이 어떤 뜻으로 사용됐는지 짐작하며 뜻을 써 보세요.

❶ Let me **get** the door for you.

▶

❷ Can I **get** you some coffee?

▶

❸ You **get** some rest.

▶

와구와구

❹ I'd like to **get** some sandwiches.

▶

| 정답 | ❶ 내가 문 열어 줄게
[잡아 줄게/닫아 줄게]. ❷ 커피
드릴까요? ❸ 넌 좀 쉬어. ❹
나, 샌드위치 먹고 싶어. ❺ 난
이해가 안 돼.

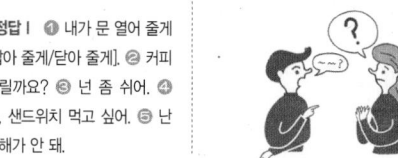

❺ I don't **get** it.

▶

각각 의미가 다른 get의 설명을 읽고 뜻을 이해한 후 빈칸을 채워 보세요. 그리고 오디오 파일을 듣고 문장을 따라 말해 보세요.

❶ 처리할 때 쓰는 get

🎧 03-1.mp3

get (물건/일)   (~을) 처리하다/준비하다/해결하다

Let me **get** the door for you. 내가 문 열어 줄게/닫아 줄게/잡아 줄게.

get 다음에 물건이나 일에 대해 말하면 '그 물건을 처리하거나 준비하다'의 의미입니다. 그 물건이나 일이 내 소유인 양 내 능력으로 그것을 처리한다는 것이지요. get 자체는 쉬워 보이지만 정확한 상황에 맞춰 적절한 의미로 활용하기가 만만치 않아요. 하지만 이번 기회에 확실하게 익혀 보세요!

I'll **get** that.	그 일은 내가 처리할게.
Let me **get** the elevator.	내가 엘리베이터 잡고 있을게.
Let me **get** that for you.	🎤 ....
이 일은 누가 할래?	🎤 ....

❷ 가져다 줄 때 쓰는 get

🎧 03-2.mp3

get (사람) (물건)   (물건)을 (사람)에게 가져다 주다

Can I **get** you some coffee? 커피 드릴까요?

get 다음에 사람을 언급하고 이어서 물건을 말하면 그것을 그 사람에게 가져다 준다는 의미입니다. 일단 내 소유로 만들어서 남에게 전달한다는 의미입니다.

Can I **get** you a drink?	한잔 갖다 드릴까요?
Can you **get** me my phone?	내 전화기 좀 갖다 줄래?
I'll **get** you some refreshments.	🎤 ....
차 좀 내올게.	🎤 ....

❸ '갖다'와 '사다'의 의미를 전하는 get

🎧 03-3.mp3

get (물건/추상명사)   (물건/추상명사)를 갖다/사다

You **get** some rest. 넌 좀 쉬어.

get 다음에 명사를 말하면 그것을 자기 소유로 가져간다는 의미를 전하는 경우입니다. 실제로 '갖다'의 의미를 전달하기도 하고 어떤 대가를 치른 후에 '사다'의

| 정답 |
❶ 내가 네 대신 해 줄게. / Who's going to get this?
❷ 간단히 드실 것 좀 가져다 드릴게요. / I will get you some tea.

의미를 나타내기도 합니다.

Where did you **get** that?　　　　　　　　　　그거 어디에서 났어?

I'd like to **get** some fresh air.　　　　　　　맑은 공기를 좀 마셔야겠어.

I **got** this at a reasonable price.

규칙적으로 운동해라.

❸
reasonable 적당한

❹ 먹는다고 할 때 쓰는 get　　　　　　　　　🎧 03-4.mp3

와구와구

get (음식)　　　　　　　　　　　(음식)을 먹다/마시다

I'd like to **get** some sandwiches. 나, 샌드위치 먹고 싶어.

get 다음에 음식이나 음료를 의미하는 명사를 말하면 '먹다', '마시다' 등의 의미
입니다. 내 몸이 소유해서 가져간다는 의미이지요. 먹거나 마시는 행위 자체에
만 관심을 둔 eat, drink와는 다른 느낌입니다.

Can we go **get** some lunch?　　　　　　　우리 점심 먹으러 갈까?

I'll go **get** something to eat.　　　　　　가서 뭘 좀 먹어야겠어.

I'll **get** more coffee.

난 그와 점심 먹었어.

❺ 이해가 갈 때 쓰는 get　　　　　　　　　🎧 03-5.mp3

get (말/상황)　　　　　　　　　　(말/상황)을 이해하다

I don't **get** it. 난 이해가 안 돼.

어떤 말이나 상황을 내가 소유해서 내 뇌로 정확하게 받아들인다는 의미를 나타
낼 때도 get을 활용해 보세요. 다름아닌 '이해하다'라는 의미를 나타냅니다. get
it은 숙어 표현으로 '이해하다'라는 의미로 흔히 쓰이니까 통째로 알아 두세요.

Get it?　　　　　　　　　　　　　　　무슨 말인지 알겠어?

I don't **get** how she knows.　　　　　개가 어떻게 알고 있는지 이해가 안 돼.

You don't **get** it, do you?

쟤가 지금 하는 말 이해할 수 있어?

| 정답 |
❸ 이거 적당한 가격에 구입했어.
/ Get regular exercise.

❹ 난 커피 좀 더 마실래. /
I got lunch with him.

❺ 너 이해 안 되는 거지? /
Can you get what he's
saying?

대화에서 get이 어떤 뜻으로 쓰였는지 해석해 보세요. 해석한 후에는 오디오 파일을 듣고 따라 말해 보세요.

① 처리할 때 쓰는 **get**   🎧 03-6.mp3

A Can you **get** the door for me?	....
B Sure. Wait a minute.	물론. 잠깐만.

② 가져다 줄 때 쓰는 **get**   🎧 03-7.mp3

A Can I **get** you some coffee?	....
B No, thanks. I don't drink coffee.	괜찮아. 난 커피 안 마셔.

③ '갖다'와 '사다'의 의미를 전하는 **get**   🎧 03-8.mp3

A You look a little tired.	너, 좀 피곤해 보여.
B I'd like to **get** some fresh air.	....

컨닝페이퍼

③
tired 피곤한

④ 먹는다고 할 때 쓰는 **get**   🎧 03-9.mp3

A I feel hungry.	배가 좀 고프네.
B Can we go **get** something to eat?	....

⑤ 이해가 갈 때 쓰는 **get**   🎧 03-10.mp3

A Can you **get** what he said?	....
B Not a single word.	한 마디도 이해 안 돼.

| 정답 |
❶ 문 좀 잡아 줄래?
❷ 커피 좀 줄까?
❸ 신선한 공기를 좀 마시고 싶어.
❹ 우리, 가서 뭘 좀 먹을까?
❺ 걔가 말한 거 이해할 수 있어?

04

왕래를 말할 때 쓰는 핵심동사

내게로 오거나 너에게 갈 때는 come

강의 및 예문 듣기

come의 대표 의미는 '오다'입니다. 목표 지점의 입장에서 보면 모든 것들이 다 그쪽으로 다가오게 되지요. 그래서 보통은 '오다', '도착하다' 등의 의미로 씁니다. 그런데 come이 '가다'의 의미로 쓰일 때가 있습니다. 내가 상대방이 있는 곳으로 갈 때입니다. 나는 가는 것이지만 상대방의 입장에서 볼 때는 '내가 오는' 것이므로 내 입장보다는 상대방 입장을 더 생각해서 go 대신에 come을 사용하는 것입니다. 즉, '네게 가다', '너의 파티에 참석하다' 등의 의미를 전할 때 come을 씁니다.

준비단계
핵심동사 감 잡기

그림 속 상황에서 come이 어떤 뜻으로 사용됐는지 짐작하며 뜻을 써 보세요.

| 정답 | ❶ 넌 꼭 와야 돼. ❷ 내일 내 사무실로 좀 와. ❸ 언제든 날 보러 와. ❹ 빨리 좀 와 줄 수 있어? ❺ 내가 내일 너한테 갈게.

❶ **You have to come.**

▶

❷ **Come to my office tomorrow.**

▶

❸ **Come and see me anytime.**

▶

❹ **Can you come quickly?**

▶

❺ **I will come to you tomorrow.**

▶

각각 의미가 다른 come 의 설명을 읽고 뜻을 이 해한 후 빈칸을 채워 보 세요. 그리고 오디오 파일 을 듣고 문장을 따라 말 해 보세요.

① 온다고 말할 때는 come

🎧 04-1.mp3

come 오다

You have to **come**. 넌 꼭 와야 돼.

come으로 문장이 마무리되는 경우입니다. come은 대표적인 자동사로, 목적 어를 필요로 하지 않는 동사입니다. 말 그대로 '오다'의 뜻으로만 쓰는 경우지요.

Can you **come**?	너, 올 수 있겠어?
I thought you wouldn't **come**.	난 네가 안 올 줄 알았지.
I want you to **come**.	
너, 올 거라고 했잖아.	

② 누군가에게 혹은 어느 장소, 어느 상황으로 온다고 할 때는 come to

🎧 04-2.mp3

come to (장소/사람/추상명사) (장소로/사람에게/상황으로) 오다

Come to my office tomorrow. 내일 내 사무실로 좀 와.

come to 다음에 장소나 사람을 말하면 그 곳으로 또는 그 사람에게 뭔가가 온다 는 의미이고, 추상명사를 쓰면 그 추상명사와 관계된 상황이 온다는 의미입니다.

She can't **come to** the phone.	그녀는 지금 전화를 받을 수가 없어.
Nothing **comes to** mind.	아무것도 생각나지 않아.
He **came to** my rescue.	
우리 집에 좀 올 수 있어?	

③ 와서 뭔가를 한다고 할 때는 come and (동사원형)

🎧 04-3.mp3

come and (동사원형) 와서 ~을 하다

Come and see me anytime. 언제든 날 보러 와.

come and 다음에 동사원형을 쓰면 와서 그 행위를 하라는 의미입니다. 행동을 순서대로 나타내는 아주 간단한 방법입니다. 때로는 and를 생략하기도 합니다.

컨닝페이퍼

②
come to mind 생각나다
come to one's rescue
~을 구하러 오다

| 정답 |
① 네가 와 주면 좋겠어. /
You told me you would
come.

② 그가 나를 구하러 왔어. /
Can you come to my
place?

Come and meet my friends. 와서 내 친구들을 좀 만나 봐.

Come and sit here next to me. 와서 내 옆에 좀 앉아 봐.

Can you **come and** help me?

와서 이것 좀 도와줘.

④ 어디로 혹은 어떻게 온다고 할 때는 come (부사) 🎧 04-4.mp3

come (부사) (부사로/부사의 상태로) 오다

Can you **come** quickly? 빨리 좀 와 줄 수 있겠어?

'어떤 장소로 온다'는 의미를 전할 때는 come 다음에 장소 부사를 말하세요. 그리고 정도/상태를 나타내는 부사나 시간 부사를 쓰면 그런 식으로 또는 그 시간에 온다는 의미입니다.

I **come** here all the time. 난 늘 여기에 와.

He **comes** slowly. 걔야 뭐 오는 게 느려터지잖아.

You're welcome to **come** here.

잠깐 이리 와 봐.

⑤ 간다는 의미를 나타낼 때도 come (to/with) 🎧 04-5.mp3

come (to/with) (너/네가 있는 곳)

(너에게/네가 있는 곳으로/너와 함께) 가다

I will **come to** you tomorrow. 내가 내일 너한테 갈게.

나와 상대방을 두고 어디론가 간다는 의미를 전할 때는 go 대신에 come을 이용합니다. 내가 상대방 있는 곳으로 가든지 혹은 내가 상대방과 함께 어디론가 간다고 말할 때 come을 이용하는 거죠. 우리말과는 다른 관점의 독특한 표현법이므로 더욱 신경써서 기억해야 합니다.

I'm **coming**. 나, 지금 (너한테) 갈게.

I wanted to **come with** you. 난 너하고 같이 가고 싶었어.

Will you **come with** me to the party?

나, 네 파티에 갈게.

| 정답 |

③ 와서 나 좀 도와줄 수 있겠
어? / Come and help
me with this.

④ 네가 오는 건 언제나 환영
이야. / Come here for a
minute.

⑤ 파티에 나하고 같이 갈래? /
I'll come to your party.

대화에서 come이 어떤 뜻으로 쓰였는지 해석해 보세요. 해석한 후에는 오디오 파일을 듣고 따라 말해 보세요.

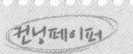

① change one's mind
생각을 바꾸다

④ all the time 항상

① **온다고 말할 때는 come** 🔊 04-6.mp3

> **A** I thought you wouldn't **come**. ------------------------
>
> **B** I changed my mind. 생각을 바꿨어.

② **누군가에게 혹은 어느 장소, 어느 상황으로 온다고 할 때는 come to** 🔊 04-7.mp3

> **A** What's the capital city of Brazil? 브라질 수도가 어디야?
>
> **B** Nothing **comes to** mind. ------------------------

③ **와서 뭔가를 한다고 할 때는 come and** (동사원형) 🔊 04-8.mp3

> **A** **Come and** meet my friends. ------------------------
>
> **B** Sorry. I have a lot of things to do. 미안해. 내가 할 일이 많아.

④ **어디로 혹은 어떻게 온다고 할 때는 come** (부사) 🔊 04-9.mp3

> **A** Do you come here often? 여기 자주 와?
>
> **B** I **come** here all the time. ------------------------

⑤ **간다는 의미를 나타낼 때도 come (to/with)** 🔊 04-10.mp3

> **A** Will you **come** with me to the party? ------------------------
>
> **B** Yes. When is the party? 좋지. 파티가 언젠데?

| 정답 |

① 난 너 안 올 줄 알았어.

② 지금 아무 생각이 안 나.

③ 와서 내 친구들을 좀 만나 봐.

④ 난 여기에서 살다시피 해.

⑤ 나하고 같이 그 파티에 갈래?

05

왕래를 말할 때 쓰는 핵심동사

어디로 갈 때도, 상태가 될 때도 go

강의 및 예문 듣기

go의 대표 의미는 '가다'입니다. 정해진 목적지로 몸을 움직여 간다는 뜻이죠. 동사들은 보통 눈으로 보고 확인할 수 있는 물리적인 행위 이외에 감각적으로 이해해야 하는 추상적인 의미도 포함합니다. go가 추상적인 의미로 쓰일 때는 어떤 것의 상태가 처음에서 다음 단계로 넘어간다는 것입니다. 사람의 정신 상태가 정상에서 극도의 흥분 상태로 넘어간다든지, 음식의 상태가 정상에서 상한 상태로 넘어가는 경우가 모두 해당됩니다. 그럴 때는 '~이 되다'라는 의미를 나타내죠.

준비단계

핵심동사 감 잡기

그림 속 상황에서 go가 어떤 뜻으로 사용됐는지 짐작하며 뜻을 써 보세요.

❶ I gotta go.

▶

❷ I'm going to work.

▶

❸ I can't wait to go there.

▶

❹ You should go see a doctor.

▶

| 정답 | ❶ 나, 가 봐야 돼. ❷ 나, 출근하는 중이야. ❸ 거기 빨리 가고 싶어. ❹ 병원에 가서 진찰 받아야 돼, 너. ❺ 내가 미쳐 버리겠네.

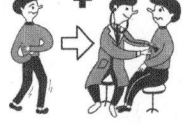

❺ I'd go nuts.

▶

각각 의미가 다른 go의 설명을 읽고 뜻을 이해한 후 빈칸을 채워 보세요. 그리고 오디오 파일을 듣고 문장을 따라 말해 보세요.

❶ 간다고 말할 때는 go

 05-1.mp3

go
가다
I gotta **go**. 나, 가 봐야 돼.

go로 문장이 마무리되는 경우입니다. go는 come과 마찬가지로 대표적인 자동사입니다. 전화통화를 하는 도중에도 I gotta go.라고 말할 수 있습니다. 그 때는 "나 전화 끊어야겠어."입니다.

I'm not **going**. | 나는 안 가.
It's time to **go**. | 이젠 가야 될 시간이야.
I won't let you **go**. |
제발 가지 마. |

❷ 어느 장소나 상태로 간다고 말할 때는 go to

 05-2.mp3

go to (장소/상태)
(장소로) 가다, (상태)로 빠지다
I'm **going to** work. 나, 지금 출근하는 중이야.

go to 다음에 장소를 언급하면 그곳으로 간다는 의미입니다. go to 다음에 상태를 나타내는 명사를 사용하면 그 상태로 들어간다는 뜻이 되지요.

I'm ready to **go to** sleep. | 난 잘 준비 다 했어.
I **go to** school. | 저는 학교 다녀요. [저는 학생입니다.]
I need to **go to** the bathroom. |
회사에 다시 들어가 봐야 돼. |

❸ 어디론가 갈 때는 go (장소 부사)

 05-3.mp3

go (장소 부사)
~로 가다
I can't wait to **go** there. 거기 빨리 가고 싶어.

go 바로 다음에 장소 부사를 써서 그곳으로 간다는 의미를 나타낼 수 있습니다. 대표적인 장소 부사로는 here, there, home 등이 있습니다. 부사는 전치사의 의미를 포함하지요. 그래서 to here, to there, to home 식으로는 말하지 않습니다. 하지만 home을 부사가 아닌 명사로, 그리고 소유격(my, your)을 사용해서 to my home, to your home 등처럼 활용할 수는 있습니다.

I'd rather **go** home. 나는 그냥 집에 갈래.

Go upstairs and take a shower. 위층으로 올라가서 샤워해라.

Where are you **going**?

어딘가에 가는 거야?

❹ 가서 뭔가를 할 때는 go (동사원형) 🎧 05-4.mp3

> **go** (동사원형) 가서 ~을 하다
>
> You should **go** see a doctor. 병원에 가서 진찰 받아야 돼, 너.

go 다음에 동사를 연속 사용함으로써 어디론가 가서 하고자 하는 행위를 표현합니다. 원래는 〈go to + 동사원형〉의 형태로 쓰는데, 구어체에서 자주 쓰다 보니 to를 생략하고 말하는 것이지요.

Can we **go** see a movie after work? 퇴근 후에 영화 보러 갈까?

Why don't you **go** sleep? 가서 좀 자.

I have to **go** fix dinner.

가서 뭘 좀 먹자.

❺ 어떤 상태가 된다는 go (형용사) 🎧 05-5.mp3

> **go** (형용사) (~의 상태가) 되다
>
> I'd **go** nuts. 내가 미쳐 버리겠네.

go 다음에 형용사를 사용하면 그런 상태가 된다는 의미입니다. 원래는 〈go to being + 형용사〉에서 to being이 생략된 경우이지요. 사람의 동작을 말하는 것이 아니라 사람의 정신 상태, 또는 사물이나 음식이 변화되는 상태를 말합니다.

The milk **went** bad. 그 우유 상했어.

His hair started to **go** gray. 그의 머리가 하얗게 새기 시작했어.

My mouth **went** dry.

걔, 분명 미쳐 버릴 거야.

[옆 노트]

언넌페이퍼

❸
would rather (~하느니 차라리) ~하겠다
upstairs 위층으로

❹
work 직장, 일
fix (식사를) 준비하다

❺
go bad 상하다

[하단 왼쪽]

| 정답 |

❸ 어디 가? / Are you going somewhere?

❹ 가서 저녁 준비해야 돼. / Let's go eat.

❺ 입이 바짝 마르더라고. / He's going to go crazy.

035

❶ 간다고 말할 때는 go
🎧 05-6.mp3

A I'm not **going**.   ·······························

B Don't argue with me. You're going.   말싸움 하지 마. 가야지 왜 안 가.

❷ 어느 장소나 상태로 간다고 말할 때는 go to
🎧 05-7.mp3

A I have to **go to** the bathroom.   ·······························

B It's this way.   이쪽이야.

❸ 어디론가 갈 때는 go (장소 부사)
🎧 05-8.mp3

A Will you go shopping?   쇼핑 갈래?

B I'd rather **go** home.   ·······························

❹ 가서 뭔가를 할 때는 go (동사원형)
🎧 05-9.mp3

A Why don't you **go** talk to her?   ·······························

B I already did. She won't listen to me.   벌써 했지. 내 말은 절대 들으려 하지 않아.

❺ 어떤 상태가 된다는 go (형용사)
🎧 05-10.mp3

A Can I drink some of that milk?   그 우유 좀 마셔도 돼?

B No. It **went** bad.   안 돼. ·······························

| 정답 |
❶ 난 안 가.
❷ 나 화장실 가야 돼.
❸ 난 그냥 집에 갈래.
❹ 가서 그녀에게 얘기 좀 해 봐.
❺ 그거 상했어.

036

06 떠난다고 말할 때 쓰는 핵심동사

떠나 버릴 때도, 남겨 놓을 때도 leave

강의 및 예문 듣기

leave의 대표 의미는 '떠나다'입니다. 있던 곳에서 다른 장소로 가버린다는 의미이지요. leave는 목적어나 보어의 도움을 받지 않는 완전 자동사로 쓰일 때가 있습니다. 다시 말해서 1형식 문장(주어 + 동사)에 쓰일 수 있다는 뜻이지요. 그런가 하면 목적어(명사)의 도움이 필요한 타동사로 쓰일 때도 있습니다. 다시 말해서 3형식 문장(주어 + 동사 + 목적어)에서도 쓰입니다. 또한, 목적보어의 도움이 필요한 5형식 문장에서도 leave는 사용됩니다. 5형식에서 쓰일 때 leave는 '~을 어떤 상태로 남겨 놓다'의 의미를 전합니다. 목적어를 어떤 상태로 남겨 놓고 떠나 버린다는 느낌에서 출발한 의미입니다.

준비단계
핵심동사 감 잡기

그림 속 상황에서 leave가 어떤 뜻으로 사용됐는지 짐작하며 뜻을 써 보세요.

❶ **He already left.**

▶

❷ **I'm leaving in a minute.**

▶

❸ **Please don't leave me.**

▶

❹ **Leave it alone.**

▶

❺ **You should leave a tip.**

▶

| 정답 | ❶ 그는 벌써 떠났어. ❷ 나는 곧 떠나. ❸ 날 떠나지 마. ❹ 그거 건드리지 말고 가만히 내버려 두세요. ❺ 팁을 좀 남겨야 돼.

1단계

핵심동사 파헤치기

각각 의미가 다른 leave
의 설명을 읽고 뜻을 이
해한 후 빈칸을 채워 보
세요. 그리고 오디오 파일
을 듣고 문장을 따라 말
해 보세요.

① 떠날 때 쓰는 leave

🎧 06-1.mp3

leave

떠나다

He already **left**. 그는 벌써 떠났어.

자동사 leave로 문장이 마무리됩니다. leave의 과거형은 left, 과거분사도 left
이지요. leave의 의미가 떠나는 행위 자체에 집중하여 의미를 전달하는 경우입
니다.

You should **leave**. 넌 떠나야 돼.

Call me after he **leaves**. 그가 떠난 뒤에 나한테 전화해.

I thought you **left**. 🎤 _____

내가 떠난 뒤에 이거 읽어 봐. 🎤 _____

② 언제 떠난다고 말할 때는 leave in/at

🎧 06-2.mp3

leave in/at (시간)

(시간)에 떠나다

I'm **leaving in** a minute. 나는 곧 떠날 거야.

leave in/at 다음에 시간을 말하면 '그 시간 후에 떠나다', '그 시간에 떠나다' 등
의 의미입니다. 전치사 in은 현재를 시점으로 '~ 후에'를 의미합니다. 의문사
when은 전치사 in이나 at의 의미를 포함합니다.

He's **leaving in** a couple of days. 그는 며칠 후에 떠날 거야.

I want you to **leave at** ten. 난 네가 10시에 떠나면 좋겠어.

When are you **leaving**? 🎤 _____

그 비행기는 10시에 떠나. 🎤 _____

③ 사람이나 장소를 떠날 때 쓰는 leave

🎧 06-3.mp3

leave (사람/장소)

(사람/장소)를 떠나다

Please don't **leave** me. 나를 떠나지 마.

leave 다음에 사람이나 장소를 말하면 그 사람이나 장소를 떠난다는 의미입니
다. 장소와 사람이 leave의 목적어로 쓰여서 3형식 문장을 만드는 경우이지요.

He **left** me last week. 　　　　　　　　　　　그는 지난주에 나를 떠났어.

She couldn't leave her country. 　　　　　　그녀는 자기 나라를 떠날 수가 없었던 거지.

How can I leave you? 🎤

난 걔 방을 떠날 수가 없어. 🎤

④ 어떤 상태로 남겨둘 때 쓰는 leave 　　　🔊 06-4.mp3

leave (사람/물건) (형용사)　　　(사람/물건)을 ~ 상태로 두다

Leave it alone. 그거 건드리지 말고 가만히 내버려 두세요.

사람이나 물건을 어떤 상태로 둔다는 의미를 전할 때는 leave 다음에 사람이나 물건을 언급하고 그 뒤에 형용사를 사용하세요. 주어가 목적어를 그런 상태로 남겨둔다는 느낌이 담겨 있습니다. 대표적인 5형식 문장입니다.

Leave me alone. 　　　　　　　　　　　　나 건드리지 말고 가만히 내버려 둬.

The flood **left** many people homeless. 　　그 홍수로 많은 사람들이 집을 잃었어.

You **left** me speechless. 🎤

창문은 그냥 열린 상태로 둬. 🎤

⑤ 뭔가를 남겨둘 때 쓰는 leave 　　　🔊 06-5.mp3

leave (명사)　　　　　　　(~을 어딘가에) 두다/남겨두다

You should **leave** a tip. 팁을 좀 남겨야 돼.

leave 다음에 명사나 대명사를 써서 그것을 어딘가에 둔다는 의미를 전하는 경우입니다. 그 속뜻은 남겨 놓고 떠난다는 것이지요. 어떤 상황에서든 leave가 쓰이면 '떠난다'의 의미를 포함할 수밖에 없습니다.

Leave it to me. 　　　　　　　　　　　　그건 나한테 맡겨.

Did I **leave** my scarf there? 　　　　　　내가 스카프를 거기에 뒀던가?

Where did you **leave** your umbrella? 🎤

네 책들은 책상 위에 둬. 🎤

러닝페이퍼

④
alone 홀로, 혼자
flood 홍수
homeless 집이 없는
speechless 말할 수 없는

| 정답 |
③ 내가 너를 어떻게 떠나? /
I can't leave his room.

④ 네가 나를 할 말을 잃게
했잖아. / Leave the
windows open.

⑤ 우산을 어디에 뒀어? /
Leave your books on
the desk.

대화에서 leave가 어떤 뜻으로 쓰였는지 해석해 보세요. 해석한 후에는 오디오 파일을 듣고 따라 말해 보세요.

컨닝페이퍼

❶
already 이미, 벌써
❹
stupid 멍청한, 바보 같은
❺
crazy (말이나 행동이) 정상이 아닌

❶ 떠날 때 쓰는 leave 🎧 06-6.mp3

A Can I talk to him now?   그와 지금 얘기 좀 할 수 있을까?

B He already **left**.   ....

❷ 언제 떠난다고 말할 때는 leave in/at 🎧 06-7.mp3

A When are you **leaving**?   ....

B I'm leaving tomorrow.   나, 내일 떠나.

❸ 사람이나 장소를 떠날 때 쓰는 leave 🎧 06-8.mp3

A You look terrible. What's wrong?   너 표정이 안 좋네. 무슨 일이야?

B He **left** me last week.   ....

❹ 어떤 상태로 남겨둘 때 쓰는 leave 🎧 06-9.mp3

A You **left** me speechless.   ....

B You mean I was so stupid?   내가 그 정도로 한심했다는 거야?

❺ 뭔가를 남겨둘 때 쓰는 leave 🎧 06-10.mp3

A Where did you leave your umbrella?   ....

B I'm not sure. I must **have** been crazy.   모르겠어. 내가 미쳤지.

| 정답 |
❶ 걔 벌써 떠났어.

❷ 넌 언제 떠나?

❸ 그가 지난주에 나를 떠났어.

❹ 너 때문에 내가 할 말을 잃었다. 할 말을.

❺ 너, 우산 어디에 둔 거야?

07

뭔가를 갖고 싶거나 하고 싶을 때는 **want**

강의 및 예문 듣기

want의 대표 의미는 '원하다'입니다. 뭔가를 갖고 싶거나 하고 싶다는 의미이지요. want의 목적어로 사람이나 사물, 또는 행위를 언급할 수 있습니다. want의 의미상 특징은 원하기는 하지만 그것이 여의치 않으면 포기할 수도 있다는 것입니다. 이런 특징을 이해하지 못하고 무조건 사용하다 보면 대화 도중에 오해가 발생할 수 있습니다. 아무리 사소하게 느껴지는 어휘라도 그 의미를 다시 한 번 확인하고 정확하게 사용해야 된다는 것입니다.

준비단계
핵심동사 감 잡기

그림 속 상황에서 want가 어떤 뜻으로 사용됐는지 짐작하며 뜻을 써 보세요.

❶ **I want a drink.**

▶

❷ **I want to stay here.**

▶

NO FIGHT

❸ **I don't want to fight.**

▶

인사드려~

❹ **I want you to meet my mother.**

▶

| 정답 | ❶ 나 한잔하고 싶어. ❷ 난 여기에 머물고 싶은데. ❸ 난 싸우고 싶지 않아. ❹ 우리 어머니야. 인사해. ❺ 난 네가 그녀와 결혼하지 않으면 좋겠어.

이 결혼 반댈세!

❺ **I don't want you to marry her.**

▶

각각 의미가 다른 want 의 설명을 읽고 뜻을 이 해한 후 빈칸을 채워 보 세요. 그리고 오디오 파일 을 듣고 문장을 따라 말 해 보세요.

① 뭔가를 원할 때 쓰는 want  07-1.mp3

want (물건/사람)　　　　　　　　(물건/사람)을 원하다
I **want** a drink. 나, 한잔하고 싶어.

want 다음에 물건이나 사람이 오면 그것을 먹고 싶거나 마시고 싶거나, 혹은 소유하고 싶다는 의미입니다. 이때는 3형식 문장입니다.

I **want** your advice. 　　　　　　　　　　　　　　　　　충고 좀 해 줘.

I **want** her. 　　　　　　　　　　　　　　　　　　　　난 그녀를 원하거든.

I **want** a straight answer.

커피 마실래?

①
straight 솔직한, 정직한
②
up front 미리, 앞서서
why 이유, 왜

② 뭔가를 하고 싶을 때는 want to  07-2.mp3

want to (동사원형)　　　　　　　　　　~하고 싶다
I **want to** stay here. 난 여기 머물고 싶어.

want to 다음에 동사원형을 쓰면 그 행위를 하고 싶다는 의미입니다. to부정사 를 want의 목적어로 활용하는 것이죠. to부정사의 명사적 용법에 해당됩니다.

I **want to** know up front. 　　　　　　　　　　　　　　미리 좀 알고 싶은데.

You **want to** tell me why? 　　　　　　　　　　　이유를 좀 말해 줄 수 있겠어?

Why do you want to know?

그에게 전화를 하고 싶은데.

③ 뭔가를 하고 싶지 않을 때는 don't want to  07-3.mp3

don't want to (동사원형)　　　　　　　~하고 싶지 않다
I **don't want to** fight. 나는 싸우고 싶지 않아.

don't want to 다음에 동사원형을 쓰면 그런 행위를 하고 싶지 않다는 의미입 니다. 주어가 3인칭 단수일 때는 doesn't를 이용하지요.

I **don't want to** know. 　　　　　　　　　　　　　　　　난 알고 싶지 않아.

| 정답 |
① 난 솔직한 대답을 원해.
/ Do you want some coffee?
② 왜 알고 싶은데? / I want to call him.

042

She **doesn't want to** go to work.   그녀는 출근하고 싶지 않다네.

I **don't want to** hurt you.

그는 아직 떠나길 원치 않아.

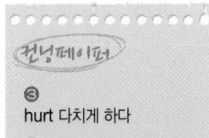
❸ hurt 다치게 하다
❹ on one's side ~의 옆에
think over
~을 심사숙고하다

❹ 누군가가 무엇을 하기 원할 때는 want (사람) to   🎧 07-4.mp3

want (사람) **to** (동사원형)   (사람)이 ~하기를 원하다

I **want** you **to** meet my mother. 우리 어머니야, 인사해.

want 다음에 사람을 언급하고 그 다음에 그 사람이 하기를 바라는 행위를 to부정사로 나타내 보세요. to부정사는 '미래'와 '조건'의 의미를 갖습니다. 그래서 보통 want 뒤에는 to부정사가 나오지요. I want you to meet my mother.를 직역하면 '나는 네가 우리 어머니를 만나길 원해'이지만 보통은 어머니 앞에서 친구에게 '우리 어머니야, 인사해'의 의미로 사용합니다.

I **want** you **to** be on my side.   난 네가 내 편이면 좋겠어.

She **wants** him **to** say sorry.   그녀는 그가 미안하다고 말해 주길 원하는 거야.

I **want** you **to** think it over.

그가 나를 좀 가만 내버려 두면 좋겠어.

❺ 누군가가 무엇을 하기 원하지 않을 때는 don't want (사람) to

🎧 07-5.mp3

don't want (사람) **to** (동사원형)

(사람)이 ~하기를 원하지 않는다

I **don't want** you **to** marry her. 난 네가 그녀와 결혼하지 않으면 좋겠어.

누군가 어떤 행위를 하지 않기를 원할 때 사용하는 표현입니다. 문장에 어휘를 추가하여 사용할 때마다 점점 어려워지고 암기가 쉽지 않지만 구조를 정확히 이해하면 쉽게 외워져 회화 표현으로 활용할 수 있습니다.

| 정답 |
❸ 너 다치게 하고 싶지 않아.
/ He doesn't want to
leave yet.
❹ 그걸 좀 신중하게 생각해 줘.
/ I want him to leave me
alone.
❺ 네가 다치는 걸 원하지 않아. /
He doesn't want you to
give up.

I **don't want** you **to** leave.   네가 떠나지 않으면 좋겠어.

She **doesn't want** him **to** make it worse.

그녀는 그가 상황을 악화시키는 걸 원치 않는 거야.

I **don't want** you **to** be hurt.

그는 네가 포기하는 것을 원치 않아.

대화에서 want가 어떤 뜻으로 쓰였는지 해석해 보세요. 해석한 후에는 오디오 파일을 듣고 따라 말해 보세요.

컨닝페이퍼

❷ doubt 의심

① 뭔가를 원할 때 쓰는 **want** 🎧 07-6.mp3

> A I **want** a straight answer. ....
>
> B I'm telling you the truth. 너한테 진실을 말하고 있는 거야.

② 뭔가를 하고 싶을 때는 **want to** 🎧 07-7.mp3

> A Are you sure you **want to** do this? ....
>
> B No doubt in my mind. 한치의 의심도 없어.

③ 뭔가를 하고 싶지 않을 때는 **don't want to** 🎧 07-8.mp3

> A Where were you last night? 어젯밤에 어디에 있었어?
>
> B I **don't want to** talk about it. ....

④ 누군가가 무엇을 하기 원할 때는 **want (사람) to** 🎧 07-9.mp3

> A What do you want from me? 내게 원하는 게 뭐야?
>
> B I **want** you **to** be on my side. ....

⑤ 누군가가 무엇을 하기 원하지 않을 때는 **don't want (사람) to** 🎧 07-10.mp3

> A Why are you telling me this again? 왜 나한테 또 이 얘기를 하는 거야?
>
> B I just **don't want** you **to** be surprised. ....

| 정답 |

❶ 난 솔직한 답을 원해.

❷ 정말 이게 하고 싶은 거야?

❸ 그건 얘기하고 싶지 않아.

❹ 네가 내 편이면 좋겠어.

❺ 그냥 네가 놀라지 않았으면 해서.

08

필요를 말할 때 쓰는 핵심동사

뭔가 필요하거나 해야 한다고 할 때는 **need**

강의 및 예문 듣기

need의 대표 의미는 '필요하다'입니다. 그래서 뭔가를 꼭 가져야겠고 꼭 해야겠다는 의미를 전달할 때 씁니다. 사람이나 사물, 또는 행위가 need의 목적어로 올 수 있습니다. need가 갖는 의미상의 특징은 그것이 반드시 필요하기 때문에 꼭 소유하거나 해야 한다는 것입니다. want처럼 원하긴 하지만 없으면 '어쩔 수 없다'가 아니고 이유를 불문하고 반드시 소유하거나 해야 하는 것에 쓰는 거죠. want와 need의 의미상의 차이를 이해하지 못하고 마치 두 어휘가 같은 의미를 갖고 있는 것처럼 사용하게 되면 큰 오해를 불러일으킬 수 있습니다.

준비단계
핵심동사 감 잡기

그림 속 상황에서 need가 어떤 뜻으로 사용됐는지 짐작하며 뜻을 써 보세요.

❶ I need a rest.

▶

❷ You need a haircut.

▶

얘기 좀 해!

❸ I need to talk to you.

▶

빨리 와!

❹ You need to hurry.

▶

| 정답 | ❶ 나, 좀 쉬어야겠어. ❷ 너, 머리 잘라야겠다. ❸ 너하고 꼭 얘기 좀 해야겠어. ❹ 너, 서둘러야 돼. ❺ 네가 5시까지 꼭 좀 있어 줘야겠어.

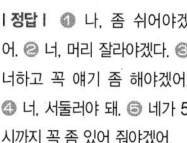

가지마!

❺ I need you to stay until five.

▶

1단계

핵심동사 파헤치기

각각 의미가 다른 need 의 설명을 읽고 뜻을 이해한 후 빈칸을 채워 보세요. 그리고 오디오 파일을 듣고 문장을 따라 말해 보세요.

① 내가 뭔가를 필요로 할 때는 **I need**　　　🎧 08-1.mp3

I need (물건/상태/사람)　　나는 (물건/상태/사람)이 꼭 필요하다

I need a rest. 나, 좀 쉬어야겠어.

need 다음에 물건이나 상태, 사람을 지칭하는 명사를 언급하면 그것이 꼭 필요하다는 의미입니다. need a rest는 지금의 상태로 볼 때 내가 대단히 피곤하고 힘들기 때문에 휴식을 취하지 않으면 여러모로 좋지 않겠다는 의미입니다.

I need you.　　　　　　　　　　　　　　　난 네가 꼭 필요해.

I need some information on it.　　　　난 지금 그것에 대한 정보가 꼭 좀 필요해.

I need someone to look after her. 🎤

지금 당장 네 도움이 필요해. 🎤

커닝페이퍼

①
information 정보
look after
~을 돌보다
②
courage 용기
trust 신뢰, 믿음

② 네가 뭔가를 필요로 할 때는 **You need**　　🎧 08-2.mp3

You need (물건/상태/사람)
너는 (물건/상태/사람)이 꼭 필요하다

You need a haircut. 너, 머리 잘라야겠다.

상대방에게 need를 사용하여 말할 때는 상대가 반드시 뭔가를 해야 한다고 말하는 것이기 때문에 무례를 범하지 않도록 신경써야 합니다. 항상 상대의 입장을 헤아리면서 말해야 서로의 관계가 원활하니까요.

You need a bit of courage.　　　　　　　　　난 용기를 좀 내야겠어.

You need someone to trust.　　　　　　　난 지금 믿을 만한 사람이 필요해.

If **you need** anything, let me know. 🎤

넌 지금 내가 없으면 안 돼. 🎤

③ 내가 뭔가를 꼭 해야 할 필요가 있을 때는 **I need to**　🎧 08-3.mp3

얘기 좀 해!

I need to (동사원형)　　　나는 지금 꼭 ~해야 된다

I need to talk to you. 나, 너하고 대화를 좀 해야겠어.

| 정답 |
① 난 그녀를 돌봐 줄 사람이 꼭 필요해. / I need your help right away.

② 뭐 필요한 게 있으면 나한테 말해. / You need me.

need to 다음에 동사원형을 사용하면 어떤 행위를 꼭 해야 된다는 의미입니다. 지금 그 행위를 하지 않으면 나중에 어떤 화가 미칠지 모르며 곤란한 상황이 닥치게 될 것이라는 느낌을 전합니다.

I need to know.　　　　　　　　　　　　　　　　내가 꼭 좀 알아야겠어.

I need to use your cell phone.　　　　　　지금 네 휴대 전화를 좀 써야겠는데.

I need to get used to this.

너한테 질문 좀 하나 해야겠어.

❸
get used to
~에 익숙해지다
❹
hurry 서두르다
get a grip
정신 차리고 똑바로 행동하다
❺
keep ~ informed
계속 ~에게 정보를 제공하다

❹ 네가 뭔가를 꼭 해야 할 필요가 있을 때는 You need to 🎧 08-4.mp3

> 빨리 좀!
> # You need to (동사원형)　　너는 지금 꼭 ~해야 한다
> **You need to** hurry. 너, 서둘러야 돼.

상대의 행위를 강력하게 요구할 때는 You need to 다음에 동사를 활용하세요.
강한 충고에 해당되기 때문에 이 표현은 친구나 가까운 사람에게 주로 말하게
되지요. 잘못 사용하여 예의에 벗어나는 일이 생기지 않도록 주의해야 합니다.

You need to get a grip.　　　　　　　　　　　너, 정신 똑바로 차려야 돼.

You need to update it.　　　　　　　　　　　너, 그거 업데이트 해야 돼.

You need to be quiet.

뭐라도 먹어야지, 그러면 안 돼.

❺ 내 입장에서 네가 뭔가를 꼭 해야 할 필요가 있을 때는
I need you to
🎧 08-5.mp3

> 하지마!
> # I need you to (동사원형)　　네가 꼭 ~해 줘야 한다
> **I need you to** stay until five. 네가 5시까지는 꼭 좀 있어 줘야겠어.

내가 상대방에게 강력하게 어떤 행위를 원할 때는 I need you to 다음에 동사
원형을 쓰세요. 내가 상대방을 필요로 하고 또 상대방의 행위를 필요로 한다는
절박함을 전하는 표현이지요.

I need you to come with me.　　　　　　　　나하고 꼭 좀 같이 가 줘야 돼.

I need you to keep me informed.　　　　네가 계속 좀 내게 알려 줘야겠어.

I need you to take me home.

네가 꼭 좀 나를 도와줘야겠어.

| 정답 |
❸ 이게 좀 익숙해져야 되는데
말이야. / I need to ask
you a question.

❹ 조용히 좀 하고 있어. /
You need to eat.

❺ 네가 나를 꼭 좀 집까지
데려다 줘. / I need you to
help me.

대화에서 need가 어떤 뜻으로 쓰였는지 해석해 보세요. 해석한 후에는 오디오 파일을 듣고 따라 말해 보세요.

① 내가 뭔가를 필요로 할 때는 **I need**   🎧 08-6.mp3

> **A** You want to walk with me?   나하고 같이 걷고 싶다고?
>
> **B** Yes. **I need** the exercise.   그래. ....

② 네가 뭔가를 필요로 할 때는 **You need**   🎧 08-7.mp3

> **A** When do **you need** these by?   ....
>
> **B** Can I have them later today?   오늘 늦게 가져갈 수 있을까?

③ 내가 뭔가를 꼭 해야 할 필요가 있을 때는 **I need to**   🎧 08-8.mp3

> **A** **I need to** talk to you just for a minute.   ....
>
> **B** Sure, but it's a bad time now.   좋은데, 지금은 얘기하기 힘들어.

④ 네가 뭔가를 꼭 해야 할 필요가 있을 때는 **You need to**   🎧 08-9.mp3

> **A** Something is wrong with this program.   이 프로그램 좀 이상한데.
>
> **B** **You need to** update it.   ....

⑤ 내 입장에서 네가 뭔가를 꼭 해야 할 필요가 있을 때는 **I need you to**   🎧 08-10.mp3

> **A** What are you talking about?   지금 무슨 얘기를 하는 거야?
>
> **B** **I need you to** do me a favor, okay?   ....

09

호감을 말할 때 쓰는 핵심동사

뭔가를 좋아하거나 마음에 들 때는 **like**

강의 및 예문 듣기

like의 대표 의미는 '마음에 들다'입니다. 여기에서 파생되어 '좋게 생각하다', '좋아하다' 등의 의미를 전하게 되지요. 영어를 배울 때 가장 큰 문제는 근본적인 의미의 이해 없이 무조건 하나의 뜻만을 기억한 후에 모든 문장에 획일적으로 그 의미를 적용한다는 것입니다. 예를 들어 like가 쓰인 문장은 무조건 '좋아하다'라는 의미로 받아들이고 happy는 무조건 '행복하다'라는 뜻으로만 생각한다는 것입니다. 이런 고정관념에 얽매인 학습방법에서 벗어나는 것이 영어를 잘 구사할 수 있는 한 가지 방법입니다.

준비단계

핵심동사 감 잡기

그림 속 상황에서 like가 어떤 뜻으로 사용됐는지 짐작하며 뜻을 써 보세요.

❶ I **like** your hairstyle.

▶

❷ I don't **like** heights.

▶

❸ I **like** to listen to music.

▶

❹ I **like** going shopping.

▶

❺ I'd **like** to meet her.

▶

| 정답 | ❶ 네 머리 스타일이 마음에 들어. ❷ 난 높은 곳이 싫어. ❸ 난 음악 듣는 거 좋아해. ❹ 난 쇼핑하는 거 좋아하는데. ❺ 그녀를 만나고 싶어.

각각 의미가 다른 like의 설명을 읽고 뜻을 이해한 후 빈칸을 채워 보세요. 그리고 오디오 파일을 듣고 문장을 따라 말해 보세요.

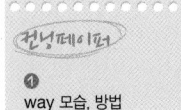

컨닝페이퍼

❶
way 모습, 방법

❷
treat 대하다

❶ 뭔가가 마음에 들고 좋을 때 쓰는 like　🎧 09-1.mp3

like (물건/사람)　　　　(물건/사람)이 마음에 들다/좋다

I **like** your hairstyle. 네 머리 스타일 마음에 들어.

like 다음에 사물이나 사람을 써서 마음에 들거나 좋다는 의미를 전합니다. 상황에 따라 '마음에 들다'와 '좋다'는 의미를 적절하게 나타내 보세요.

I **like** him.　　　　　　　　　　　　　　　　　그 사람 마음에 들어.

I **like** the way she walks.　　　　　　　　그녀가 걷는 모습이 마음에 들어.

I **like** it here.　　　　　　　🎤 _____

내가 너 좋아하는 거 알잖아.　　🎤 _____

❷ 뭔가가 마음에 들지 않을 때는 don't like　🎧 09-2.mp3

don't like (물건/사람)　　　(물건/사람)이 마음에 안 들다

I **don't like** heights. 난 높은 곳이 싫어.

like를 부정하는 것이므로 '마음에 들지 않는다'는 의미죠. 이것이 '싫다'라는 의미와 비슷하지만 싫다는 느낌이 아주 강하지는 않습니다. don't like와 같은 의미로 문어체, 즉 글 속에서는 dislike를 흔히 이용합니다.

I **don't like** him.　　　　　　　　　　　　　　　난 걔 별로야.

I **don't like** the way you treat me.　　네가 나를 대하는 방법이 싫어.

I **don't like** your idea.　　🎤 _____

그 대답 마음에 안 들어.　　　🎤 _____

❸ 뭔가 앞으로 하게 되는 것을 좋아할 때는 like to　🎧 09-3.mp3

like to (동사원형)　　　　　　　　　~하는 게 좋다

I **like to** listen to music. 난 음악 듣는 거 좋아해.

like to 다음에 동사원형을 사용하면 앞으로 하게 될 그 행위를 좋아한다든지 그 행위를 할 경우에 기분이 좋다는 의미입니다. to부정사가 미래와 조건의 의미를 갖기 때문이죠. 이때는 3형식 문장이 됩니다.

I **like to** study English. 나, 영어 공부하는 거 좋아.

I **like to** talk to him. 그와 대화하는 거 좋아.

I **like to** play soccer. 🎤 ------------------------------

너, 커피 마시는 거 좋아해? 🎤 ------------------------------

④ 지금 하고 있는 것을 느끼며 그것이 좋다고 말할 때는 like ~ing

🔊 09-4.mp3

like (동사원형)**~ing** ~하는 게 좋다

I **like going** shopping. 난 쇼핑하는 거 좋아해.

like의 목적어로 동명사를 써 보세요. 동명사는 동사를 명사로 만든 것이기 때문에 지금 막 진행되고 있는 움직임이 그대로 느껴집니다. 따라서 to부정사가 목적어로 온 경우와 의미가 다를 수밖에 없습니다.

I **like watching** movies. 난 영화 보는 거 좋아.

I **like eating** out. 난 외식하는 거 좋은데.

I **like cooking**. 🎤 ------------------------------

난 가르치는 거 좋아해. 🎤 ------------------------------

커닝페이퍼
④
eat out 외식하다
⑤
go out with
~와 데이트하다
driver's license 운전면허
study abroad 유학 가다

⑤ 뭔가를 하고 싶을 때는 **I'd like to** 🔊 09-5.mp3

I'd like to (동사원형) 나는 ~이 하고 싶다

I'd like to meet her. 그녀를 만나고 싶어.

I'd like to 다음에 동사원형을 활용하면 그 행위를 좋아한다는 게 아니라 그 행위가 하고 싶다는 의미입니다. I'd like는 '내가 좋아할 텐데'이고 to부정사는 '~을 하게 된다면'이지요. 이것이 합해져서 '~을 하게 된다면 좋을 텐데'가 되어 '~을 하고 싶다'라는 의미를 나타내는 거죠.

I'd like to go out with her. 그녀와 데이트하고 싶어.

I'd like to get a driver's license. 운전면허 따고 싶어.

I'd like to study abroad. 🎤

운동하고 싶은데. 🎤

| 정답 |
③ 나, 축구 하는 거 좋아. /
Do you like to drink
coffee?

④ 난 요리하는 거 좋아해. /
I like teaching.

⑤ 유학 가고 싶어. / I'd like
to exercise.

대화에서 like가 어떤 뜻으로 쓰였는지 해석해 보세요. 해석한 후에는 오디오 파일을 듣고 따라 말해 보세요.

① 뭔가가 마음에 들고 좋을 때 쓰는 like 🎧 09-6.mp3

A You **like** it here?	....
B Yeah, I love it.	어, 정말 좋아.

② 뭔가가 마음에 들지 않을 때는 don't like 🎧 09-7.mp3

A I'll come by and surprise you.	내가 들러서 놀라게 해 줄게.
B I **don't like** surprises.	....

컨닝페이퍼

②
come by 잠깐 들르다
surprise 놀라게 하다; 깜짝 놀라게 하기, 기습
③
even 심지어
while ~하는 동안

③ 뭔가 앞으로 하게 되는 것을 좋아할 때는 like to 🎧 09-8.mp3

A Do you **like to** listen to music?	....
B Very much. I listen to music even while sleeping.	무척. 난 자면서도 음악 들어.

④ 지금 하고 있는 것을 느끼며 그것이 좋다고 말할 때는 like ~ing 🎧 09-9.mp3

A Do you know how to cook?	요리할 줄 알아?
B Yes, I do. I **like cooking**.	그럼. ....

⑤ 뭔가를 하고 싶을 때는 I'd like to 🎧 09-10.mp3

A You want a ride home?	집까지 태워줄까?
B No, thank you. **I'd like to** walk.	괜찮아. ....

| 정답 |
❶ 여기가 마음에 들어?
❷ 난 놀라게 하는 거 싫어.
❸ 너, 음악 듣는 거 좋아해?
❹ 나, 요리하는 거 좋아해.
❺ 난 지금 걷고 싶어.

10

비호감을 말할 때 쓰는 핵심동사

마음에 들지 않거나 싫을 때는 hate

강의 및 예문 듣기

hate의 대표 의미는 '매우 싫어하다'입니다. hate의 특징은 구어체보다는 문어체 어휘라는 것입니다. 문어체 어휘를 대화할 때 사용하면 싫은 정도가 증폭되어 큰 충격을 줄 수도 있습니다. hate의 대상이 대화 상대라면 그 사람이 큰 충격을 받을 수도 있다는 것이죠. 제 3자를 가리키며 hate를 쓸 때도 상대방이 들을 때 느낌이 아주 강하게 다가옵니다. 그래서 대화 중에는 보통 can't stand를 이용합니다. 싫음의 정도가 낮은 dislike 역시 문어체 어휘로 구어체에서 don't/doesn't like를 쓰는 경우와 같습니다.

준비단계
핵심동사 감 잡기

그림 속 상황에서 hate이 어떤 뜻으로 사용됐는지 짐작하며 뜻을 써 보세요.

❶ Everybody hates me.

▶

❷ I hate my job.

▶

❸ I hate to go there.

▶

❹ I hate it when you call me at work.

▶

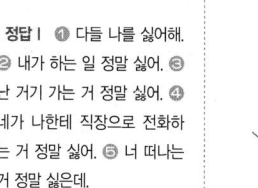

| 정답 | ❶ 다들 나를 싫어해. ❷ 내가 하는 일 정말 싫어. ❸ 난 거기 가는 거 정말 싫어. ❹ 네가 나한테 직장으로 전화하는 거 정말 싫어. ❺ 너 떠나는 거 정말 싫은데.

❺ I'd hate you to leave.

▶

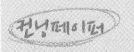
각각 의미가 다른 hate의 설명을 읽고 뜻을 이해한 후 빈칸을 채워 보세요. 그리고 오디오 파일을 듣고 문장을 따라 말해 보세요.

컨닝페이퍼
❶
promise 약속하다
each other 서로

❶ 누군가를 몹시 싫어할 때 쓰는 hate

🎧 10-1.mp3

hate (사람) (사람)을 몹시 싫어하다

Everybody **hates** me. 다들 나를 싫어해.

hate 다음에 사람을 언급하면 그 사람을 대단히 싫어한다는 의미입니다. 상대와 상황을 잘 파악하면서 적절하게 활용해야 합니다. hate의 대체 표현은 can't stand입니다.

I **hate** you.	너 정말 싫다, 싫어.
Promise you won't **hate** me.	날 절대 미워하지 않겠다고 약속해.
They **hate** each other.	
날 미워하지 마.	

❷ 뭔가가 정말 싫을 때는 hate

🎧 10-2.mp3

hate (물건/상황/감정) (물건/상황/감정)이 정말 싫다

I **hate** my job. 내가 하는 일 정말 싫어.

hate 다음에 사람 이외의 것들을 말하면 그것들이 대단히 싫어서 눈길도 주고 싶지 않다는 의미입니다. 싫어하는 대상으로 '감정'을 말하면 그런 감정 드는 것 자체가 너무 싫다는 느낌입니다.

I **hate** this old smartphone.	이 오래된 스마트폰 정말 싫어.
I **hate** this feeling.	이런 느낌 정말 싫어.
I **hate** this kind of work.	
난 커피 정말 싫어.	

❸ 어떤 행위가 정말 싫을 때는 hate to

🎧 10-3.mp3

hate to (동사원형) ~하는 게 정말 싫다

I **hate to** go there. 난 거기 가는 거 정말 싫어.

| 정답 |
❶ 걔들은 서로 싫어해. / Don't hate me.
❷ 이런 종류의 일은 정말 싫어. / I hate coffee.

hate to 다음에 동사원형을 쓰면 앞으로 하게 될 그 행위가 정말 싫다는 의미입니다. 어쩔 수 없어서 하긴 하지만 정말 싫다는 느낌을 전하지요.

I **hate to** say this. 이런 말 하기 정말 싫어.

I **hate to** attend the meeting. 그 회의 참석하는 거 정말 싫거든.

I **hate to** work under him.

그 식당 가기 정말 싫은데.

❹ 어떤 일이 일어날 때 그것이 몹시 싫을 때는 I hate it when

🔊 10-4.mp3

I hate it when ~
나는 ~일 때 정말 싫다
I **hate it when** you call me at work.
네가 나한테 직장으로 전화하는 거 정말 싫어.

hate it when은 어떤 일이 일어날 때 그것이 정말 싫다는 의미입니다. 때에 따라서는 it을 생략하여 I hate when이라고 말할 수도 있습니다. 그러면 '그런 일 자체가 싫다'가 아니라 '그런 일이 일어날 때가 정말 싫다'는 느낌을 전합니다.

I **hate it when** you lie to me. 네가 나한테 거짓말할 때 그거 정말 싫어.

I **hate it when** he says that. 걔가 그 말을 할 때 난 그게 정말 싫더라고.

I **hate it when** she cries.

난 네가 그 짓을 할 때 그게 너무 싫어.

❺ 네가 어떤 일을 한다면 난 정말 싫을 때는 I'd hate (for) you to

🔊 10-5.mp3

I'd hate (for) you to (동사원형)
네가 ~하는 것이 정말 싫다
I'**d hate you to** leave. 네가 떠나는 거 정말 싫어.

'네가 어떤 행위를 한다면 정말 싫다'는 의미를 전할 때는 I'd hate (for) you to 다음에 동사원형을 쓰세요. 구어체 표현입니다. I'd hate은 I would hate이라서 '정말 싫을 텐데'의 의미이고 (for) you to는 '만일 네가 ~을 한다면'이 됩니다. 그래서 결국 '네가 ~을 하게 된다면 나는 정말 싫다'의 의미가 되지요.

I'**d hate for you to** break the promise. 네가 그 약속을 어긴다면 정말 싫을 거야.

I'**d hate for you to** talk back to me. 네가 나한테 말대꾸하면 얼마나 싫겠어.

I'**d hate you to** ignore me.

네가 날 실망시키면 정말 싫지.

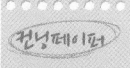
❸
attend 참석하다
❺
break a promise
약속을 깨다
talk back 말대꾸하다
ignore 무시하다

| 정답 |
❸ 그 사람 밑에서 일하는 거
정말 싫어. / I hate to go
to the restaurant.

❹ 난 걔가 울 때 그게 너무
싫어. / I hate it when you
do that.

❺ 네가 날 무시하면 정말
싫지. / I'd hate you to
disappoint me.

대화에서 hate이 어떤 뜻으로 쓰였는지 해석해 보세요. 해석한 후에는 오디오 파일을 듣고 따라 말해 보세요.

②
guilty 죄책감이 드는

① **누군가를 몹시 싫어할 때 쓰는 hate**　　🔊 10-6.mp3

A Everybody **hates** me.	‥‥‥‥‥‥‥‥‥‥‥‥‥‥
B What makes you say that?	뭐 때문에 그래?

② **뭔가가 정말 싫을 때는 hate**　　🔊 10-7.mp3

A Aren't you feeling guilty?	죄책감 느껴지지 않아?
B Yes, I am. I **hate** this feeling.	느껴지지. ‥‥‥‥‥‥‥‥‥

③ **어떤 행위가 정말 싫을 때는 hate to**　　🔊 10-8.mp3

A I **hate to** say this, but…	‥‥‥‥‥‥‥‥‥‥‥‥‥‥
B I know how you feel.	네 기분 내가 잘 알아.

④ **어떤 일이 일어날 때 그것이 몹시 싫을 때는 I hate it when**　　🔊 10-9.mp3

A **I hate it when** you call me at work.	‥‥‥‥‥‥‥‥‥‥‥‥‥‥
B Sorry. I won't do that again.	미안해. 다시는 그러지 않을게.

⑤ **네가 어떤 일을 한다면 난 정말 싫을 때는 I'd hate (for) you to**

🔊 10-10.mp3

A **I'd hate you to** ignore me.	‥‥‥‥‥‥‥‥‥‥‥‥‥.
B Believe me. I'll never ignore you.	내 말 믿어. 절대 너 무시하지 않아.

l 정답 l

① 다들 나를 미워해.

② 나, 이런 기분 정말 싫어.

③ 이런 말 하기 정말 싫지만…

④ 네가 나한테 직장으로 전화하는 거 정말 싫어.

⑤ 네가 나를 무시하는 건 정말 싫을 거야.

11 지식과 확신을 말할 때 쓰는 핵심동사

뭔가를 잘 알고 있을 때는 **know**

강의 및 예문 듣기

know의 대표 의미는 '잘 알고 있다'입니다. 많은 정보를 갖고 있어서 잘 알고 있다는 것이죠. 여기에서 파생되어 '확신하다'의 느낌을 포함합니다. 만일 목적어로 사람을 언급하면 그 사람과 친분이 있어서 잘 알고 있다는 의미입니다. 우리가 연예인을 아는 식으로 일방적으로 아는 게 아니라 서로 잘 알고 있는 관계를 말할 때 know someone의 형태를 씁니다. know는 의외로 섬세한 이해를 필요로 하는 어휘입니다. 단순히 '알다'로만 쓰기에는 부족함이 많습니다.

준비단계
핵심동사 감 잡기

그림 속 상황에서 know 가 어떤 뜻으로 사용됐는지 짐작하며 뜻을 써 보세요.

❶ **How did you know?**

▶

❷ **I don't know about the accident.**

▶

❸ **He knows everything.**

▶

❹ **You know what I mean.**

▶

| 정답 | ❶ 네가 어떻게 알았어? ❷ 난 그 사건에 대해서는 잘 몰라. ❸ 걔는 모르는 게 없어. ❹ 넌 내가 무슨 말 하는지 잘 알잖아. ❺ 난 정확히 몰라.

❺ **I don't know exactly.**

▶

1단계

핵심동사 파헤치기

각각 의미가 다른 know 의 설명을 읽고 뜻을 이해한 후 빈칸을 채워 보세요. 그리고 오디오 파일을 듣고 문장을 따라 말해 보세요.

① 잘 알고 있다고 말할 때 쓰는 **know**   🎧 11-1.mp3

know   잘 알고 있다

How did you **know**? 네가 어떻게 알았어?

know로 문장이 끝나는 경우입니다. 완전 자동사의 역할을 하는 것이지요. 이미 뭔가에 대해서 잘 알고 있다는 의미를 나타낼 때 말해 보세요.

You'll be the first to **know**.   너한테 제일 먼저 알려 줄게.

I don't want to **know**.   난 알고 싶지도 않아.

There's no way to **know**.   🎤 ....

나도 이미 잘 알고 있어.   🎤 ....

② 무언가에 대해서 잘 알 때는 **know about**   🎧 11-2.mp3

난 모르는 일이에요~

know about (사물/사람)   (사물/사람)에 대해서 잘 알다

I don't **know about** the accident. 난 그 사건에 대해서는 잘 몰라.

know about 다음에 사람이나 사물을 언급하면 그 사람이나 사물에 대해서 아주 잘 알고 있다는 의미입니다. 전치사 about은 주제를 말할 때 사용합니다. '~에 관해서 두루두루' 정도의 느낌입니다.

I don't **know about** his past.   난 그의 과거에 대해서는 잘 몰라.

What do you want to **know about**?   무엇에 대해서 알고 싶은 건데?

He's too young to **know about** it.   🎤 ....

너, 이것에 대해서 잘 알아?   🎤 ....

③ 사람이나 사물을 잘 알 때 쓰는 **know**   🎧 11-3.mp3

척척박사

know (사람/사물)   (사람/사물)을 잘 알다

He **knows** everything. 걔는 모르는 게 없어.

사람이나 사물에 대해서 이미 잘 알고 있다는 의미를 나타낼 때 about 없이 know 바로 다음에 그 사람이나 사물을 말할 수도 있습니다.

I **know** him.   난 개인적인 친분이 있어서 그를 잘 알아.

You don't even **know** me.   당신은 날 잘 알지도 못하잖아.

Do I **know** you?   🎤 _____

너, 그거 이미 알고 있었어?   🎤 _____

❹ 어떤 사실을 잘 알고 있을 때는 know (절)   🎧 11-4.mp3

 내 말 알겠지?

know (절)   ~을 잘 알고 있다

You **know** what I mean. 넌 내가 무슨 말 하는지 잘 알잖아.

know 다음에 절(문장)을 활용하면 절에 해당하는 사실을 아주 잘 알고 있다는 의미입니다. know 다음에 의문사절을 덧붙이면 의문문의 어순이 아닌 평서문의 어순으로 말해야 합니다.

I don't **know** what you're talking about.   난 네가 지금 무슨 소리 하는 건지 모르겠어.

He **knows** when it happened.   그는 언제 그 일이 일어났는지 잘 알아.

I don't **know** what I should do.   🎤 _____

나는 걔가 왜 그 짓을 했는지 잘 알아.   🎤 _____

❺ 어떻게 안다고 말할 때는 know (부사)   🎧 11-5.mp3

know (부사)   ~하게 잘 알다

I don't **know** exactly. 난 정확히 몰라.

know 다음에 부사나 부사구를 쓰면 뭔가를 어떻게 안다는 의미입니다. 부사는 동사를 수식하여 동사의 의미를 강조합니다.

I don't **know** for sure.   난 확실하게는 몰라.

I'd like to **know** exactly.   난 정확히 알고 싶은 거야.

It's hard to **know** exactly.   🎤 _____

난 아직 몰라.   🎤 _____

❹
happen 일어나다, 생기다
❺
for sure 확실히, 틀림없이
exactly 정확히

| 정답 |
❸ 저 아세요? / Did you know that?

❹ 내가 뭘 해야 되는 건지 모르겠어. / I know why he did it.

❺ 정확히 알기는 힘들어. / I don't know yet.

대화에서 know가 어떤 뜻으로 쓰였는지 해석해 보세요. 해석한 후에는 오디오 파일을 듣고 따라 말해 보세요.

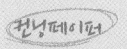

❶
result 결과

❹
mean 의미하다

❺
truth 사실, 진실

---

❶ 잘 알고 있다고 말할 때 쓰는 know　🎧 11-6.mp3

A	Why don't you tell him the results?	그에게 결과를 말해주지 그래?
B	He already **knows**.	-------------------------------

❷ 무언가에 대해서 잘 알 때는 know about　🎧 11-7.mp3

A	When did he finish university?	걔 대학을 언제 졸업했어?
B	I don't **know about** his past.	-------------------------------

❸ 사람이나 사물을 잘 알 때 쓰는 know　🎧 11-8.mp3

A	I **know** him.	-------------------------------
B	Is that right? Do you know his phone number?	정말? 그 사람 전화번호 알아?

❹ 어떤 사실을 잘 알고 있을 때는 know (절)　🎧 11-9.mp3

A	You **know** what I mean.	-------------------------------
B	No. How do I know what you mean?	아니야. 네가 무슨 말을 하는지 내가 어떻게 알아?

❺ 어떻게 안다고 말할 때는 know (부사)　🎧 11-10.mp3

A	What makes you keep asking me?	왜 계속 묻는 거야?
B	I'd like to **know** the truth.	------------------------------- .

| 정답 |

❶ 걘 벌써 다 알고 있어.

❷ 난 그의 과거에 대해서는 몰라.

❸ 걔는 내가 잘 알지.

❹ 내가 무슨 말 하는지 네가 잘 알잖아.

❺ 사실을 알고 싶어서 그러지.

12

생각이나 의견을 말할 때 쓰는 핵심동사

뭔가를 생각할 때는 **think**

강의 및 예문 듣기

think의 대표 의미는 '생각하다'입니다. 지금까지 내 머리 속에 존재하는 가치관에 의거하여 내 생각은 이러이러하다고 말할 때 사용하지요. 이럴 때 think는 상태동사라고 합니다. 동사는 동사지만 움직이지 않는다는 것입니다. 그런데 think가 동작동사로 쓰일 때도 있습니다. 가치관에 의한 생각이 아니라 지금 머리를 돌려서 무슨 생각을 한다고 말할 때 동작동사가 되는 것입니다. 눈에 보이지는 않지만 생각의 움직임, 그것을 동작이라고 인정하는 것이지요. 그럴 때는 thinking의 형태 사용이 가능합니다.

준비단계
핵심동사 감 잡기

그림 속 상황에서 think가 어떤 뜻으로 사용됐는지 짐작하며 뜻을 써 보세요.

❶ Let me **think**.
▶

❷ Let me **think** about it.
▶

내가 최고!
❸ I **think** of myself first.
▶

굿 아이디어!
❹ I **think** it's a great idea.
▶

❺ I **thought** you knew.
▶

과거　　현재

| 정답 | ❶ 생각 좀 해 보고. ❷ 그것에 대해서는 생각해 볼 게. ❸ 난 나 자신을 가장 먼저 생각해. ❹ 난 그건 훌륭한 아이디어라고 생각해. ❺ 난 네가 알고 있다고 생각했어.

061

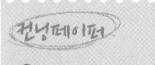

1단계
핵심동사 파헤치기

각각 의미가 다른 think 의 설명을 읽고 뜻을 이 해한 후 빈칸을 채워 보 세요. 그리고 오디오 파일 을 듣고 문장을 따라 말 해 보세요.

컨닝페이퍼

❶ think twice 재고하다
❷ for a moment 잠시 동안

❶ 생각할 때 쓰는 think

🎧 12-1.mp3

think

생각하다

Let me **think**. 생각 좀 해 보고.

목적어 없이 think를 자동사로 활용해서 생각한다는 의미를 전달할 수 있습니다. 상태동사로 쓰일 때도 있고 동작동사로도 활용되는 경우입니다.

Think twice.	신중하게 잘 생각해 봐.
I don't **think** so.	난 그렇게 생각하지 않아.
What makes you **think** so? 🎤	
생각 좀 하고 있었어. 🎤	

❷ 무언가에 대해서 생각할 때는 think about

🎧 12-2.mp3

think about (사물/사람/상황)

(사물/사람/상황)에 대해서 생각하다

Let me **think about** it. 그것에 대해서 생각을 좀 해 볼게.

think about 다음에 사람이나 사물, 또는 상황을 언급하면 그것들에 대해서 생각한다는 의미입니다. 그냥 생각이 아니라 두루두루 생각한다는 의미이지요. think가 동작동사로 쓰이는 경우입니다.

What are you **thinking about**?	지금 무슨 생각을 하고 있어?
Let's **think about** this for a moment.	우리 잠깐 이 생각을 좀 해 보자고.
I've been **thinking** a lot **about** you. 🎤	
그 일에 대해서는 생각하고 싶지도 않아. 🎤	

❸ 무언가를 생각할 때는 think of

🎧 12-3.mp3

think of (사람/사물/상황)

(사람/사물/상황)을 생각하다

I **think of** myself first. 나는 나 자신을 가장 먼저 생각해.

think of 다음에 사람이나 사물, 상황 등을 말하면 그것에 대해서가 아니라 그 냥 그것을 생각한다는 의미를 나타냅니다.

What do you **think of** me?	넌 나를 어떻게 생각해?

| 정답 |
❶ 그렇게 생각하는 이유가 뭐야? / I was thinking.

❷ 너에 대해서 생각 많이 해 봤어. / I don't want to think about it.

You're not **thinking of** leaving, are you? 너, 지금 떠날 생각하고 있는 건 아니지, 그치?

What are you **thinking of**?　　　🎤

나, 지금 네 생각하고 있어.　　　🎤

❹ '나는 ~라고 생각한다'라고 말할 때 **I think** (절)　　　🎧 12-4.mp3

🎨 굿 아이디어!

I think (절)　　나는 ~라고 생각한다, 내 생각에는 ~인 것 같다

I think it's a great idea. 난 그거 훌륭한 아이디어라고 생각해.

think 다음에 절(문장)을 활용하면 그 절에 해당되는 내용이 사실이라고 생각한 다는 의미입니다. think가 상태동사로 사용되는 대표적인 경우입니다.

I think you made the right decision.　　　난 네가 올바른 결정을 내렸다고 생각해.

I think it sounds familiar.　　　어디서 많이 들어 본 소리 같은데.

I think it's his fault.　　　🎤

그가 혼동했던 것 같아.　　　🎤

❹
right 옳은, 맞는
decision 결정
familiar 익숙한
fault 잘못, 책임, 실수

❺ 예전에 생각했던 것을 말할 때는 **thought**　　　🎧 12-5.mp3

💡

thought　　　　　생각했다

I thought you knew. 난 네가 알고 있다고 생각했어.

thought는 think의 과거형입니다. 뒤에 절을 덧붙일 때는 그 절의 동사를 현재 형으로는 말하지 않습니다. 과거시제의 영향을 받아서 현재가 과거로 바뀌기 때 문입니다. 이것을 시제의 일치라고 합니다.

I thought you would like it.　　　네가 그걸 좋아할 거라고 생각했어.

That's what I **thought**.　　　나도 그렇게 생각했어.

I thought you wanted it.　　　🎤

너에 대해서 생각해 봤어.　　　🎤

| 정답 |
❸ 지금 무슨 생각하고 있어? /
I'm thinking of you.

❹ 내 생각에는 그건 그의 실수
인 것 같아. / I think he was
confused.

❺ 난 네가 그걸 원한다고 생각
했지. / I thought about
you.

대화에서 think가 어떤 뜻으로 쓰였는지 해석해 보세요. 해석한 후에는 오디오 파일을 듣고 따라 말해 보세요.

① 생각할 때 쓰는 **think** 🎧 12-6.mp3

A It's too much. 그건 너무 과분해.
B I don't **think** so. ·······························

② 무언가에 대해서 생각할 때는 **think about** 🎧 12-7.mp3

A Are you seeing anybody? 너, 요즘 만나는 사람 있어?
B Let me **think about** it. ·······························

③ 무언가를 생각할 때는 **think of** 🎧 12-8.mp3

A What do you **think of** him? ·······························
B He's gorgeous. 정말 멋졌지.

④ '나는 ~라고 생각한다'라고 말할 때 **I think** (절) 🎧 12-9.mp3

A Pretty awesome, isn't it? 정말 굉장하지 않아?
B Yes, **I think** you could say that. ·······························

⑤ 예전에 생각했던 것을 말할 때는 **thought** 🎧 12-10.mp3

A I **thought** you would like it. ·······························
B Yes, I like it very much. 그래, 아주 좋아해.

13

느낌을 말할 때 쓰는 핵심동사

어떤 기분이 들거나 촉감이 느껴질 때는 **feel**

강의 및 예문 듣기

feel의 대표 의미는 '느낌이 들다'입니다. 물리적인 마찰이나 병을 통해서 몸에 어떤 느낌이 든다든지 어떤 일을 경험한 후에 특정한 감정이 든다고 말할 때 흔히 사용하지요. 감정에 국한해서 말할 때는 '어떤 기분이 든다'는 의미를 전달합니다. 그런가 하면 뭔가를 만져 보고 난 후에 드는 느낌을 말할 때도 사용하지요. 또한 그런 느낌들을 모아서 말로 표현하게 되기 때문에 어떤 생각이 든다는 의미로 feel을 사용하기도 합니다. 물리적인 기분과 감정적인 느낌이 feel의 대표적인 의미인 것입니다.

준비단계

핵심동사 감 잡기

그림 속 상황에서 feel이 어떤 뜻으로 사용됐는지 짐작하며 뜻을 써 보세요.

❶ I feel good.

▶

❷ I feel some pain.

▶

❸ I feel like a new person.

▶

❹ What do you feel like eating?

▶

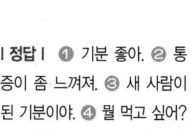

| 정답 | ❶ 기분 좋아. ❷ 통증이 좀 느껴져. ❸ 새 사람이 된 기분이야. ❹ 뭘 먹고 싶어? ❺ 커피를 좀 마시고 싶은걸.

❺ I feel like I need some coffee.

▶

각각 의미가 다른 feel의
설명을 읽고 뜻을 이해한
후 빈칸을 채워 보세요.
그리고 오디오 파일을 듣
고 문장을 따라 말해 보세
요.

컨닝페이퍼

①
comfortable 편안한
guilty 죄책감이 드는
②
breath 숨
cheek 볼, 뺨
lump 덩어리, 혹
anger 화

① 어떤 느낌이나 기분이 들 때는 feel 🎧 13-1.mp3

feel (형용사) ~의 기분이 들다, ~의 느낌이다
I **feel** good. 기분 좋아.

feel 다음에 형용사를 활용하면 그런 기분이 든다는 의미입니다. 형용사의 도움을 받아서 의미가 완성되는 동사를 불완전 자동사라고 하지요. feel이 2형식 문장 〈주어+동사+보어〉를 만드는 경우입니다.

I **feel** comfortable. 마음 편하고 좋아. [(물리적으로) 편한걸.]
I **feel** guilty. 죄책감이 들어.
Do you still **feel** hungry? 🎤
기분이 좀 별로야. 🎤

② 무언가가 느껴질 때나 무언가를 느낄 때 쓰는 feel 🎧 13-2.mp3

feel (명사) ~이 느껴지다
I **feel** some pain. 통증이 좀 느껴져.

feel 다음에 명사를 활용하면 그것을 느끼거나, 만져서 느껴 본다는 의미입니다. 여기에서 명사는 feel의 목적어로 사용되는 것입니다. feel이 3형식 문장 〈주어+동사+목적어〉를 만드는 경우입니다.

Let me **feel** your head. 어디 머리 좀 만져 보자.
I **felt** his breath on my cheek. 볼에 그의 숨이 느껴졌어.
I **felt** a lump in my breast. 🎤
그것에 화가 나더라고. 🎤

③ 무엇과 같은 기분이나 느낌이 들 때는 feel like (명사) 🎧 13-3.mp3

feel like (명사) ~ 같은 느낌이/기분이 들다
I **feel like** a new person. 새 사람이 된 듯한 기분이야.

feel like 다음에 명사를 말하면 그 명사가 된 듯한 기분이나 느낌이 든다는 의미입니다. 이때 like는 동사가 아니라 '~ 같은'의 의미를 갖는 전치사입니다.

| 정답 |
① 아직도 배고파? / I feel a
little bad.
② 가슴에 웬 덩어리가 느껴졌어.
/ I felt anger at it.

I **feel like** someone else. 내가 다른 사람이 된 느낌인걸.

It **feels like** only yesterday. 바로 어제 일어난 일 같은 느낌이야.

It **feels like** an excuse. 🎤

2시간은 된 듯한 느낌일 거야. 🎤

④ 뭔가를 하고 싶은 기분일 때 쓰는 feel like (동명사) 🔊 13-4.mp3

feel like (동명사) ~을 하고 싶은 기분이다

What do you **feel like** eating? 뭘 먹고 싶어?

지금 그것을 하고 싶은 기분이 든다고 말할 때는 feel like 다음에 동명사를 활용해 보세요. 예를 들어 feel like eating은 '지금 기분에 먹고 싶은 것'을 말할 때 이용합니다.

I **feel like** starting over. 기분 같아서는 처음부터 다시 시작하고 싶어.

I **feel like** going out for a walk. 나가서 산책하고 싶은 기분이야.

Don't you **feel like** dancing? 🎤

왠지 요리가 하고 싶은걸. 🎤

⑤ 어떤 느낌이나 생각이 들 때 쓰는 feel like (절) 🔊 13-5.mp3

feel like (절) ~라는 느낌이/생각이 든다

I **feel like** I need some coffee. 커피를 좀 마시고 싶은데.

feel like 다음에 절을 말하면 그 절의 의미가 사실인 것 같은 느낌과 생각이 든다는 의미입니다. 결국 feel like 다음에는 단어나 절이 모두 올 수 있는 거죠.

I **feel like** I've known you for years. 널 오랫동안 알고 지낸 느낌이야.

I **feel like** life isn't worth living. 인생이 살 만한 값어치가 있는 건가…라는 기분이 드네요.

I **feel like** I'm going insane. 🎤

지금 담배 한 대 피우고 싶은 마음인데. 🎤

컨닝페이퍼

③
excuse 변명
④
start over 다시 시작하다
go out for a walk
산책하러 나가다
⑤
for years 오랫동안
worth ~의 가치가 있는
insane 미친

| 정답 |
③ 그건 변명 같은데. / It'll feel like two hours.

④ 이럴 땐 춤추고 싶지 않아? / I feel like cooking.

⑤ 정말 미쳐 버릴 것 같아. / I feel like I need a cigarette.

대화에서 feel이 어떤 뜻으로 쓰였는지 해석해 보세요. 해석한 후에는 오디오 파일을 듣고 따라 말해 보세요.

1 어떤 느낌이나 기분이 들 때는 feel 🔊 13-6.mp3

A How are you doing? 잘 지내?

B I'm good, but I **feel** bad. ·····

2 무언가가 느껴질 때나 무언가를 느낄 때 쓰는 feel 🔊 13-7.mp3

A You want to **feel** my pulse? ·····

B It's beating really fast. 무척 빨리 뛰는걸.

3 무엇과 같은 기분이나 느낌이 들 때는 feel like 🔊 13-8.mp3

A You look amazing in that suit. 그 양복 입으니까 정말 멋있다.

B Wearing this suit makes me **feel like** a better person. ·····

4 뭔가를 하고 싶은 기분일 때 쓰는 feel like (동명사) 🔊 13-9.mp3

A Where do you want to go? 어디 가고 싶어?

B Wherever you **feel like** going. ·····

5 어떤 느낌이나 생각이 들 때 쓰는 feel like (절) 🔊 13-10.mp3

A I **feel like** I know you from somewhere. ·····

B I only just moved here. 저 여기 이사온 지 얼마 안 돼요.

🎵 pulse 맥박
beat (맥박이) 뛰다, (심장이) 고동치다
🎵 suit 정장

| 정답 |
❶ 잘 지내지. 그런데 지금 기분은 별로야.
❷ 내 맥박 한번 짚어 볼래?
❸ 이 양복을 입으니까 내가 한결 괜찮은 사람 같은 기분이 드네.
❹ 네 기분 내키는 대로 가.
❺ 어디선가 뵌 분 같은데요.

068

14

발견을 말할 때 쓰는 핵심동사

뭔가를 찾거나 알아낼 때는 **find**

강의 및 예문 듣기

find의 대표 의미는 '찾다'입니다. 그런데 look for와는 다르죠. look for는 사람이나 물건이 어디에 있는지 몰라서 찾는다는 의미이고 find는 찾고 있던 사람이나 물건을 발견한다는 의미입니다. 그리고 눈으로 볼 수 없는 추상적인 사실을 찾거나 알게 되었을 때도 find를 사용하지요. 그런가 하면 사람이나 물건, 또는 어떤 상황이 처한 상태를 알게 되었을 때도 find를 사용하게 됩니다. find의 활용 이해는 영어를 잘하거나 못함을 결정하는 중요한 역할을 합니다.

준비단계

핵심동사 감 잡기

그림 속 상황에서 find가 어떤 뜻으로 사용됐는지 짐작하며 뜻을 써 보세요.

❶ **How did you find me?**

▶

❷ **You'll find it interesting.**

▶

❸ **He will kill you if he finds out.**

▶

❹ **I will find out which hospital.**

▶

| 정답 | ❶ 날 어떻게 찾았어? ❷ 그거 재미있을 거야. ❸ 그가 알게 되면 널 죽이려고 할 거야. ❹ 어떤 병원인지 내가 알아낼게. ❺ 그가 어디에 사는지 확인해 봐.

❺ **Find out where he lives.**

▶

각각 의미가 다른 find의 설명을 읽고 뜻을 이해한 후 빈칸을 채워 보세요. 그리고 오디오 파일을 듣고 문장을 따라 말해 보세요.

❶ 뭔가를 찾았을 때 쓰는 find
🎧 14-1.mp3

find (명사)
~을 찾다

How did you **find** me? 나를 어떻게 찾았어?

find 다음에 명사를 말하면 한참 찾아다니던 그 사람이나 그것을 찾았다는 의미입니다. 찾았다는 결론에 의미 집중이 이루어지고 있는 어휘이지요.

Did you **find** the place? 그 장소 찾았어?
You should've **found** this earlier. 이걸 좀 더 일찍 찾았으면 좋았을걸.
I'll **find** the right time. 🎤
이것을 어디에서 찾았어? 🎤

❷ 무언가가 어떤 상태에 있음을 발견하게 되었을 때는 find
🎧 14-2.mp3

find (명사) (형용사)
(명사)가 ~의 상태임을 발견하다

You'll **find** it interesting. 그거 재미있을 거야.

find 다음에 명사를 활용하고 그 다음 형용사를 사용하여 앞의 명사 상태(보어)를 묘사하면 그 명사의 상태가 어떠함을 발견한다는 의미입니다. 대표적인 5형식 문장(주어+동사+목적어+목적보어)입니다.

I still **find** it hard to believe. 그건 여전히 믿기 힘들어.
You'll **find** this book useful. 이 책 읽어 보면 유용할 거야.
I **find** you attractive. 🎤
그거 좀 이상해. 🎤

커닝페이퍼
❷
hard 힘든, 어려운
useful 유용한
attractive 매력적인

❸ 어떤 비밀이나 사실을 알게 될 때는 find out
🎧 14-3.mp3

find out
사실이나 비밀을 알게 되다

He will kill you if he **finds out**.
그가 알게 되면 너를 죽이려고 할 거야.

눈에 보이지 않는 사실이나 비밀을 알게 된다는 의미를 전할 때는 find out을 활용하세요. 부사 out은 '처음부터 끝까지'의 의미죠. 결국 find out은 '처음부터 끝까지 모든 것을 알게 되다'입니다. find가 자동사로 쓰이는 경우입니다.

| 정답 |
❶ 내가 적당한 시간을 알아볼게. / Where did you find this?
❷ 참 매력적이시네요. / I find that strange.

It's hard to **find out**. 사실을 알아내기가 힘들어.

You thought I wouldn't **find out**? 내가 모를 줄 알았어?

Let me **find out** and get back to you. 🎤

우리가 곧 알게 될 거야. 🎤

건닝페이퍼
❸
get back to
~에게 나중에 다시 연락하다

❹ 정보를 입수하여 알아낼 때는 find out (명사) 🎧 14-4.mp3

find out (명사) ~을 정보를 통해서 알아내다/발견하다

I will **find out** which hospital. 어떤 병원인지 내가 알아낼게.

find out 다음에 명사를 사용하면 정보를 입수해서 그 사실을 알아내거나 발견한다는 의미입니다. find와 find out의 의미 차이를 정확히 구별하는 것이 대단히 중요합니다. it과 같은 대명사를 쓸 때는 find it out처럼 어순이 바뀝니다.

I can't **find** it **out**. 그 정보를 알아낼 수가 없어.

Can you **find out** anything about her? 그녀에 대해서 뭘 좀 알아낼 수 있겠어?

To **find out** more, visit our website. 🎤

내가 사실을 알아냈어. 🎤

❺ 궁금한 사실을 찾아서 확인할 때는 find out (절) 🎧 14-5.mp3

find out (절) ~의 사실을 찾아서 확인하다

Find out where he lives. 그가 어디에 사는지 확인해 봐.

궁금한 것이 있을 때는 find out 다음에 간접의문문을 말하세요. 간접의문문의 내용을 확인한다는 의미입니다. 간접의문문 외에 〈의문사 + to부정사〉도 활용 가능합니다. 뒤에 나오는 명사 목적어, 또는 목적절에 따라서 find out의 의미에 미세한 차이가 생깁니다.

Find out who it is. 그게 누군지 확인해 봐.

Find out why he did it. 그가 왜 그랬는지 사실을 확인해 봐.

I'll **find out** what happened. 🎤

언제 그가 한국을 떠났는지 확인해 봐. 🎤

| 정답 |
❸ 내가 알아보고 다시 연락해
줄게. / We'll find out soon.

❹ 더 많은 것을 알고 싶다면
우리 웹사이트를 방문하세요. /
I found out the truth.

❺ 무슨 일이 있었는지 내가
확인해 볼게. / Find out
when he left Korea.

071

대화에서 find가 어떤 뜻으로 쓰였는지 해석해 보세요. 해석한 후에는 오디오 파일을 듣고 따라 말해 보세요.

1 뭔가를 찾았을 때 쓰는 **find** 🎧 14-6.mp3

A How did you **find** me?	....
B You told me where you would be.	네가 어디에 있을 거라고 말해 줬잖아.

2 무언가가 어떤 상태에 있음을 발견하게 되었을 때는 **find** 🎧 14-7.mp3

A It's boring.	그거 지루해.
B But you'll **find** it interesting.	....

3 어떤 비밀이나 사실을 알게 될 때는 **find out** 🎧 14-8.mp3

A So we have to call it off?	그래서 우리, 그거 취소해야 돼?
B Hold on. I'll **find out**.	잠깐. ....

4 정보를 입수하여 알아낼 때는 **find out** (명사) 🎧 14-9.mp3

A Nobody knows which hospital he is in.	그가 어느 병원에 입원해 있는지 아무도 몰라.
B I will **find out** which hospital.	....

5 궁금한 사실을 찾아서 확인할 때는 **find out** (절) 🎧 14-10.mp3

A John Levin called again.	존 레빈이 또 전화했어.
B **Find out** what it's about.	....

컨닝페이퍼

❷
boring 지루한, 재미없는
❸
call off ~을 취소하다
❹
hospital 병원

| 정답 |
❶ 나를 어떻게 찾았어?

❷ 하지만 앞으로는 재미있을 거야.

❸ 내가 좀 알아볼게.

❹ 어떤 병원인지 내가 알아낼게.

❺ 무슨 내용인지 확인해 봐.

15

보관이나 유지를 말할 때 쓰는 핵심동사

보관하거나 어떤 상태를 유지할 때 **keep**

강의 및 예문 듣기

keep의 대표 의미는 '계속 가지고 있다'입니다. 물건을 계속 가지고 있는 것은 물론이고 어떤 사실이나 상태를 계속 유지하고, 때로는 행동을 계속 유지한다는 의미까지 포함합니다. keep의 의미 자체에 '계속'의 느낌이 포함되어 있다 보니 keep 다음에 이어지는 동사 역시 '계속'되는 행위의 의미가 담겨 있는 어휘가 주로 오며 ~ing 형태로 씁니다. 이때 ~ing 형태는 동명사입니다.

준비단계

핵심동사 감 잡기

그림 속 상황에서 keep 이 어떤 뜻으로 사용됐는지 짐작하며 뜻을 써 보세요.

❶ Can I **keep** this?

▶

❷ It **keeps** me awake.

▶

❸ **Keep** it quiet.

▶

❹ **Keep** moving.

▶

| 정답 | ❶ 이거 가져도 돼? ❷ 그거 먹으면 계속 잠이 안 와. ❸ 아무한테도 그 말 하지 마. ❹ 계속 움직여. ❺ 계속 기다리게 해서 미안해.

❺ Sorry to **keep** you waiting.

▶

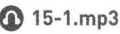
❶ 뭔가를 계속 간직할 때 쓰는 keep

keep (명사)   ～을 갖다/계속 간직하다

Can I **keep** this? 이거 가져도 돼?

어떤 것을 소유하거나 보관, 또는 간직한다는 의미를 나타낼 때는 keep 다음에 명사를 덧붙여 말하세요. 한동안 보관하고 있다는 의미뿐 아니라 완전 소유의 의미까지 포함합니다.

She's good at **keeping** secrets.   그녀는 비밀을 잘 지켜.

Keep that in mind.   그거 명심해.

Keep it to yourself.

이거 내 대신 좀 보관해 줄 수 있어?

❷ 사람을 어떤 상태로 유지시킬 때 쓰는 keep

15-2.mp3

keep (사람) (형용사)   사람을 ～의 상태로 유지시키다

It **keeps** me awake. 그걸 먹으면 잠이 안 와. [그게 나를 계속 깨어 있게 해.]

keep 다음에 사람을 언급하고 그 뒤에 형용사를 사용하면 그 사람을 계속 형용사의 상태로 만들어 놓는다는 의미입니다. 상태를 말하는 품사는 형용사임을 잊지 마세요.

This will **keep** you healthy.   이렇게 하면 아마 건강이 유지될 거야.

What **keeps** you so busy?   무슨 일로 그렇게 계속 바빠?

You **keep** me uneasy.

내가 널 안전하게 지켜 줄게.

❸ 사물이나 상황을 어떤 상태로 유지시킬 때 쓰는 keep

15-3.mp3

keep (사물/상황) (형용사)   (사물/상황)을 ～의 상태로 유지시키다

Keep it quiet. 아무한테도 그 말 하지 마. [그건 조용히 간직해.]

사물이나 상황을 계속 어떤 상태로 유지시킨다고 할 때는 keep 다음에 사물이나 상황을 말하고 그 뒤에 형용사를 덧붙여 쓰세요. 이때 동사 keep에는 '계속

각각 의미가 다른 keep의 설명을 읽고 뜻을 이해한 후 빈칸을 채워 보세요. 그리고 오디오 파일을 듣고 문장을 따라 말해 보세요.

친절테이퍼

❶
secret 비밀
keep in mind 명심하다, 마음에 담아 두다
❷
healthy 건강한
uneasy 불안한

| 정답 |
❶ 그거 너 혼자만 알고 있어. / Can you keep this for me?
❷ 네가 날 계속 불안하게 하잖아. / I'll keep you safe.

유지시킨다'라는 느낌이 담겨 있습니다.

I'll **keep** my fingers crossed for you.
내가 행운을 빌어 줄게.

Keep your room clean.
네 방을 좀 늘 깨끗하게 치워 놔.

Keep your eyes open.

그 문 계속 열어 놔.

❹ 어떤 행동을 계속 유지하라고 할 때 쓰는 keep 🎧 15-4.mp3

> # keep (동명사) 　　　　　　계속 ~을 하다
> **Keep** moving. 계속 움직여.

keep 다음에 동명사를 활용하면 그 행동을 계속하라는 의미입니다. 이때 동명사로 쓰인 단어는 동사에 담긴 지속적인 움직임을 전달하는 것입니다.

Keep trying.
계속 시도해 봐.

Why do you **keep** bringing it up?
그 얘기는 왜 자꾸 고집어내는 거야?

Keep thinking about it.

계속 얘기해 봐.

❺ 누군가를 계속 어떤 상태로 둘 때 쓰는 keep 🎧 15-5.mp3

> # keep (사람) (분사) 　　　　　　(사람)을 ~ 상태로 두다
> Sorry to **keep** you waiting. 계속 기다리게 해서 미안해.

keep 다음에 사람이 나오고 뒤에 일반 형용사가 아니라 분사가 이어지는 경우입니다. 분사의 품사도 형용사이지만 동사가 변형된 것이기 때문에 일반 형용사와는 달리 능동적인 의미(현재분사) 또는 수동적인 의미(과거분사)를 전달하는 것입니다.

Don't **keep** me waiting.
나 기다리게 하지 마.

I'll **keep** you informed.
내가 계속 알려 줄게.

Don't **keep** me guessing.

너, 계속 날 짜증나게 한다, 정말.

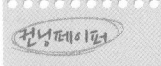

❶
change 잔돈, 거스름돈

① 뭔가를 계속 간직할 때 쓰는 **keep**　　🔊 15-6.mp3

> **A** It's $3.92.　　　　　　　　　3.92달러입니다.
>
> **B** Here's $4.00. **Keep** the change.　　..

② 사람을 어떤 상태로 유지시킬 때 쓰는 **keep**　　🔊 15-7.mp3

> **A** You just **keep** him quiet tonight, okay?　　..
>
> **B** Okay.　　　　　　　　　　예, 잘 알겠습니다.

③ 사물이나 상황을 어떤 상태로 유지시킬 때 쓰는 **keep**　　🔊 15-8.mp3

> **A** I have an interview tomorrow.　　나, 내일 면접 있어.
>
> **B** I'll **keep** my fingers crossed for you.　　..

④ 어떤 행동을 계속 유지하라고 할 때 쓰는 **keep**　　🔊 15-9.mp3

> **A** Is something wrong?　　　　뭐가 잘못됐어?
>
> **B** I can't **keep** going on like this.　　..

| 정답 |
❶ 여기 4달러요. 거스름돈은 가지세요.

❷ 오늘밤 그 사람 입 좀 다물고 있게만 하면 돼요. 아셨죠?

❸ 내가 행운을 빌어 줄게.

❹ 계속 이런 식으로 갈 수는 없어.

❺ 계속 기다리게 해서 미안해.

⑤ 누군가를 계속 어떤 상태로 둘 때 쓰는 **keep**　　🔊 15-10.mp3

> **A** Sorry to **keep** you waiting.　　..
>
> **B** That's all right.　　　　　괜찮아.

16

무의식적으로 보는 것을 말할 때 쓰는 핵심동사

눈으로 보고, 만나고, 이해할 때는 **see**

강의 및 예문 듣기

see의 대표 의미는 '눈으로 보다'입니다. 사물이나 사람을 눈을 통해서 본다는 것이지요. 그래서 누군가를 만난다든지 만나서 데이트를 한다는 의미까지 포함합니다. 그런가 하면 see는 마음의 눈이나 생각의 눈으로 보는 경우도 포함합니다. 이 때는 '이해하다'의 의미이지요. see를 지각동사라고 합니다. 지각동사는 목적보어의 형태에 예민하지요. 목적보어로 동사원형이 오는 경우와 현재분사가 오는 경우가 있습니다.

준비단계

핵심동사 감 잡기

그림 속 상황에서 see가 어떤 뜻으로 사용됐는지 짐작하며 뜻을 써 보세요.

❶ Let me **see** that.

▶

❷ Good to **see** you.

▶

❸ Are you **seeing** anyone?

▶

❹ I **see** your point.

▶

| 정답 | ❶ 그거 좀 보여 줘. ❷ 만나서 반가워. ❸ 누구 만나는 사람 있어? ❹ 네가 무슨 말 하는지 알겠어. ❺ 너 줄 서 있는 거 봤어.

❺ I **saw** you standing in line.

▶

각각 의미가 다른 see의 설명을 읽고 뜻을 이해한 후 빈칸을 채워 보세요. 그리고 오디오 파일을 듣고 문장을 따라 말해 보세요.

❶ 물건이나 사람을 볼 때 쓰는 see

🎧 16-1.mp3

see (명사) ~을 보다

Let me **see** that. 그거 좀 보자.

see 다음에 사물이나 사람을 언급하면 그것을 두 눈으로 본다는 의미를 전할 수 있습니다. 가장 단순한 의미이지요. 정확히 말하자면 see는 신경써서 본다는 개념이 아니라 눈에 띄기 때문에 자연스럽게 보는 개념이며 단순히 보는 행위만을 강조한 어휘입니다.

I didn't **see** you there. 네가 거기 있는 거 나 못 봤어.

I've never **seen** it before. 그건 전에 본 적이 없어.

Have you **seen** the rainbow? 🎤 ....

그 사진들 좀 보여 줘. 🎤 ....

❷ 사람을 만날 때 쓰는 see

🎧 16-2.mp3

see (사람) ~을 만나다

Good to **see** you. 만나서 반가워.

see의 목적어로 사람을 써서 단순히 그 사람을 만난다는 의미를 나타내는 경우입니다. 이런 상황에서 우리는 '보다'와 '만나다'를 같은 개념으로 봅니다.

It's nice to **see** you again. 다시 만나 반가워.

See me at my office. 내 사무실에서 봐.

I'll **see** you in a few days. 🎤 ....

걔 만나서 좋았어. 🎤 ....

❸ 누군가와 데이트할 때 쓰는 see

🎧 16-3.mp3

see (사람) ~와 데이트하다

Are you **seeing** anyone? 데이트하는 사람 있어?

see 다음에 사람을 써서 그와 데이트한다는 의미를 전할 수도 있습니다. 우리말에서 '만나는 사람'이 '데이트하는 사람'을 뜻하듯이 영어도 마찬가지입니다.

| 정답 |
❶ 무지개 본 적 있어? / Let me see those pictures.

❷ 며칠 후에 보자. / I was happy to see him.

She's **seeing** someone.

그녀는 만나는 사람 있어.

I've been **seeing** him for three months.

그와 데이트한 지 3개월 됐어.

Who's **seeing** whom?

🎤 ....

너, 제인하고 데이트하는 거 난 알고 있어.

🎤 ....

❹ 뭔가를 이해할 때 쓰는 see

🎧 16-4.mp3

see (상황/말)   ~을 이해하다

I **see** your point. 무슨 말인지 알아.

see 다음에 상황이나 말을 쓰면 그것을 이해한다는 뜻을 나타냅니다. point는 '핵심'이기 때문에 see one's point는 '~이 하는 말의 핵심을 이해하다'입니다.

I **see**.

그랬구나. [알았어.]

I **see** what you mean.

네가 무슨 말 하는지 알겠어.

I can **see** that.

🎤 ....

이해가 안 돼?

🎤 ....

❺ 사물이나 상황이 움직이는 것을 볼 때 쓰는 see

🎧 16-5.mp3

see (사람/상황) (현재분사/동사원형)

(사람/상황)이 ~하는 것을 보다

I **saw** you standing in line. 너 줄 서 있는 거 봤어.

사물이나 상황이 어떠어떠하게 움직인다고 묘사하고 싶을 때는 see 다음에 사람이나 상황을 말하고 그 뒤에 현재분사나 동사원형을 활용해 보세요. 현재분사는 진행형이기 때문에 움직이는 순간을 보는 것이고 동사원형이 나오면 움직이는 동작을 처음부터 끝까지 다 본다는 의미입니다.

I **saw** her dancing.

걔 춤추는 거 봤는데.

Have you **seen** him play the violin?

걔 바이올린 켜는 거 처음부터 끝까지 본 적 있어?

I **saw** it coming.

🎤 ....

걔가 노래하는 거 끝까지 본 사람 아무도 없어.

🎤 ....

| 정답 |

❸ 누가 누구하고 데이트한다는 거야? / I know you're seeing Jane.

❹ 그거 이해할 수 있어. / Don't you see?

❺ 내가 그럴 줄 알았어. [그게 다가오는 걸 나는 알았어.] / Nobody saw him sing.

❹ point 핵심, 중요한 점

2단계

핵심동사 실전 활용

대화에서 see가 어떤 뜻으로 쓰였는지 해석해 보세요. 해석한 후에는 오디오 파일을 듣고 따라 말해 보세요.

커닝페이퍼

❷
forever 영원히

❹
change one's mind
~의 생각을 바꾸다

❺
fail 실패하다, (시험에) 떨어지다

❶ 물건이나 사람을 볼 때 쓰는 see　🎧 16-6.mp3

A I'm sorry. I didn't **see** you.　　미안해요. _____

B No, it's okay.　　아니에요, 괜찮아요.

❷ 사람을 만날 때 쓰는 see　🎧 16-7.mp3

A I haven't **seen** you forever.　　_____

B Richard. How are you?　　리차드구나. 잘 있어?

❸ 누군가와 데이트할 때 쓰는 see　🎧 16-8.mp3

A Are you **seeing** anyone?　　_____

B Actually… I'm married.　　사실…저 결혼했어요.

❹ 뭔가를 이해할 때 쓰는 see　🎧 16-9.mp3

A She changed her mind again. **See** what I mean?　　걔, 또 생각이 바뀌었어. _____

B What do you mean?　　무슨 말 하는 건데?

❺ 사물이나 상황이 움직이는 것을 볼 때 쓰는 see　🎧 16-10.mp3

A He failed the test again.　　걔, 시험 또 떨어졌어.

B I **saw** it coming.　　_____

| 정답 |
❶ 못 봤어요.
❷ 정말 오랜만이다.
❸ 누구 만나는 사람 있어요?
❹ 무슨 말인지 알겠어?
❺ 내가 그럴 줄 알았어.

17

의식적으로 보는 것을 말할 때 쓰는 핵심동사

유심히 보거나 어떤 상태로 보일 때 look

강의 및 예문 듣기

look의 대표 의미는 '신경써서 보다'입니다. 사람이나 사물을 볼 때 단지 그것이 시야에 들어왔기 때문에 보는 것이 아니라 자발적으로 신경써서 열심히 본다는 것입니다. look은 불완전 자동사로 쓰일 때가 있습니다. 즉 2형식 문장(주어+동사+보어)에서 사용될 수 있는 거죠. 이때는 형용사의 도움을 받아서 완전한 의미가 만들어지지요. '~의 상태로 보이다'입니다. 그런가 하면 완전 자동사로 쓰여서 뒤에 부사나 전치사가 연결될 수도 있습니다.

준비단계

핵심동사 감 잡기

그림 속 상황에서 look이 어떤 뜻으로 사용됐는지 짐작하며 뜻을 써 보세요.

❶ **Look carefully.**

▶

❷ **Do I look okay?**

▶

❸ **It looks good.**

▶

❹ **What does she look like?**

▶

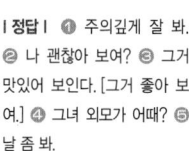

| 정답 | ❶ 주의깊게 잘 봐.
❷ 나 괜찮아 보여? ❸ 그거
맛있어 보인다. [그거 좋아 보
여.] ❹ 그녀 외모가 어때? ❺
날 좀 봐.

❺ **Look at me.**

▶

각각 의미가 다른 look의 설명을 읽고 뜻을 이해한 후 빈칸을 채워 보세요. 그리고 오디오 파일을 듣고 문장을 따라 말해 보세요.

❶ 어떻게 신경써서 본다고 말할 때는 look   🎧 17-1.mp3

look (부사)   (~하게/~로) 신경써서 보다

Look carefully. 주의 깊게 신경써서 잘 봐.

간단히 look으로 문장을 끝내거나 부사를 덧붙여 말해 보세요. 의미는 단순히 '신경써서 보다'입니다. 부사는 문장의 형식에 아무런 영향을 주지 않기 때문에 look은 완전 자동사입니다. Look carefully.는 1형식 문장(주어+동사)이지요.

I was afraid to **look**.   보는 거 자체가 무서웠어.

Don't **look** back.   뒤돌아보지 마.

He keeps **looking** down.

둘러보지 마.

❷ 사람이 어떤 상태로 보일 때 쓰는 look   🎧 17-2.mp3

(사람) **look** (형용사)   (사람)이 ~의 상태로 보이다

Do I **look** okay? 나 괜찮아 보여?

look의 주어로 사람을 언급하고 뒤에 형용사를 사용하면 '사람이 ~처럼 보이다'의 의미입니다. look okay는 '괜찮아 보이다'이지요. 2형식 문장(주어+동사+보어)입니다.

She still **looks** gloomy.   그녀는 여전히 우울해 보이는데.

He **looks** good in his shirts.   걔는 셔츠를 입으면 멋있어 보여.

Don't **look** so surprised.

너 좀 피곤해 보이네.

❸ 사물이 어떤 상태로 보일 때 쓰는 look   🎧 17-3.mp3

(사물) **look** (형용사)   (사물)이 ~의 상태로 보이다

It **looks** good. 그거 맛있어 보여. [그거 좋아 보여.]

look의 주어로 사물을 언급하고 뒤에 형용사를 덧붙이면 '그것이 ~처럼 보이다'의 의미입니다. 사람이 주어로 올 때와 마찬가지로 2형식 문장입니다. '좋아 보

| 정답 |
❶ 쟤는 계속 아래만 내려다
보고 있어. / Don't look
around.

❷ 그렇게 놀란 표정 짓지 마.
/ You look a little tired.

이다', '맛있어 보이다' 등의 의미를 나타내고 싶다면 look good이라고 말하면
되겠죠?

The suit **looks** good on you.   그 양복 너한테 잘 어울린다.

The problems **looked** difficult at first.   그 문제들은 처음에는 어려워 보였어.

It **looked** perfect.   🎤

그 파스타 별로 맛있어 보이지 않아.   🎤

컨닝페이퍼

❸
at first 처음에
perfect 완벽한
❹
care 관심을 가지다
athlete 운동선수 (특히 육
상선수)
❺
fight 싸움
look forward to ~을 고
대하다

❹ 외모가 어떤 것처럼 보일 때는 look like   🔊 17-4.mp3

> ### look like (명사)   겉 모습이/외모가 ~처럼 보이다
>
> What does she **look like**? 그녀는 어떻게 생겼어?

look like 다음에 명사를 활용하면 주어가 명사처럼 보인다는 의미를 나타낼 수
있습니다. 겉모습이나 외모를 말하는 것이지요. like는 '~와 같은'의 의미를 갖
는 전치사입니다.

I don't care what he **looks like**.   그가 어떻게 생겼든 난 관심 없어.

You **look like** a million bucks.   너 정말 멋있어.

She **looks like** an athlete.   🎤

너는 그녀 닮았어.   🎤

❺ 무엇인가를 보거나 찾을 때 쓰는 look   🔊 17-5.mp3

> ### look (전치사) (명사)   ~을 보다/찾다/기다리다
>
> **Look** at me. 날 좀 봐.

look 다음에 전치사, 그리고 그 뒤에 명사를 덧붙이면, 전치사의 변화에 따라서
명사를 보거나, 찾거나, 또는 몹시 기다린다는 의미를 전하게 됩니다.

Look into my eyes.   내 눈을 똑바로 봐.

You're **looking** for a fight?   지금 싸우자는 거야?

I've been **looking** forward to this moment.

지금 뭘 찾고 있어?   🎤

| 정답 |
❸ 그건 완벽해 보였어. / The
pasta doesn't look so
good.

❹ 그녀는 외모가 운동선수 같아.
/ You look like her.

❺ 내가 이 순간을 몹시 기다려
왔지. / What are you
looking for?

대화에서 look이 어떤 뜻으로 쓰였는지 해석해 보세요. 해석한 후에는 오디오 파일을 듣고 따라 말해 보세요.

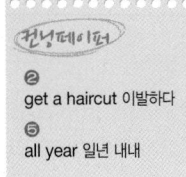

컨닝페이퍼

❷
get a haircut 이발하다

❺
all year 일년 내내

---

❶ 어떻게 신경써서 본다고 말할 때는 look   🎧 17-6.mp3

A God, that's terrible.	세상에, 너무 끔찍해.
B Don't **look**, okay?	

❷ 사람이 어떤 상태로 보일 때 쓰는 look   🎧 17-7.mp3

A You **look** wonderful.	....
B Oh, thanks. I just got a haircut.	아, 고마워. 머리를 좀 잘랐을 뿐인데.

❸ 사물이 어떤 상태로 보일 때 쓰는 look   🎧 17-8.mp3

A I bought this dress yesterday.	이 드레스 어제 샀어.
B It **looks** good on you.	....

❹ 외모가 어떤 것처럼 보일 때는 look like   🎧 17-9.mp3

A What does he **look like**?	....
B About 6 feet, 180 pounds.	키는 6피트 정도, 몸무게는 180파운드.

❺ 무엇인가를 보거나 찾을 때 쓰는 look   🎧 17-10.mp3

A I'm not going to the party.	나, 그 파티에 안 가.
B You **look** forward to this party all year.	....

| 정답 |

❶ 보지 마, 알았어?

❷ 너 정말 멋져.

❸ 너한테 정말 잘 어울려.

❹ 그 사람 외모는?

❺ 네가 1년 내내 기다리는 파티잖아.

18

관찰이나 감시를 말할 때 쓰는 핵심동사

지켜볼 때, 감시할 때, 조심할 때도 **watch**

강의 및 예문 듣기

watch의 대표 의미는 '지켜보다'입니다. look처럼 신경써서 보는데, '한동안'의 의미가 더해진 것입니다. 그래서 watch에는 '관찰하다', '감시하다' 등의 느낌이 포함됩니다. 지켜보고 관찰하듯이 보다 보면 뭔가를 조심하게 됩니다. 그래서 '조심하다'의 의미도 포함하는 동사입니다. TV를 보는 것은 TV 앞에 앉아서 오랫동안 지켜본다는 것을 의미합니다. 그래서 TV를 본다는 의미로 watch를 사용합니다. watch는 자동사와 타동사의 의미를 모두 갖습니다. 1형식 문장, 3형식 문장, 5형식 문장에 두루두루 사용되는 어휘입니다.

준비단계
핵심동사 감 잡기

그림 속 상황에서 watch가 어떤 뜻으로 사용됐는지 짐작하며 뜻을 써 보세요.

❶ **Can we go watch?**

▶

❷ **We watched the fireworks display.**

▶

shit! 말조심해!!

❸ **Watch your mouth.**

▶

❹ **I watched TV endlessly last weekend.**

▶

❺ **I watched him go.**

▶

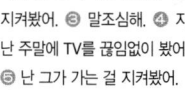

| 정답 | ❶ 우리 가서 좀 지켜볼까? ❷ 우리는 불꽃놀이를 지켜봤어. ❸ 말조심해. ❹ 지난 주말에 TV를 끊임없이 봤어. ❺ 난 그가 가는 걸 지켜봤어.

❶ 한동안 지켜볼 때는 watch

각각 의미가 다른 watch의 설명을 읽고 뜻을 이해한 후 빈칸을 채워 보세요. 그리고 오디오 파일을 듣고 문장을 따라 말해 보세요.

watch (부사)   (~하게) 지켜보다

Can we go **watch**? 우리 가서 좀 지켜볼 수 있을까?

단순히 한동안 지켜볼 때는 간단히 watch로 문장을 마무리해 보세요. watch가 완전 자동사로 쓰인 것입니다. 어떻게 지켜본다는 의미를 전할 때는 부사를 덧붙여 활용하면 됩니다.

Do you mind if I **watch**?   내가 좀 지켜봐도 될까?

He **watched** helplessly.   그는 무기력하게 지켜봤어.

We **watched** out of curiosity. 🎤 ....

주의깊게 잘 지켜봐. 🎤 ....

컨닝페이퍼

❶
mind 언짢아하다, 상관하다
helplessly 무기력하게
out of curiosity 호기심에서

❷
sunset 일몰, 저녁노을
around the clock 24시간 내내
with interest 흥미를 갖고, 관심을 갖고

❷ 뭔가를 지켜보거나 사람을 감시할 때는 watch

 18-2.mp3

watch (사람/사물)   ~을 지켜보다/감시하다

We **watched** the fireworks display. 우리는 불꽃놀이를 지켜봤어.

watch 다음에 명사를 사용하면 그것을 지켜보거나 감시한다는 의미를 나타낼 수 있습니다. 상황에 따라서 watch의 의미를 적절하게 활용하는 것이 쉬운 일은 아닙니다. 많은 예문을 보고 익숙해지도록 하세요.

They **watched** the sunset.   그들은 저녁노을을 지켜보았어.

We **watched** him around the clock.   우리는 그를 24시간 내내 감시했어.

They **watched** him with interest. 🎤 ....

누군가 너를 지켜보고 있어. 🎤 ....

❸ 뭔가를 조심할 때는 watch

 18-3.mp3

watch (명사/절)   ~을 조심하다

Shit! 말 조심해!!

Watch your mouth. 말조심해.

뭔가를 조심하라는 뜻으로 말할 때는 watch 다음에 명사나 절을 덧붙여 말하세요. 사고나 원하지 않는 상황을 피하기 위해서 행동을 조심한다는 뜻입니다.

커닝페이퍼

❸
shelf 선반

❺
argue 다투다, 논쟁하다
wither 시들다, 말라 죽다,
허약해지다
in silence 침묵 속에서

Watch your head on the shelf.   머리를 선반에 부딪히지 않게 조심해.

Watch what you're doing.   조심해서 행동해.

Watch your step.

어디든 조심해서 가.

❹ TV를 볼 때는 watch   🎧 18-4.mp3

watch TV   TV를 보다

I **watched TV** endlessly last week. 나는 지난주에 TV를 끝없이 봤어.

watch 다음에 TV를 목적어로 쓰면 TV를 본다는 의미입니다. TV를 본다는
것은 그것을 오랜 시간 지켜보는 느낌이기 때문에 watch를 사용하는 것입니다.

You're **watching** too much **TV**.   너, 지금 TV를 너무 오래 보고 있잖아.

I **watch TV** before going to bed.   나는 잠자리에 들기 전에 TV를 봐.

I **watched** a little **TV**.

TV를 보고 있었지.

❺ 뭔가가 어떻게 되는 것을 지켜볼 때는 watch   🎧 18-5.mp3

watch (명사) (동사원형/현재분사)   (명사)가 …하는 걸 지켜보다

I **watched** him go. 난 그가 가는 걸 지켜봤어.

watch 다음에 명사, 그리고 그 뒤에 동사원형이나 현재분사를 사용하면 '주어
는 명사가 움직이는 모습을 지켜본다'는 의미입니다. 목적어가 움직이는 모습을
처음부터 끝까지 봤을 때는 목적보어로 동사원형을 쓰세요. 한 순간 목적어의
움직임을 지켜본 경우에는 목적보어로 현재분사를 사용하면 됩니다.

I **watched** them arguing.   난 그들이 다투고 있는 걸 지켜봤어.

I **watched** his strong body wither. 나는 그의 강한 몸이 쇠약해지는 걸 처음부터 지켜봤어.

I **watched** him eat in silence.

그는 내가 가르치는 모습을 지켜봤어.

| 정답 |
❸ 발밑을 조심해. / Watch
where you're going.

❹ TV 좀 봤어. / I was
watching TV.

❺ 나는 그가 아무 말 없이
먹는 걸 지켜봤어. / He
watched me teach.

2단계
핵심동사 실전 활용

대화에서 watch가 어떤 뜻으로 쓰였는지 해석해 보세요. 해석한 후에는 오디오 파일을 듣고 따라 말해 보세요.

❶
be in the mood
마음 내키다

❶ 한동안 지켜볼 때는 **watch**　　　　　🎧 18-6.mp3

A Let's go for a swim.	우리, 수영하러 가자.
B I'm not really in the mood. Go ahead. I'll **watch**.	-------------------

❷ 뭔가를 지켜보거나 사람을 감시할 때는 **watch**　🎧 18-7.mp3

A I gotta get going.	나 그만 가 봐야 돼.
B No, no, no. You gotta stay and **watch** this.	-------------------

❸ 뭔가를 조심할 때는 **watch**　　　　　🎧 18-8.mp3

A I'm sorry.	죄송합니다.
B **Watch** where you're going.	-------------------

❹ TV를 볼 때는 **watch**　　　　　🎧 18-9.mp3

A What are you doing?	뭐 하고 있어?
B I'm **watching** TV.	-------------------

❺ 뭔가가 어떻게 되는 것을 지켜볼 때는 **watch**　🎧 18-10.mp3

A I **watched** his strong body wither.	-------------------
B I'm sorry to hear that.	정말 안됐어.

| 정답 |
❶ 그럴 기분 아닌데. 어서 해. 난 지켜볼게.

❷ 아니, 아니야. 있다가 이거 보고 가야지.

❸ 앞을 보고 다녀야지요.

❹ TV 보고 있어.

❺ 난 그의 강한 몸이 쇠약해지는 걸 지켜봤어.

19 발화를 말할 때 쓰는 핵심동사

그냥 말을 한다고 할 때 **say**

강의 및 예문 듣기

say의 대표 의미는 '말하다'입니다. 말 자체를 의미하는 것입니다. 만일 "그가 뭐라고 말했다"라는 말이 있다면 바로 그 '말했다'가 say가 들어갈 자리입니다. say는 타동사입니다. 타동사는 전치사의 도움 없이 목적어(명사, 대명사)나 목적어절을 바로 받습니다. say about something/someone 같은 표현은 존재하지 않습니다. 이것은 우리가 저지르는 흔한 실수 중의 하나이므로 정확히 알고 사용해야 합니다.

준비단계
핵심동사 감 잡기

그림 속 상황에서 say가 어떤 뜻으로 사용됐는지 짐작하며 뜻을 써 보세요.

❶ **Say** hello to him for me.
▶

❷ Don't **say** sorry.
▶

❸ **Say** it's not true.
▶

❹ He didn't **say** a word.
▶

| 정답 | ❶ 그에게 내 대신 안부 좀 전해 줘. ❷ 미안하다는 말은 하지 마. ❸ 그것은 사실이 아니라고 말해. ❹ 그는 한 마디도 하지 않았어. ❺ 내가 했던 말은 잊어 줘.

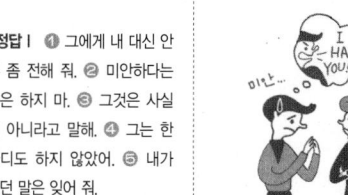
❺ Forget what I **said**.
▶

각각 의미가 다른 say의 설명을 읽고 뜻을 이해한 후 빈칸을 채워 보세요. 그리고 오디오 파일을 듣고 문장을 따라 말해 보세요.

❶ 뭐라고 말할 때 쓰는 say

🎧 19-1.mp3

say (명사)　　　　　　　　　~을 말하다

Say hello to him for me. 그에게 내 대신 안부 전해 줘.

say 다음에 명사를 사용하면 그 말을 한다는 의미입니다. 이때 say 다음에 절대 about을 사용하지 않도록 주의해야 합니다.

You can **say** that again.　　　　　네 말이 맞아. [그 말을 다시 해도 돼.]

What makes you **say** that?　　　　그 말을 하는 이유가 뭐야?

He left without **saying** goodbye.

그에게 뭐라고 했어?

❷ 무슨 말을 하지 말라고 말할 때는 Don't say

🎧 19-2.mp3

Don't say (명사)　　　　　　　~을 말하지 마

Don't say sorry. 미안하다는 말 하지 마.

Don't say 다음에 명사를 이용하면 그것을 말하지 말라는 의미를 전합니다. 명령의 의미이기 때문에 가급적 친구나 아랫사람에게 사용하도록 합니다.

Don't say anything to him.　　　　그에게는 아무 말도 하지 마.

Don't say that to me.　　　　　나한테 그런 말 하지 마.

Don't say a word.

말 많이 하지 마.

❸ '~라고 말한다'고 할 때 쓰는 say

🎧 19-3.mp3

say (절)　　　　　　　　　~라고 말하다

Say it's not true. 그것은 사실이 아니라고 말해.

say 다음에 절(문장)을 말할 수도 있습니다. 그 문장을 말한다는 의미를 전달할 때 사용하는 거죠. 타동사는 목적어로 단어만 오는 것이 아니라 이처럼 절이 올 수도 있습니다.

I'm here to **say** thank you.　　　　고맙다는 말씀 드리러 왔습니다.

| 정답 |
❶ 그는 작별 인사도 없이 떠났어. / What did you say to him?
❷ 너는 아무 말 마. / Don't say much.

090

정성페이퍼

③
worth a try 시도해 볼 가치
가 있는

⑤
forget 잊다
remember 기억하다

Don't **say** it's not worth a try.

Say you love me.

내가 싫다고는 말하지 마.

시도해 볼 만한 값어치가 없다고는 말하지 마.

④ 뭐라고 말하지 않았을 때는 **didn't say**

🎧 19-4.mp3

didn't say (명사/절)

~라고 말하지 않았다

He **didn't say** a word. 그는 한마디도 안 했어.

didn't say 다음에 명사나 절을 활용하면 그 말을 하지 않았다는 의미입니다. 특히 didn't say의 시제가 과거이므로 뒤에 절이 나올 때 그 절의 시제는 현재시제가 오지 않습니다. 과거 시제의 영향을 받아서 절을 주도하는 동사의 시제가 과거형, 또는 과거완료형으로 바뀌게 되는 것입니다. 시제의 일치가 적용되기 때문입니다.

I **didn't say** that.

나는 그런 말 안 했어.

She **didn't say** she hated you.

그녀는 네가 싫다고 말하지는 않았어.

I **didn't say** anything about you.

나는 너를 사랑한다고 말하지 않았어.

⑤ 누군가 했던 말을 말할 때는 **what** (사람) **said**

🎧 19-5.mp3

what (사람) **said**

~이 했던 말

Forget **what** I **said**. 내가 했던 말은 잊어.

what someone said는 누군가 말했던 것이라는 의미입니다. 결국 누군가 했던 말로 이해하지요. what은 the thing that ~의 의미가 있기 때문에 '~라는 것'의 의미를 나타냅니다.

This is not **what** I **said**.

이건 내가 했던 말이 아닌데.

Do you remember **what** you **said**?

네가 했던 말 기억나?

That's **what** he **said**.

그녀가 했던 말 마음에 들어.

| 정답 |

③ 날 사랑한다 말해 봐. /
Don't say you don't like
me.

④ 너에 관한 얘기는 아무것도
말하지 않았어. / I didn't say
I loved you.

⑤ 그건 걔가 했던 말이야. /
I like what she said.

대화에서 say가 어떤 뜻으로 쓰였는지 해석해 보세요. 해석한 후에는 오디오 파일을 듣고 따라 말해 보세요.

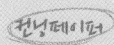

be fired 해고되다

sense 알아채다, 느끼다

---

① 뭐라고 말할 때 쓰는 say 🔊 19-6.mp3

A You're fired.	당신은 해고요.
B **Say** that again. I don't think I heard you.	....

---

② 무슨 말을 하지 말라고 말할 때는 Don't say 🔊 19-7.mp3

A Believe me.	내 말 믿어.
B I don't. **Don't say** another word.	....

---

③ '~라고 말한다'고 할 때 쓰는 say 🔊 19-8.mp3

A Do you want to get some coffee?	커피 마실래?
B Didn't you **say** you had to leave?	....

---

④ 뭐라고 말하지 않았을 때는 didn't say 🔊 19-9.mp3

A How did you know? I **didn't say** anything.	....
B I just sensed it.	그냥 감으로 알았어.

---

⑤ 누군가 했던 말을 말할 때는 what (사람) said 🔊 19-10.mp3

A John wanted to join us?	존이 우리와 합류하겠다고?
B That's **what** he **said**.	....

| 정답 |
① 다시 말씀해 주세요. 제가 제대로 못 들은 것 같아서요.
② 아니. 더 이상 말하지 마.
③ 너, 가야 된다고 하지 않았어?
④ 너, 어떻게 알았어? 난 아무 말도 하지 않았는데.
⑤ 걔가 그랬어.

20 발화를 말할 때 쓰는 핵심동사

대화한다고 할 때는 **talk**

강의 및 예문 듣기

talk의 대표 의미는 '대화하다'입니다. '말하다'는 의미일 때도 대화 도중에 자기의 의사를 말한다는 의미이기 때문에 '대화하다'의 근본 의미에서 벗어나지 않습니다. talk은 자동사라서 '~에게', '~에 관해' 등을 덧붙여 말할 때는 전치사의 도움을 받아야 합니다. 흔히 talk to, talk with, talk about 등의 표현들이 사용됩니다. 이때는 전치사의 의미를 정확히 알고 쓰는 것이 대단히 중요합니다. 전치사의 쓰임을 정확히 모르고 사용하면 동사의 의미까지 제자리를 찾지 못합니다.

준비단계
핵심동사 감 잡기

그림 속 상황에서 talk이 어떤 뜻으로 사용됐는지 짐작하며 뜻을 써 보세요.

❶ **When you get back, we'll talk.**

▶

❷ **I need to talk to you.**

▶

❸ **I want to talk with you.**

▶

❹ **Let's talk about it.**

▶

| 정답 | ❶ 너 돌아오면 그때 얘기해. ❷ 너하고 얘기를 꼭 좀 해야 돼. ❸ 너하고 대화를 좀 하고 싶은데. ❹ 그것에 대해서 얘기를 좀 하자. ❺ 그것에 대해서 그녀와 대화를 해야 돼.

❺ **I have to talk to her about that.**

▶

각각 의미가 다른 talk의 설명을 읽고 뜻을 이해한 후 빈칸을 채워 보세요. 그리고 오디오 파일을 듣고 문장을 따라 말해 보세요.

컨닝페이퍼
❶
get back 돌아오다

❶ 대화를 할 때 쓰는 talk

🎧 20-1.mp3

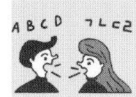

talk

대화하다, 얘기하다

When you get back, we'll **talk**. 너 돌아오면 그 때 얘기하자.

talk의 자체 의미만이 극대화되어 '대화하다', '얘기하다' 등의 의미를 전하는 경우입니다. 뒤에 이어지는 부사나 전치사구는 talk의 주변 상황일 뿐 문장의 내용에는 별 영향을 주지 못합니다.

Let's **talk** for a little bit. 잠깐 얘기 좀 해.

We **talked** on the phone. 우리 전화 통화 했어.

I can't **talk** much longer. 🎤 _____

우리 얘기해야 되는데.

❷ 누군가와 대화할 때 talk to

🎧 20-2.mp3

talk to (사람)

~와 대화하다

I need to **talk to** you. 너하고 얘기를 꼭 좀 해야 돼.

talk to 다음에 사람을 쓰면 그 사람과 대화한다는 의미입니다. 전치사 to는 쌍방이 아니라 일방적으로 한쪽 방향으로만 향하는 것을 의미합니다. 서로의 의견을 묻고 존중하며 서로 나누는 대화보다는 한 사람 중심으로 대화가 흘러갈 때 talk to를 쓰게 됩니다. 대화를 하다 보면 이런 경우가 대부분이기 때문에 누군가와 대화를 나눈다고 할 때는 talk to가 일반적으로 자주 쓰입니다.

She won't **talk to** me. 걔가 나하고 얘기를 하려고 하질 않아.

I'm not ready to **talk to** her. 그녀와 대화할 준비 아직 안 됐어.

Should I go **talk to** her? 🎤 _____

나중에 얘기하자.

❸ 누군가와 함께 대화를 나눌 때는 talk with

🎧 20-3.mp3

talk with (사람)

~와 대화하다

I want to **talk with** you. 너하고 대화하고 싶어.

talk with도 누군가와 대화를 나눈다는 의미입니다. 하지만 to와 달리 with는 '함께'의 의미가 담겨 있지요. 그래서 talk with는 서로의 의견을 주고 받으면서 동등하게 대화를 이끌어간다는 의미를 포함합니다.

I'll **talk with** my colleagues. 동료들과 대화를 좀 나눠 봐야겠어.

I'm pleased to **talk with** you. 같이 대화를 나눌 수 있게 되어서 정말 기쁩니다.

You should have tried to **talk with** him.

그녀는 너와 먼저 대화를 나누고 싶어했어.

❸
colleague 동료
pleased 기쁜

❹ 뭔가에 대해서 대화를 할 때는 *talk about* 🎧 20-4.mp3

talk about (사람/사물/상황) ～에 관해서 대화를 나누다

Let's **talk about** it. 그것에 대해서 대화를 좀 해 보자.

talk about 다음에 명사를 활용하면 그것에 대해서 대화를 나눈다는 의미입니다. 전치사 about 다음에는 '대화의 주제'가 나오죠.

I don't want to **talk about** this. 이것에 대해서는 대화하고 싶지 않은데.

We **talked about** it last night. 우리는 그것에 대해서 어젯밤에 대화를 나누었어.

We have a lot of things to **talk about**.

지금 무슨 얘기를 하고 있는 거야?

❺ 누구와 뭔가에 대해서 대화할 때는 *talk to* (사람) *about* (사람/상황/일)

🎧 20-5.mp3

talk to (사람) **about** (사람/상황/일)

～와 …에 관해서 대화하다

I have to **talk to** her **about** that. 그것에 대해서 그녀와 대화를 해야 돼.

talk to 다음에 사람을 언급한 다음 about을 이어 사용하면 뭔가에 대해서 누군가와 대화를 나눈다는 의미입니다. 대화의 대상과 주제를 한꺼번에 말하는 거죠.

I need to **talk to** you **about** your wife. 너하고 네 아내에 관한 이야기를 좀 해야겠어.

Don't **talk to** me **about** that. 그 문제에 대해서는 나와 대화하려 하지 마.

I **talked to** him **about** you.

너의 미래에 대해서 그녀와 대화해 본 적 있어?

| 정답 |
❸ 그와 진작에 대화를 시도 했었으면 좋았을걸 그랬어. / She wanted to talk with you first.

❹ 우리, 할 이야기 많아. / What are you talking about?

❺ 그와 너에 대해서 대화를 나누었어. / Have you talked to her about your future?

대화에서 talk이 어떤 뜻으로 쓰였는지 해석해 보세요. 해석한 후에는 오디오 파일을 듣고 따라 말해 보세요.

❶ 대화를 할 때 쓰는 talk

🎧 20-6.mp3

A	Let me and John **talk** for a second.	
B	Okay.	알았어.

❷ 누군가와 대화할 때 talk to

🎧 20-7.mp3

A	Nice **talking to** you.	
B	You, too.	나도.

❸ 누군가와 함께 대화를 나눌 때는 talk with

🎧 20-8.mp3

A	Why don't you give it a try?	한번 시도해 봐.
B	I'll **talk with** my colleagues first.	

❹ 뭔가에 대해서 대화를 할 때는 talk about

🎧 20-9.mp3

A	Let's not **talk about** this any more.	
B	Why?	왜?

❺ 누구와 뭔가에 대해서 대화할 때는 talk to (사람) about (사람/상황/일)

🎧 20-10.mp3

A	I gotta **talk to** you **about** something.	
B	What?	뭔데?

| 정답 |
❶ 존과 잠깐 대화 좀 할게.
❷ 대화 즐거웠어.
❸ 동료들과 먼저 대화를 좀 해보고.
❹ 우리 더 이상 이것에 대해서는 말하지 말자.
❺ 너하고 할 이야기가 좀 있어.

21

발화를 말할 때 쓰는 핵심동사

말하거나 대화할 때 **speak**

강의 및 예문 듣기

speak의 대표 의미 역시 '대화하다'입니다. talk과 같지요. 완전 자동사로 써서 speak으로 간단히 문장을 마무리할 수 있습니다. speak to의 형태는 '~와 대화하다'가 되며 talk과는 달리 전화와 관계된 말에서도 '대화하다'의 의미로 쓰이고 언어를 말한다고 할 때도 사용합니다. 또한 speak이 만드는 독특한 숙어 표현들의 활용도는 대단히 높아서 그런 것들은 반드시 알아 두는 것이 유리합니다.

준비단계

핵심동사 감 잡기

그림 속 상황에서 speak이 어떤 뜻으로 사용됐는지 짐작하며 뜻을 써 보세요.

❶ So shocked, I couldn't speak.

▶

❷ Nobody wants to speak to him.

▶

❸ Do you speak English?

▶

(on the phone)
❹ May I speak to John?

▶

| 정답 | ❶ 너무 충격을 받아서 나는 아무 말도 할 수 없었어. ❷ 아무도 그와 대화하기를 원하지 않아. ❸ 영어 할 줄 알아? ❹ (전화상에서) 존을 좀 바꿔 주세요. ❺ 호랑이도 제 말 하면 온다더니.

❺ Speak of the devil.

▶

각각 의미가 다른 speak
의 설명을 읽고 뜻을 이
해한 후 빈칸을 채워 보
세요. 그리고 오디오 파일
을 듣고 문장을 따라 말
해 보세요.

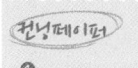

① experience 경험

| 정답 |
❶ 그렇게 빨리 말하지 마. /
Speak slowly.
❷ 그녀와 빨리 대화하고 싶었어.
/ Could I speak to you?

❶ 대화를 하거나 말할 때 쓰는 speak 🎧 21-1.mp3

speak 대화하다, 말하다

So shocked, I couldn't **speak**. 너무 충격 받아서 아무 말을 할 수가 없었어.

speak만으로 문장을 마무리하는 경우입니다. 완전 자동사로 쓰는 것이지요. 뒤
에 부사나 부사구를 덧붙여 활용할 수도 있습니다.

Don't let him **speak**. 쟤 말 좀 못 하게 해.

I'm **speaking** from experience. 내가 경험해서 하는 말이야.

Don't **speak** so fast. 🎤

천천히 좀 말해 봐. 🎤

❷ 누군가와 대화할 때 speak to 🎧 21-2.mp3

speak to (사람) ~와 대화하다

Nobody wants to **speak to** him. 아무도 그와 대화하기를 원하지 않아.

speak to 다음에 사람을 써서 그 사람과 대화한다는 의미를 전하는 경우입니다.
talk with와는 달리 speak to는 미국에서 주로 활용됩니다.

I cannot **speak to** you now. 지금 당장은 너와 대화할 수 없어.

I won't **speak to** him again. 다시는 걔와 대화 안 해.

I couldn't wait to **speak to** her. 🎤

얘기 좀 할 수 있을까요? 🎤

❸ 언어를 말할 때는 speak 🎧 21-3.mp3

speak (언어) (언어)를 말하다

Do you **speak** English? 영어 할 줄 알아?

speak 다음에 언어가 나오는 경우입니다. 그 언어를 말한다는 의미이지요. 현
재시제를 사용하게 되면 일반적으로, 또는 평소에 그 말을 한다는 의미라서 그
말을 할 줄 안다는 뜻입니다. 하지만 can speak를 이용하면 그 말을 할 수 있는
능력이 있다는 의미이지요. 우리말로 바꾸면 두 개의 표현이 크게 다르지 않지

만 영어의 속뜻을 잘 이해하고 구분해서 써 보세요.

I can't **speak** a word of Japanese.   난 일본어는 한마디도 못해.

He refused to **speak** English.   그는 영어로 말하지 않겠다고 거부했어.

I can't **speak** any French.

저 영어 조금 해요.

④ 전화상에서 말할 때는 speak   🔊 21-4.mp3

speak   (전화상에서) 말하다/대화하다

May I **speak** to John? 존을 좀 바꿔 주시겠습니까?

전화상에서 말할 때는 speak을 사용하세요. speak만으로 문장이 마무리되기도 하고 speak to somebody의 형태로 활용할 수도 있습니다.

Speaking.   전데요.

John **speaking.**   제가 존입니다.

This is he **speaking.**

지금 전화하시는 분은 누구신가요?

⑤ 특별한 숙어를 만드는 speak   🔊 21-5.mp3

speak (of)   (~에 대해서) 말하다

Speak of the devil. 호랑이도 제 말 하면 온다더니.

우리는 아이들이 무서워하는 것으로 호랑이를 들지만 그들은 악마, 즉 devil을 생각합니다. 악마 이야기를 하면 바로 그 악마가 온다고 하지요. Speak of the devil, and it will appear.가 완전한 문장입니다.

Figuratively **speaking.**   말이 그렇다는 거지.

Speak your mind.   속에 있는 말을 다 털어놔.

This is your captain **speaking.**

크게 좀 말해 봐.

대화에서 speak이 어떤 뜻으로 쓰였는지 해석해 보세요. 해석한 후에는 오디오 파일을 듣고 따라 말해 보세요.

❶ 대화를 하거나 말할 때 쓰는 speak 🎧 21-6.mp3

> **A** Was that necessary? 꼭 그럴 필요가 있었을까?
>
> **B** It's best to **speak** honestly. ----------------------

❷ 누군가와 대화할 때 speak to 🎧 21-7.mp3

> **A** When's the last time you **spoke to** him? ----------------------
>
> **B** Last night at about eight. 어젯밤 8시쯤이요.

❸ 언어를 말할 때는 speak 🎧 21-8.mp3

> **A** How do you **speak** such good English? ----------------------
>
> **B** I studied in New York for five years. 뉴욕에서 5년 동안 공부했어요.

❹ 전화상에서 말할 때는 speak 🎧 21-9.mp3

> **A** May I **speak** to Jennifer? 제니퍼 좀 바꿔 주시겠어요?
>
> **B** Who's **speaking**? ----------------------

❺ 특별한 숙어를 만드는 speak 🎧 21-10.mp3

> **A** What do you think of him? 그 사람 어때?
>
> **B** He's a pretentious bastard. Figuratively **speaking**, that is! ----------------------

| 정답 |
❶ 정직하게 말하는 게 최선이야.
❷ 그와 마지막으로 대화한 게 언젠가요?
❸ 어떻게 그렇게 영어를 잘해요?
❹ 전화 거시는 분은 누구신가요?
❺ 정말 거만한 놈이야. 말이 그렇다고!

22

발화를 말할 때 쓰는 핵심동사

일방적으로 어떤 사실을 전할 때는 **tell**

강의 및 예문 듣기

tell의 대표 의미는 '말해 주다'입니다. 서로 대화를 하는 것이 아니라 한쪽이 상대방에게 일방적으로 어떤 사실을 말해 주는 것이지요. 그래서 '전달하다'의 의미로도 쓰고 때로는 '명령하다'라는 의미를 나타내기도 합니다. 명령은 한쪽의 일방적인 지시이기 때문입니다. 이처럼 우리말로는 같은 '말하다'라고 해도 영어의 속뜻은 이렇게 다양할 때가 많습니다. say, talk, speak, 그리고 tell까지 정확히 구분해서 활용하도록 해 보세요.

준비단계

핵심동사 감 잡기

그림 속 상황에서 tell이 어떤 뜻으로 사용됐는지 짐작하며 뜻을 써 보세요.

❶ **Tell** me who broke the window.

▶

❷ **Tell** him that I went to the movies.

▶

❸ Don't **tell** him that I had an accident.

▶

❹ Let me **tell** you why I got angry at him.

▶

| 정답 | ❶ 누가 창문을 깼는지 말해 봐. ❷ 난 영화 구경 갔다고 걔한테 말해 줘. ❸ 내가 사고를 당했다고 걔한테 말하지 마. ❹ 내가 왜 걔한테 화가 났는지 말해 줄게. ❺ 그는 그녀에게 그녀와 결혼하고 싶다고 말했어.

과거   현재

❺ He **told** her he wanted to marry her.

▶

1단계
핵심동사 파헤치기

각각 의미가 다른 tell의 설명을 읽고 뜻을 이해한 후 빈칸을 채워 보세요. 그리고 오디오 파일을 듣고 문장을 따라 말해 보세요.

❶ 내게 말하라고 할 때는 tell me

🎧 22-1.mp3

tell me ~

내게 ~을 말하다

Tell me who broke the window. 누가 유리창을 깼는지 말해 봐.

내게 어떤 사실을 전달하거나 말해 달라고 할 때는 tell me 다음에 명사나 명사절을 활용하세요. 이때 tell은 4형식 문장(주어+동사+간접목적어+직접목적어) 구조로 사용됩니다.

Tell me one thing.
하나만 말해 줘.

Tell me what's going on.
일이 어떻게 돌아가는지 얘기해 봐.

Tell me what I should do. 🎤

내게 진실을 말해 봐. 🎤

❷ 누군가에게 말해 주거나 이야기를 전달할 때는 tell him/her

🎧 22-2.mp3

tell him/her ~

그에게/그녀에게 ~을 말하다

Tell him that I went to the movies. 걔한테 나 영화 보러 갔다고 전해 줘.

tell him/her 다음에 명사나 명사절, 또는 to부정사를 활용해서 말할 수 있습니다. to부정사는 미래의 의미를 갖는다는 사실을 기억하고 그에 맞게 문장의 의미를 이해해야 합니다.

Tell him I send him my best.
그에게 안부를 전해 줘.

Tell her to hold on.
그녀에게 기다리라고 말해 줘.

Tell him I don't want to talk to him. 🎤

그녀에게 내 대신 안부 전해 줘. 🎤

컨닝페이퍼
❷
hold on 기다리다
❸
accident 사고

| 정답 |
❶ 내가 뭘 해야 되는지 말해 줘.
/ Tell me the truth.

❷ 그와 대화하고 싶지 않아한다고 전해 줘. / Tell her I said hello.

❸ 누군가에게 말하지 말라고 할 때는 Don't tell

🎧 22-3.mp3

Don't tell (사람) ~

…에게 ~라고 말하지 마

Don't tell him that I had an accident.
내가 사고 났다고 그에게 말하지 마.

Don't tell 다음에 사람을 언급하고 문장을 끝내거나 혹은 뒤에 명사, 또는 명사절, to부정사 등을 덧붙여 말할 수도 있습니다. 문장이 길어진다고 해서 복잡해지는 것은 아닙니다. 문장을 이루는 어휘들의 순서대로 그 의미를 정확히 대입하면 긴 문장도 간단하게 이해됩니다.

Don't tell him I told you this.　　　　　　　　　　내가 너한테 이 말 했다고 그에게 말하지 마.

Don't tell me what to do.　　　　　　　　　　　　나한테 이래라저래라 하지 마.

Don't tell me. Let me guess.　　　　　🎤

그녀에게 그 일 하라고 하지 마.　　　　　🎤

📝 러닝페이퍼
❸
guess 짐작하다

❹ 상대에게 어떤 사실을 말해 주겠다고 할 때는 **Let me tell you**

🎧 22-4.mp3

Let me tell you ~　　　내가 너에게 ~을 말해 줄게

Let me tell you why I got angry at him.
내가 왜 그에게 화가 났는지 말해 줄게.

어떤 사실을 말해 주겠다고 할 때는 Let me tell you 다음에 명사나 명사절을 덧붙여 말하세요. 내가 네게 그런 말을 하도록 허락해 달라는 의미를 담아 말하는 것입니다. 허락을 구하는 동시에 바로 말하는 행위를 하는 거죠.

Let me tell you.　　　　　　　　　　　　　　　내가 말해 줄게.

Let me tell you the story.　　　　　　　　　어떻게 된 건지 내가 말해 줄게.

Let me tell you why I called.　　　🎤

내가 규칙을 말해 줄게.　　　　　🎤

❺ 누군가에게 어떤 말을 전달했을 때는 **told**　　🎧 22-5.mp3

told (사람) ~　　　　…에게 ~라고 말했다

He **told** her he wanted to marry her. 그는 그녀와 결혼하고 싶다고 말했어.

과거

told 다음에 사람으로 끝나거나, 그 다음에 명사(절), to부정사가 나오는 경우입니다. told는 tell의 과거형이므로 누군가에게 어떤 말을 했다는 의미죠.

I already **told** him.　　　　　　　　　　　　내가 그에게 이미 이야기했어.

I **told** him to stay away from her.　　　내가 그에게 그녀에게 접근하지 말라고 말했어.

I **told** you that.　　　　🎤

누가 너한테 그런 소리를 했어?　　🎤

| 정답 |
❸ 말하지 마. 내가 맞혀 볼게. / Don't tell her to do that.

❹ 내가 왜 전화했는지 말해 줄게. / Let me tell you the rules.

❺ 내가 너한테 그 말 했잖아. / Who told you that?

대화에서 tell이 어떤 뜻으로 쓰였는지 해석해 보세요. 해석한 후에는 오디오 파일을 듣고 따라 말해 보세요.

커닝페이퍼

❶
handle 다루다, 처리하다
❷
headache 두통
❺
successful 성공적인

❶ 내게 말하라고 할 때는 **tell me**　　　🎧 22-6.mp3

> A **Tell me** what's happened.
>
> B Just let me handle this.　　　그냥 내가 알아서 처리할게.

❷ 누군가에게 말해 주거나 이야기를 전달할 때는 **tell him/her**　　🎧 22-7.mp3

> A **Tell him** I have a headache.
>
> B I won't lie for you.　　　네 대신 절대 거짓말하지 않을 거야.

❸ 누군가에게 말하지 말라고 할 때는 **Don't tell**　　🎧 22-8.mp3

> A **Don't tell** her where we went.
>
> B I won't.　　　절대 안 할게.

❹ 상대에게 어떤 사실을 말해 주겠다고 할 때는 **Let me tell you**　　🎧 22-9.mp3

> A **Let me tell you** something.
>
> B Go ahead.　　　어서 해 봐.

| 정답 |
❶ 무슨 일이 있었는지 나한테 말해 봐.

❷ 그에게 내가 두통이 있다고 전해 줘.

❸ 그녀에게 우리가 어디에 갔었는지 말하지 마.

❹ 너에게 해 줄 말이 있어.

❺ 그녀가 그렇게 성공한 사람이라는 걸 왜 나한테 이야기하지 않았어?

❺ 누군가에게 어떤 말을 전달했을 때는 **told**　　🎧 22-10.mp3

> A Why didn't you **tell** me she was so successful?
>
> B I told you.　　　얘기했는데.

23 요청할 때 쓰는 핵심동사

묻거나 부탁할 때는 **ask**

강의 및 예문 듣기

ask의 대표 의미는 '묻다'입니다. 내가 모르는 것이 있어서 누군가에게 그 해결책을 묻는 것이지요. 그래서 '질문하다'라는 의미를 나타내기도 하고 '부탁하다'라는 의미로 쓸 때도 있습니다. 나로서는 어떻게 처리해야 될지를 모르겠고 처리할 능력도 없기 때문에 누군가에게 도와줄 수 있는지를 묻는 것이지요. 그래서 '부탁하다'라는 뜻을 나타내는 것이죠. 무조건 '질문하다'라는 의미를 전할 때만 사용하지 말고, 부탁할 때도 ask를 써 보세요.

준비단계
핵심동사 감 잡기

그림 속 상황에서 ask가 어떤 뜻으로 사용됐는지 짐작하며 뜻을 써 보세요.

❶ Do you mind if I **ask**?

▶

❷ May I **ask** when and where?

▶

❸ **Ask** her to come in.

▶

❹ I'll **ask** you a favor.

▶

❺ You **asked** for it.

▶

| 정답 | ❶ 질문을 좀 해도 될까요? ❷ 때와 장소를 좀 물어봐도 될까요? ❸ 안으로 들어오시라고 해. ❹ 내가 부탁 하나 할게. ❺ 네가 자초한 거야.

105

1단계
핵심동사 파헤치기

각각 의미가 다른 ask의 설명을 읽고 뜻을 이해한 후 빈칸을 채워 보세요. 그리고 오디오 파일을 듣고 문장을 따라 말해 보세요.

① **질문할 때 쓰는 ask** 🎧 23-1.mp3

ask
질문하다, 부탁하다

Do you mind if I **ask**? 질문을 좀 해도 될까요?

간단하게 ask로 문장을 끝내 보세요. 완전 자동사 역할을 하는 것이지요. '질문하다'와 '부탁하다'의 의미로 사용할 수 있습니다.

Thanks for **asking**.　　　　　　　　　　질문해 줘서 고마워. [부탁해 줘서 고마워.]

Why are you **asking**?　　　　　　　　　　　　　　　왜 질문하는 건데?

That's why I **ask**.

난 질문 안 했어. [난 부탁 안 했어.]

② **뭔가를 질문할 때 쓰는 ask** 🎧 23-2.mp3

ask ~
~을 질문하다

May I **ask** when and where? 때와 장소를 물어봐도 되나요?

ask 다음에 명사나 대명사를 활용하여 그것을 질문한다는 의미를 나타내 보세요. ask가 목적어를 받는 타동사로 쓰이는 경우입니다.

Why are you **asking** that?　　　　　　　　　　　　왜 그 질문을 하는 거야?

You **ask** a lot of questions.　　　　　　　　　　　　　　질문도 많네.

That's all I'm **asking**.

그 질문은 하지 않도록 해.

③ **누군가에게 무엇을 하도록 부탁할 때 쓰는 ask** 🎧 23-3.mp3

ask (사람) to ~
…에게 ~하도록 부탁하다

Ask her **to** come in. 들어오시라고 해.

ask 다음에 사람을 언급하고 그 뒤에 to부정사를 활용해서 말하는 패턴입니다. 그 사람에게 어떤 행위를 해 달라고 부탁한다는 의미이지요. 이때는 '질문'이 아니라 '부탁'입니다.

Ask him **to** help you.　　　　　　　　　　　그에게 너를 도와 달라고 부탁해 봐.

컨닝페이퍼

❸
as soon as ~하자마자

❺
trouble 문제

Ask her **to** call me as soon as she's back.

그녀가 돌아오자마자 나한테 전화 달라고 부탁을 좀 해 줘.

Ask her **to** do that for me. 🎤

그에게 집까지 데려다 달라고 부탁해 봐. 🎤

❹ 상대방에게 뭔가를 질문하거나 부탁할 때는 **ask you**   🎧 23-4.mp3

ask you ~   너에게 ~을 질문하다/부탁하다

I'll **ask you** a favor. 내가 부탁 하나 할게.

ask you 다음에 명사나 대명사를 이용하는 패턴입니다. 상대방에게 뭔가를 묻거나 부탁한다는 의미이지요. 가장 대중적인 패턴 중의 하나입니다.

Let me **ask you** this.   내가 너한테 이거 하나만 물을게.

I want to **ask you** some things.   너한테 몇 가지 좀 묻고 싶은데.

I'm **asking you** a question. 🎤

뭘 좀 물어봐도 될까? 🎤

❺ 뭔가를 요구할 때는 **ask for**   🎧 23-5.mp3

ask for ~   ~을 요구하다

You **asked for** it. 그건 네가 요구했던 거야. [그건 네가 자초한 결과야.]

ask for 다음에 명사나 대명사를 활용하는 패턴입니다. 그 명사를 위해서 부탁하는 것이지요. 뭔가를 요구한다는 의미를 전달할 수 있습니다.

What are they **asking for**?   그들이 요구하는 게 뭐야?

You're **asking for** trouble.   넌 지금 문제를 스스로 일으키고 있잖아.

They're **asking for** 20 percent. 🎤

그걸 요구한 사람은 아무도 없어. 🎤

107

대화에서 ask가 어떤 뜻으로 쓰였는지 해석해 보세요. 해석한 후에는 오디오 파일을 듣고 따라 말해 보세요.

❶ 질문할 때 쓰는 ask　　　🎧 23-6.mp3

A　You mind if I smoke?　　　　담배 좀 피워도 될까요?

B　Yes. Thank you for **asking**.　안 되겠는데요.

....

❷ 뭔가를 질문할 때 쓰는 ask　　🎧 23-7.mp3

A　Have you ever missed being with him?　　그와 함께 했던 때를 그리워해 본 적 있어?

B　Why do you **ask** that?

....

❸ 누군가에게 무엇을 하도록 부탁할 때 쓰는 ask　🎧 23-8.mp3

A　**Ask** her **to** bring me a shirt.　..

B　I will.　　　　　　　　　　　그럴게.

❹ 상대방에게 뭔가를 질문하거나 부탁할 때는 ask you　🎧 23-9.mp3

A　Let me **ask you** something.　..

B　What is it?　　　　　　　　　뭔데요?

❺ 뭔가를 요구할 때는 ask for　　🎧 23-10.mp3

A　Who put them there?　　　　저걸 누가 저기에 뒀어?

B　Those are the files you **asked for**.　..

24

청취를 말할 때 쓰는 핵심동사

소리를 들을 때는 **hear**

강의 및 예문 듣기

hear의 대표 의미는 '듣다'입니다. 우리에겐 귀가 있어서 그 귀를 통하여 내 의도와는 상관없이 주위에서 들리는 많은 소리들을 듣게 되지요. 그것이 바로 hear입니다. 물론 의도적으로 귀를 기울여 들을 때도 hear를 쓸 수는 있지만 그것은 일반적인 경우가 아닙니다. 신경을 써서 듣는다고 말할 때 사용하는 listen과 구별하여 활용할 수 있어야겠습니다.

준비단계
핵심동사 감 잡기

그림 속 상황에서 hear가 어떤 뜻으로 사용됐는지 짐작하며 뜻을 써 보세요.

내 말 들려요?

(*on the phone*)
❶ Do you **hear** me?
▶

❷ I'm glad to **hear** that.
▶

❸ I **heard** loud voices.
▶

❹ I've never **heard** of her.
▶

| 정답 | ❶ (전화상에서) 내 말 들려? ❷ 그 말 들으니 정말 좋다. ❸ 시끄러운 목소리를 들었어. ❹ 그녀에 대해서는 들은 바가 없어. ❺ 핸드폰이 울리는 소리를 들었어.

❺ I **heard** the cell phone ringing.
▶

1단계
핵심동사 파헤치기

각각 의미가 다른 hear의 설명을 읽고 뜻을 이해한 후 빈칸을 채워 보세요. 그리고 오디오 파일을 듣고 문장을 따라 말해 보세요.

①
hear ~ out
~의 말을 끝까지 들어주다

❶ 누군가의 말이 들리거나 말을 들을 때는 hear

🎧 24-1.mp3

내 말 들려요?

hear (사람)

(사람)이 하는 말이 들리다 [말을 듣다]

Do you **hear** me? 내 말 들려?

hear 다음에 사람을 말해 보세요. 그 사람이 들리는 것이 아니라 그 사람이 하는 소리가 들리는 상황으로, '누군가의 말이 들리다', 또는 '누군가의 말을 듣다'라는 의미를 나타냅니다.

I don't want to **hear** you. 네 말은 듣고 싶지 않아.

I can't **hear** you. 네 말이 안 들려.

Hear me out. 🎤

걔 말을 들을 수가 없었어. 🎤

❷ 어떤 소리나 말을 듣는다면 hear

🎧 24-2.mp3

축하해!

hear (소리/말 내용)

(소리/말)을 듣다

I'm glad to **hear** that. 그 말 들으니 정말 좋다.

hear 다음에 목적어로 it이나 that 같은 대명사를 활용하는 경우입니다. 그 말을 듣거나 그 소리를 듣는다는 의미이지요. 단순히 '그것'이라는 뜻으로 생각하면 대화 맥락을 따라가기 어려울 수 있으니 주의하세요.

You want to **hear** it or not? 그 말이 듣고 싶다는 거야, 듣고 싶지 않다는 거야?

Are you sure you want to **hear** that? 정말 그 말이 듣고 싶은 거야?

I didn't **hear** that. 🎤

그 말을 들으니 유감이네. 🎤

❸ 누구의 말이나 소리를 들었을 때는 heard

🎧 24-3.mp3

heard ~

~을 들었다

I **heard** loud voices. 시끄러운 목소리들이 들리던데.

| 정답 |
❶ 내 말을 좀 끝까지 들어 봐. / I couldn't hear him.

❷ 난 그 소리 못 들었는데. / I'm sorry to hear that.

heard 다음에 사람이나 it, that 또는 소리에 관계된 단어를 사용하는 경우입니다. heard는 hear의 과거, 또는 과거분사형이므로 '말이나 소리를 들었다'는 의미를 전달할 때 사용합니다.

I **heard** you.   네 말 다 들었어.

You **heard** me right.   내 말 제대로 들었어. [네가 들은 대로야.]

I haven't **heard** anything.   🎤 _____

그 얘기는 이미 들었어.   🎤 _____

❹ 누구의 이야기나 소식을 들었을 때는 heard of/from   🎧 24-4.mp3

heard of/from (사람)
(사람)에 대해서 이야기를 들었다, (사람)으로부터 직접 소식을 들었다
I've never **heard of** her. 그녀에 대해서는 들은 바가 없어.

heard of나 heard from 다음에 사람을 언급하는 경우입니다. heard of는 '그 사람에 대해서 이야기를 들었다'이고 heard from은 '그 사람으로부터 직접 서신이나 메일을 통해 소식을 들었다'는 의미입니다.

I haven't **heard from** her yet.   아직 그녀로부터 소식 못 들었어.

Have you ever **heard of** him?   너 그 사람에 대해서 소문 들은 것 있어?

I haven't **heard from** him for two weeks.

                                            🎤 _____

어제 그로부터 연락이 왔어.   🎤 _____

❺ 누군가 혹은 뭔가가 하는 소리를 들었을 때 쓰는 heard   🎧 24-5.mp3

heard (사람/사물) ~   (사람/사물)이 ~하는 소리를 들었다
I **heard** the cell phone ringing. 핸드폰 울리는 소리를 들었어.

heard 다음에 사람이나 사물을 언급한 다음 뒤이어 동사원형이나 현재분사를 활용하는 경우입니다. 동사원형을 쓰면 말이나 소리를 처음부터 끝까지 들은 경우이고 현재분사를 쓰면 진행되고 있는 한 순간의 소리를 들은 것입니다.

I **heard** him sing.   난 그가 노래하는 걸 처음부터 끝까지 다 들었어.

I **heard** her playing the piano.   난 걔가 피아노 치고 있는 소리를 들었어.

I **heard** him talking in his sleep.   🎤 _____

나는 자명종 시계가 울리는 소리를 들었어.   🎤 _____

대화에서 hear가 어떤 뜻으로 쓰였는지 해석해 보세요. 해석한 후에는 오디오 파일을 듣고 따라 말해 보세요.

컨닝페이퍼

❶
operator 전화 교환원
❺
approve
인정하다, 찬성하다

❶ 누군가의 말이 들리거나 말을 들을 때는 hear 🎧 24-6.mp3

A Operator? Can you **hear** me?　　교환? _____

B Yes. Go ahead, please.　　예. 말씀하세요.

❷ 어떤 소리나 말을 듣는다면 hear 🎧 24-7.mp3

A I'm sorry to **hear** that.　　_____

B It's my own fault.　　내 실수인데, 뭐.

❸ 누구의 말이나 소리를 들었을 때는 heard 🎧 24-8.mp3

A I don't think I **heard** that.
What did you say?　　뭐라고 하셨죠?

B I said, "you're right."　　"옳으신 말씀"이라고 했어요.

❹ 누구의 이야기나 소식을 들었을 때는 heard of/from 🎧 24-9.mp3

A Have you **heard from** the law school?　　_____

B Not yet.　　아직이요.

❺ 누군가 혹은 뭔가가 하는 소리를 들었을 때 쓰는 heard 🎧 24-10.mp3

A You said you approved of him?　　네가 걔를 인정한다고?

B Yes. You never **heard** me say that.　　그래. _____

| 정답 |
❶ 내 말 들려요?
❷ 그 말 들으니 안됐다.
❸ 뭐라고 하셨는지 제가 못 들은 것 같은데.
❹ 로스쿨에서 연락 왔었니?
❺ 내가 그런 소리 하는 거 한번도 들어 본 적 없지?

25

청취를 말할 때 쓰는 핵심동사

신경을 바짝 써서 들을 때는 listen

강의 및 예문 듣기

listen의 대표 의미는 '귀담아듣다'입니다. hear와 비교하여 그냥 들려서 듣는 것이 아니라 내가 의지를 가지고 뭔가를 귀담아듣는다는 의미이지요. 완전 자동사로 쓰이므로 목적어를 받지 않습니다. 목적어가 필요할 때는 전치사 to의 도움이 필요하다는 사실을 반드시 기억해야 합니다. 우리가 말할 때나 영작할 때 가장 빈번한 오류를 범하는 부분입니다.

준비단계

핵심동사 감 잡기

그림 속 상황에서 listen 이 어떤 뜻으로 사용됐는지 짐작하며 뜻을 써 보세요.

(on the phone)
❶ **Are you listening?**

▶

❷ **You don't listen to me.**

▶

❸ **You should listen to him.**

▶

❹ **Listen to the music.**

▶

| 정답 | ❶ (전화상에서) 내 말 듣고 있는 거야? ❷ 너, 내 말을 귀담아듣지 않잖아, 지금. ❸ 걔가 하는 말 잘 듣고 따라 해. ❹ 그 음악을 들어 봐. ❺ 이봐, 내가 지금 할 일이 많다니까.

❺ **Listen, I have a lot of things to do.**

▶

113

1단계
핵심동사 파헤치기

각각 의미가 다른 listen 의 설명을 읽고 뜻을 이 해한 후 빈칸을 채워 보 세요. 그리고 오디오 파일 을 듣고 문장을 따라 말 해 보세요.

❶ 귀담아들을 때는 listen

🎧 25-1.mp3

listen
귀담아듣다, 열심히 듣다

Are you **listening**? 내 말 듣고 있어?

listen으로 문장이 마무리되는 경우입니다. 1형식(주어+동사)의 문장에서 부가 적인 설명이 필요할 때는 부사나 부사구를 사용하세요. 문장의 형식은 명사, 대 명사, 동사, 형용사, 이 네 개의 품사들로만 결정한다는 사실을 잊지 마세요.

He **listened** without saying a word.　　　　그는 한마디 말없이 듣고만 있었어.

Remember, they're **listening**.　　　　기억해. 그들이 지금 듣고 있어.

Just shut up and **listen**.　　🎤_____

지금 듣고 있어.　　🎤_____

❷ 내 말을 귀 기울여 들을 때는 listen to me

🎧 25-2.mp3

listen to me
내 말을 신경써서 듣다

You don't **listen to me**. 너, 내 말을 신경써서 듣지 않잖아.

listen to me로 문장이 마무리되는 경우입니다. '내가 하는 말을 듣다'의 의미이 지요. 전치사 to를 빠뜨리지 않도록 신경써야 합니다.

Listen to me.　　　　내 말 똑바로 들어.

Are you **listening to me**?　　　　너, 지금 내 말 똑바로 듣고 있는 거야?

Thank you for **listening to me**.　　🎤_____

내 말은 전혀 신경써서 듣지도 않았으면서.　　🎤_____

❸ 누군가의 이야기를 듣고 그대로 따라 할 때는 listen to

🎧 25-3.mp3

listen to (사람)
~의 말을 듣고 따라 하다

You should **listen to** him. 그가 하는 말 잘 듣고 따라 해.

| 정답 |
❶ 입 닥치고 듣기나 해라. /
I'm listening.
❷ 제 말을 경청해 주셔서
감사합니다. / You didn't
listen to me.

listen to somebody로 문장이 마무리되는 경우입니다. 단순히 누군가의 말을 경청하는 것에서 끝나지 않고 그의 말대로 실천하라는 의미를 전합니다.

Listen to your mother.　　　　엄마 말 좀 들어라.

You don't have to **listen to** her. 그녀의 말은 들을 필요도 없어.

He won't **listen to** his mother. 🎤

걔 말을 듣고 따라 하라고 했잖아, 내가. 🎤

❹ 뭔가를 귀 기울여 들을 때도 listen to

🎧 25-4.mp3

listen to (사물/말) ~을 귀 기울여 듣다

Listen to the music. 그 음악을 좀 들어 봐.

listen to 다음에 사람 이외의 것들도 활용할 수 있습니다. 그 소리를 듣는다는 의미이지요. 중심 어휘에 이어지는 다양한 단어들과 패턴에 신경써야 합니다.

They're **listening to** everything we're saying.

그들은 지금 우리가 하는 모든 얘기를 듣고 있어.

I don't want to **listen to** the story. 그 이야기는 정말 듣고 싶지 않아.

I'm **listening to** the radio. 🎤

지금 뭘 듣고 있어? 🎤

❺ 주의를 환기시킬 때는 listen

🎧 25-5.mp3

Listen, 이봐,

Listen, I have a lot of things to do.
이봐, 내가 지금 할 일이 무척 많다고.

대화 중에 상대의 주의를 환기시키고 싶을 때는 Listen! 이렇게 딱 한 마디만 해 보세요. 속뜻은 '지금 이럴 게 아니라 내 말을 좀 신경써서 잘 들어 보라고' 정도 입니다.

Listen, you can count on him. 이봐, 그는 믿을 수 있는 사람이야.

Listen, I think I have a solution to your problem.

이봐, 나한테 네 문제에 대한 해결책이 있어.

Listen, why didn't you call me last night? 🎤

있잖아, 내가 지금 좀 가 봐야겠어. 🎤

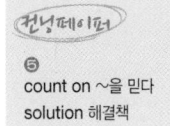
❺
count on ~을 믿다
solution 해결책

| 정답 |
❸ 걔는 엄마 말을 정말 들으려고
하지를 않아. / I told you to
listen to him.

❹ 라디오 듣고 있는 중이야. /
What are you listening
to?

❺ 이봐, 왜 어젯밤에 나한테
전화하지 않았어? / Listen,
I got to go.

2단계
핵심동사 실전 활용

대화에서 listen이 어떤 뜻으로 쓰였는지 해석해 보세요. 해석한 후에는 오디오 파일을 듣고 따라 말해 보세요.

청녕페이퍼

❶ avidly 열광적으로, 열심히

❶ 귀담아들을 때는 listen 🎧 25-6.mp3

A Are you **listening**?

B Avidly.　　　　　　　　　열심히 듣고 있어.

❷ 내 말을 귀 기울여 들을 때는 listen to me 🎧 25-7.mp3

A Whose side are you on?　　넌 누구 편이야?

B Yours. That's why you have to **listen to me**.　　네 편이지.

❸ 누군가의 이야기를 듣고 그대로 따라 할 때는 listen to 🎧 25-8.mp3

A He wants to marry me.　　그가 나하고 결혼하고 싶어해.

B Jane, don't **listen to** him.

❹ 뭔가를 귀 기울여 들을 때도 listen to 🎧 25-9.mp3

A Don't **listen to** that 24 hours a day.

B Wait. It's Adele.　　잠깐. 그거 아델 거야.

❺ 주의를 환기시킬 때는 listen 🎧 25-10.mp3

A **Listen**, I'm coming to you. You stay there, okay?

B Okay.　　　　　　　　　알았어.

| 정답 |
❶ 내 말 듣고 있어?

❷ 그래서 네가 내 말을 들어야 되는 거야.

❸ 제인, 걔 말은 절대 들으면 안 돼.

❹ 그게 뭐라고 24시간 내내 그것만 듣니. 그러지 마.

❺ 내 말 들어. 나 지금 너한테 가. 거기 가만히 있어, 알았어?

116

없삼 피흥버이뤠따사다
피유 수날르므 인떤

여기서 잠깐!

〈둘째마당〉으로 넘어가기 전에 꼭 해야 할 것들이 있습니다. 아래 사항들을 모두 끝낸 후 〈둘째마당〉으로 넘어가세요.

1. 각 과의 준비단계에 제시된 그림만 보고 핵심동사가 어떤 뜻으로 쓰였는지 유추해 보세요. 잊었던 기억이 새록새록 되살아나면서 머리에 확실히 각인될 거예요.

2. 이번에는 준비단계의 그림만 보고 어떤 예문이 쓰였는지 유추해 보세요. 틀려도 좋습니다. 틀린 것을 확인하는 과정에서 머리에 더 확실히 각인되거든요.

3. 마지막으로 각 과의 1단계 예문들을 눈으로 쭉 읽어 보세요. 외우지 않아도 눈으로 훑어보며 해석해 보는 것만으로도 큰 효과가 있습니다.

위의 사항들을 빠짐없이 모두 끝냈다면 이제 〈둘째마당〉으로 go!

75개 패턴이면 하고 싶은 말은 모두 할 수 있다

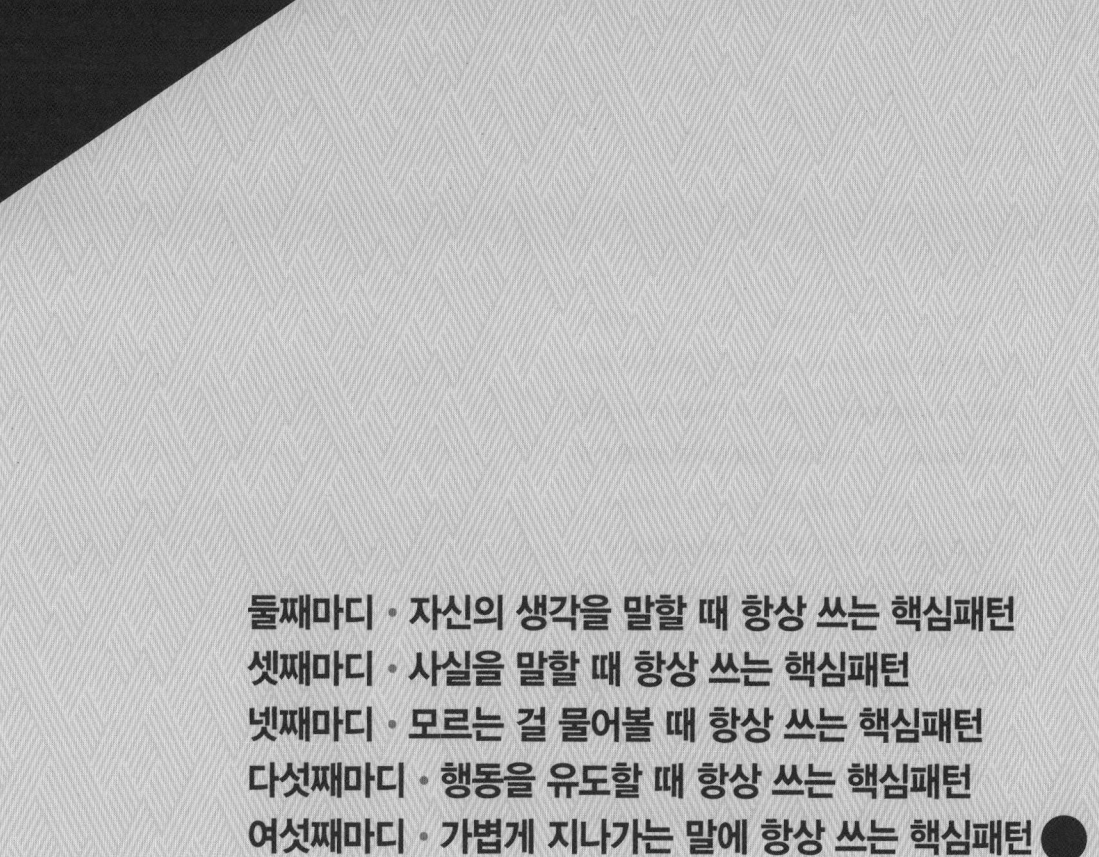

둘째마디 · 자신의 생각을 말할 때 항상 쓰는 핵심패턴

셋째마디 · 사실을 말할 때 항상 쓰는 핵심패턴

넷째마디 · 모르는 걸 물어볼 때 항상 쓰는 핵심패턴

다섯째마디 · 행동을 유도할 때 항상 쓰는 핵심패턴

여섯째마디 · 가볍게 지나가는 말에 항상 쓰는 핵심패턴

둘째마당에서는 원어민들이 항상 쓰는 말을 상황별로 나누어 75개의 핵심패턴으로 정리했습니다.
75개 패턴만 알면 어떤 상황에서든 하고 싶은 말을 모두 할 수 있습니다.

둘째마디

●

자신의 생각을 말할 때 항상 쓰는 핵심패턴

26 자신의 의견을 말하고 싶다면 I think ~ 27 꺼림칙한 내 의견을 말할 때 I'm afraid ~ 28 강력한 내 의견을 말할 때 I believe ~ 29 자신의 선택을 말하고 싶다면 I'd rather ~ 30 자신의 확신을 말하고 싶다면 I'm sure ~ 31 보이는 느낌을 말하고 싶다면 It looks ~ 32 보고 난 느낌을 말하고 싶다면 It looks like ~ 33 듣고 난 느낌을 말하고 싶다면 It sounds ~ 34 듣고 난 느낌을 말하고 싶다면 It sounds like ~ 35 확신은 못하지만 내 느낌을 말하고 싶다면 It seems (like) ~ 36 하고 싶은 것이 있다면 I'd like to ~ 37 꼭 하고 싶은 것이 있다면 I feel like ~ 38 허락을 구할 때는 Let me ~ 39 이루어지기 힘든 일을 소망할 때 I wish ~ 40 바라는 바가 있다면 I hope ~ 41 후회가 된다면 I should have p.p. ~

26

자신의 생각을 말할 때 항상 쓰는 핵심패턴

자신의 의견을 말하고 싶다면 I think ~

~인 것 같아

강의 및 예문 듣기

준비단계

핵심패턴 감잡기

핵심패턴이 어떻게 쓰이는지 설명과 예문으로 감을 잡아 보세요.

I think ~
~인 것 같아, 나는 ~라고 생각해

어떤 일이나 사람에 대한 자신의 생각을 말할 때 단정적으로 '~이다'라고 하면 상대방에게 거북한 느낌을 줄 수도 있습니다. 남들이 나와 다른 생각을 갖고 있을 수 있으므로 '내 생각은 이래'라고 완곡하게 의견을 말하는 것이 좋습니다. 또는 '나는 ~라고 생각해' 내지는 '~인 것 같아' 정도로 말할 수도 있겠죠. 그럴 때 영어로 I think ~ 패턴을 사용하게 됩니다.

나름대로 확고한 의견을 말하는 친구에게 100% 동의할 수는 없지만…

I think it's not a bad idea. 내 생각엔 그 아이디어 나쁘지 않은 것 같아.

I don't think ~
~은 아닌 것 같아

남의 생각이나 어떤 사실이 나의 생각과 다를 때 딱 잘라서 '그건 아니야'라고 말하면 상대에게 강한 부정적 이미지를 전할 수 있습니다. 그럴 때는 '내 생각에 그건 아닌 것 같아' 정도로 순화된 표현을 하는 것이 좋겠죠? 그럴 때 I don't think ~ 패턴을 이용합니다.

상대는 그다지 사랑하지 않는 것 같은데 착각하며 오인하는 친구에게 조심스럽게,

I don't think he loves you. 그는 너를 사랑하지 않는 것 같은데.

I thought ~
난 ~인 줄 알았어, ~ 아니었던가?

과거에 내가 했던 생각을 그대로 말하거나 내가 과거에 알고 있던 사실이 실제로는 일어나고 있지 않을 때 사용하는 패턴입니다.

과거에 그렇게 하겠노라고 분명히 말했던 친구가 말을 바꿀 때,

I thought you said yes. 너, 좋다고 말하지 않았어?

1단계
핵심패턴 입에 붙이기
해석은 보지 말고 오디오 파일을 듣고 영어를 따라 말해 보세요.
🔊 26-1.mp3

2단계
핵심패턴 말하기
이번에는 우리말 해석을 보면서 영어로 말해 보세요. 3초 안에 영어가 나오면 성공!
🔊 26-2.mp3

I think ~

I **think** it's cool.

I **think** it's a good idea.

I **think** it makes sense.

I **think** he's thoughtful.

I **think** you're right.

I **think** they got us wrong.

~인 것 같아, 나는 ~라고 생각해

내 생각엔 그거 정말 좋아.

그거 좋은 생각인 것 같아.

난 그거 이치에 맞는 얘기라고 생각해.

그는 생각이 깊은 것 같아.

난 네가 옳다고 봐.

그들이 우리를 오해한 것 같아.

＊make sense 이치에 맞다　thoughtful 사려 깊은
get someone wrong 오해하다

I don't think ~

I **don't think** it's a good idea.

I **don't think** it's worth it.

I **don't think** it makes sense.

I **don't think** he's honest.

I **don't think** she deserves it.

I **don't think** you'll like the food.

~은 아닌 것 같아

그건 좋은 생각이 아닌 것 같아.

그건 그럴 만한 가치가 없는 것 같아.

그건 이치에 맞지 않는 것 같아.

걔, 정직하지 않은 것 같아.

그녀는 그런 대우를 받을 만한 자격이 없는 것 같은데.

넌 그 음식을 좋아할 것 같지 않은데.

＊worth ~의 가치가 있는　deserve ~ 정도의 대우를 받을 만하다

I thought ~

I **thought** it was a lie.

I **thought** it was a stupid idea.

I **thought** it was acceptable.

I **thought** you had already left.

I **thought** you wouldn't come.

I **thought** they would accept our offer.

난 ~인 줄 알았어, ~ 아니었던가?

난 그게 거짓말인 줄 알았어.

난 그게 바보 같은 생각이라고 여겼어.

난 그 정도면 받아들여질 거라 생각했지.

너, 벌써 떠난 거 아니었어?

너, 안 올 줄 알았는데.

그들이 우리 제안을 받아들이는 게 아니었던 거야?

＊stupid 바보 같은　acceptable 받아들일 수 있는

반으로 접어 공부하세요!

3단계
핵심패턴 실전 활용

핵심패턴이 쓰인 문장을
직접 해석해 보세요. 해석
이 된다면 오디오 파일을
듣고 따라 말해 보세요.

❶ I think ~

🎧 26-3.mp3

A Do we need to take a taxi?　　　우리 택시 타야 하는 거야?

B What time you got?　　　지금 몇 신데?

A I got a quarter to six.　　　6시 15분 전.

B **I think we're fine.**　　　--------------------------------

＊a quarter 15분　a quarter to six 6시 15분 전

❷ I don't think ~

🎧 26-4.mp3

A This case is hard to handle.　　　이 사건은 다루기 힘들어, 정말.

B I know, but you're doing a good job.　　　알아, 하지만 너 아주 잘하고 있어.

A I'd like to give up.　　　포기하고 싶어.

B **I don't think it's a good idea.**　　　--------------------------------

＊case 사건　handle 다루다, 처리하다　give up 포기하다

❸ I thought ~

🎧 26-5.mp3

A I had a hard time finding your house.　　　네 집 찾는 데 힘들었어.

B **I thought you wouldn't come.**　　　--------------------------------

A I changed my schedule.　　　스케줄을 바꿨어.

B Good. I'm glad you made it.　　　잘했어. 네가 와 줘서 정말 기쁘다.

＊have a hard time 고생하다　make it 도착하다, 약속대로 이루다

| 정답 |
❶ (그 시간이면) 우린 괜찮을
거 같아.

❷ 그거 좋은 생각 아닌 것 같아.

❸ 너 안 오는 줄 알았어.

꺼림칙한 내 의견을 말할 때 I'm afraid ~
~인 것 같아

강의 및 예문 듣기

핵심패턴이 어떻게 쓰이는지 설명과 예문으로 감을 잡아 보세요.

I'm afraid (현재시제의 절) ~인 것 같아, 나는 ~라고 생각해

우리말 의미는 I think와 다르지 않습니다. 하지만 뒤에 이어지는 절 속의 내용이 완전히 다르지요. afraid가 '두려워하다', '걱정하다', '염려하다' 등의 의미이기 때문에 I'm afraid 다음에 나오는 내용은 실망스럽거나 짜증나거나 언짢은 것들, 즉 부정적인 내용입니다.

이렇게 말하는 게 네 기분을 언짢게 할 수도 있겠지만…

I'm afraid they don't like your suggestion.
그들은 네 제안을 마음에 들어 하지 않는 것 같아.

I'm afraid (과거시제의 절) ~이었던 것 같아, 나는 ~이었다고 생각해

과거에 일어났던 일들 중에서 그다지 마음에 들지 않는 내용, 실망스러운 내용, 어처구니 없는 내용, 짜증나는 내용, 화나는 내용 등을 들어 '그랬던 것 같다'의 의미를 전하는 패턴입니다. 어떤 패턴이든 그 패턴을 주도하는 어휘의 근본 의미를 정확히 알고 쓰는 것이 가장 중요합니다.

그가 잘 해내리라 믿고 몹시 기대했지만 일이 좋지 않게 풀려서 실망하고 있는 친구를 달래며…

I'm afraid he made some mistakes. 걔가 좀 실수했던 것 같아.

1단계
핵심패턴 입에 붙이기

해석은 보지 말고 오디오 파일을 듣고 영어를 따라 말해 보세요.

🎧 27-1.mp3

2단계
핵심패턴 말하기

이번에는 우리말 해석을 보면서 영어로 말해 보세요. 3초 안에 영어가 나오면 성공!

🎧 27-2.mp3

I'm afraid (현재시제의 절; 사물이나 상황이 주어)

~인 것 같아, 나는 ~라고 생각해

I'm afraid it's confusing.

그게 좀 헷갈리게 하는 것 같아.

I'm afraid it's hard to deal with.

그 문제는 다루기 힘든 것 같아.

I'm afraid it has something to do with him.

그게 그와 관계 있는 것 같은데.

I'm afraid that's none of your business.

그건 네가 신경쓸 일 아니지 않아?

I'm afraid something's wrong with this computer.

이 컴퓨터 문제 있는 것 같아.

I'm afraid your expectation is too high.

네 기대치가 너무 높은 것 같은데.

＊deal with ~을 다루다/처리하다
have something to do with ~와 관계 있다   expectation 기대

I'm afraid (현재시제의 절; 사람이 주어)

~인 것 같아, 나는 ~라고 생각해

I'm afraid he's sick in bed.

걔, 몸이 안 좋아 누워 있는 것 같아.

I'm afraid he's hard to handle.

걔 다루기 힘든 것 같아.

I'm afraid she doesn't believe him.

그녀가 그의 말을 믿지 못하는 것 같아.

I'm afraid she's possessed.

걔가 뭔가에 홀린 것 같아.

I'm afraid they're running out of ideas.

걔네들, 아이디어가 떨어져 가고 있는 것 같은데.

I'm afraid they're upset about that.

그들은 그것 때문에 기분이 언짢을 거야.

＊handle 다루다   possessed 홀린 상태의   patience 인내심

I'm afraid (과거시제의 절)

~이었던 것 같아, 나는 ~이었다고 생각해

I'm afraid it was a mistake.

그건 실수였겠지.

I'm afraid his car broke down.

걔 차가 고장 났던 것 같아.

I'm afraid he forgot the appointment.

그가 약속을 잊은 거겠지.

I'm afraid he lost his job.

걔, 일자리를 잃은 것 같아.

I'm afraid she broke up with him.

아무래도 걔, 그와 헤어진 것 같아.

I'm afraid she was out of her mind.

걔가 미치지 않고서야 그랬겠어?

＊break down 고장 나다   appointment 시간 약속
break up with ~와 헤어지다   out of one's mind 미친, 제정신이 아닌

▲
반으로 접어 공부하세요!

3단계
핵심패턴 실전 활용

핵심패턴이 쓰인 문장을
직접 해석해 보세요. 해석
이 된다면 오디오 파일을
듣고 따라 말해 보세요.

❶ I'm afraid (현재시제의 절; 사물이나 상황이 주어)

🔊 27-3.mp3

A	What do you think of his theory?	그의 이론에 대해 어떻게 생각해?
B	**I'm afraid it's confusing.**	-----------------------
A	What makes you say that?	그렇게 말하는 이유가 뭐야?
B	Talk to you later. I gotta go.	나중에 얘기해. 나 지금 가 봐야 해.

＊theory 이론

❷ I'm afraid (현재시제의 절; 사람이 주어)

🔊 27-4.mp3

A	He's absent today.	걔, 오늘 결석했어.
B	**I'm afraid he's sick in bed.**	-----------------------
A	How do you know?	어떻게 알아?
B	He had a bad cold yesterday.	어제 감기에 심하게 걸렸거든.

＊absent 결석한

❸ I'm afraid (과거시제의 절)

🔊 27-5.mp3

A	Did you have a good time with him?	그와 즐거운 시간 보냈어?
B	No. He didn't show up.	아니. 그가 안 나왔어.
A	What? He stood you up?	뭐? 널 바람맞혔다고?
B	**I'm afraid he forgot the appointment.**	-----------------------

＊show up 나타나다 stand up 바람맞히다

| 정답 |

❶ 좀 헷갈리는 거 같아.

❷ 걔, 아파 누워 있을 거야.

❸ 약속을 까먹었겠지.

28

자신의 생각을 말할 때 항상 쓰는 핵심패턴

강력한 내 의견을 말할 때 **I believe ~**

난 ~라고 믿어

강의 및 예문 듣기

I believe (현재시제의 절) 난 ~라고 믿어, 난 ~라고 생각해

I believe를 직역하면 '나는 ~라고 믿는다'입니다. 그래서 그렇게 굳게 믿고 생각한다는 의미로 흔히 이해하지요. 우리말로 바꾸면 I think, I'm afraid, 그리고 I believe 모두 '나는 ~라고 생각한다'가 될 수 있지만 think, afraid, believe 등의 의미에 분명한 차이가 있기 때문에 패턴의 의미 또한 분명히 다릅니다.

어쩜 그렇게 멋진 생각을 할 수가 있을까… 분명히,

I believe it's a perfect idea. 나는 그게 정말 완벽한 아이디어라고 생각해.

I believe (과거시제의 절) 난 ~이었다고 믿어, 난 ~이었다고 생각해

과거에 있었던 일이 사실이라고 나는 지금 굳게 믿고 생각한다는 의미의 패턴입니다. I believe 다음에 이어지는 절에는 사람이나 사물, 상황 등이 주어로 나올 수 있고, 물론 긍정과 부정의 절들이 모두 올 수 있습니다.

그가 모른다고는 했지만 그가 모를 리가 없어. 그는 지금 분명히 숨기고 있는 거야…

I believe he knew where she lived.

그는 분명히 그녀가 어디에 사는지 알았을 거라고.

I believe (미래시제의 절) 난 ~일 것이라고 믿어, 난 ~일 것이라고 생각해

앞으로 일어날 일에 대해서 분명히 알고 있다는 의미의 패턴입니다. 전후 상황을 파악해 볼 때 그럴 수밖에 없다는 것이지요. 대화 상대에게 분명한 믿음을 주거나 확실한 단념을 유도할 수 있는 단호한 의미의 패턴입니다. 따라서 이 패턴은 때로는 무모함과 경솔함을 동반할 수도 있으니 사용에 주의해야 합니다.

내 말을 믿으라니까. 결심이 흔들리면 안돼. 너는 분명히 해낼 수 있어.

I believe you'll succeed. 난 네가 분명히 성공할 거라고 생각해.

1단계
핵심패턴 입에 붙이기

해석은 보지 말고 오디오 파일을 듣고 영어를 따라 말해 보세요.

🔊 28-1.mp3

2단계
핵심패턴 말하기

이번에는 우리말 해석을 보면서 영어로 말해 보세요. 3초 안에 영어가 나오면 성공!

🔊 28-2.mp3

I believe (현재시제의 절)

I believe it's nonsense.	그건 말도 안 돼, 말도 안 된다고.
I believe it works.	그건 분명히 효과 있어.
I believe he knows.	난 그가 알고 있다고 생각해, 분명해.
I believe he loves you.	걔가 분명히 너를 사랑하는 거라니까 그래.
I believe she is innocent.	그녀는 결백해, 분명해.
I believe she wants you to ask her out.	걔는 분명 네가 데이트 신청해 주기를 바라고 있어.

난 ~라고 믿어, 난 ~라고 생각해

＊work 효과 있다　innocent 결백한, 무죄의　ask out 데이트 신청하다

I believe (과거시제의 절)

I believe you were crazy.	네가 미쳤던 거야, 미치지 않고서야 어떻게 그래?
I believe you lied to me.	네가 분명히 나한테 거짓말했어.
I believe he overreacted.	난 그가 과민반응을 보였던 거라고 생각해, 정말.
I believe he did it.	난 그건 그가 한 짓이라고 생각해, 확실해.
I believe she needed some rest.	그녀는 분명히 좀 쉬었어야 했어.
I believe she deserved a promotion.	나는 분명히 그녀가 승진될 자격이 있었다고 봐.

난 ~이었다고 믿어, 난 ~이었다고 생각해

＊overreact 과민반응을 하다　deserve 자격이 있다
promotion 승진

I believe (미래시제의 절)

I believe he'll propose to you.	그가 분명히 너한테 프러포즈할 거야.
I believe he'll accept her offer.	그는 분명히 그녀의 제안을 받아들일 거라고 믿어, 난.
I believe she'll stand by you.	그녀는 분명히 네 곁을 지켜 줄 거야.
I believe she'll be here in time.	그녀는 시간 안에 도착할 거라고 믿어, 난.
I believe they'll approve of you.	난 그들이 너를 인정할 거라고 믿어.
I believe everything will work out.	분명히 모든 게 다 잘 해결될 거야.

난 ~일 것이라고 믿어, 난 ~일 것이라고 생각해

＊stand by 힘들어도 옆에서 지켜 주다　approve of ~을 인정하다
work out 잘 해결되다

❶ I believe (현재시제의 절)   🎧 28-3.mp3

A Do you believe her?   그녀가 한 말 믿어?

B Yes. **I believe she is innocent.**   그럼. _____

A What makes you so sure?   그렇게 확신하는 이유가 뭐야?

B We've been friends for 10 years.   우린 10년간 친구로 지냈어.

＊believe someone   누군가의 말을 믿다

❷ I believe (과거시제의 절)   🎧 28-4.mp3

A She said no to him?   그녀가 그에게 싫다고 했다고?

B That's what I heard.   그렇다고 들었어.

A **I believe she overreacted.**   _____

B That's what I think.   나도 그렇게 생각해.

❸ I believe (미래시제의 절)   🎧 28-5.mp3

A He wants to meet me at "the Seven".   그가 '세븐'에서 만나자는데.

B Really?   정말?

A How come you're so surprised?   왜 그렇게 놀라?

B **I believe he'll propose to you there.**   _____

＊how come ~? 왜 ~하는가? (놀라서 이유를 물을 때)

| 정답 |

❶ 나는 그녀가 결백하다고
생각해.

❷ 그녀가 과민반응을 보인
거야, 분명.

❸ 그가 분명히 그곳에서
너한테 프러포즈할 거야.

29 자신의 생각을 말할 때 항상 쓰는 핵심패턴

자신의 선택을 말하고 싶다면 I'd rather ~

차라리 ~할래

강의 및 예문 듣기

준비단계
핵심패턴 감잡기

핵심패턴이 어떻게 쓰이는지 설명과 예문으로 감을 잡아 보세요.

I'd rather be ~

차라리 ~인 게 낫겠어

I'd는 I would입니다. would는 will의 과거형이기도 하지만 I would라고 하면 '나라면 ~을 하고 싶다', '나는 ~을 원한다' 등의 느낌으로 사용됩니다. I will 처럼 자신의 강한 의지를 표현하는 것이 아니라 I would는 자신의 입장을 부드럽게 표현하면서 상대의 심기를 건드리지 않는 느낌을 주는 겁니다. rather는 상대의 제안에 반대되는 말을 할 때 사용합니다. 그래서 I'd rather라고 하면 상대의 제안을 부드럽게 거절하면서 나는 차라리 이렇게 하겠다는 느낌을 전합니다. I'd rather be 다음에는 형용사가 오게 되므로 '난 그냥 ~의 상태가 좋아' 정도의 의미를 전달합니다.

나는 사람들과 어울리는 게 그다지 편치 않아. 그래서 하는 말인데…
I'd rather be alone. 나는 그냥 혼자 있고 싶어.

I'd rather ~

차라리 ~할래

I'd rather 다음에 일반동사가 오는 경우입니다. 상대가 어떤 제안을 하거나 여러 가지 선택이 있을 때 '나는 그냥 이렇게 하겠다'는 의미를 전합니다.

내가 이 상황에서 말을 해 봐야 득 될 것 하나도 없겠네. 그렇다면…
I'd rather remain silent. 나는 그냥 조용히 있을래.

I'd rather not ~

~하지 않는 게 낫겠어

내게 어떤 선택의 여지가 주어졌을 때, 그리고 남이 나에게 어떤 제안을 할 때, 나는 그렇게 하지 않는 게 좋겠다고 말하고 싶은 경우에 사용하는 패턴입니다.

지금 내 입장이 이것저것 막 시도해 볼 수 있는 상황이 아니야.
I'd rather not give it a try. 난 그 일 시도하지 않는 게 좋겠어.

1단계
핵심패턴 입에 붙이기

해석은 보지 말고 오디오 파일을 듣고 영어를 따라 말해 보세요.

🎧 29-1.mp3

2단계
핵심패턴 말하기

이번에는 우리말 해석을 보면서 영어로 말해 보세요. 3초 안에 영어가 나오면 성공!

🎧 29-2.mp3

I'd rather be ~

I'd rather be here.

I'd rather be in Seoul

I'd rather be with you.

I'd rather be working for myself.

I'd rather be studying science.

I'd rather be applying for that job.

차라리 ~인 게 낫겠어

난 그냥 여기 있을래.

난 그냥 서울에 있는 게 좋겠는걸.

난 그냥 너하고 같이 있을래.

나는 그냥 내 사업을 할래.

나는 그냥 과학을 공부하려고.

그 일에 한번 지원해 보려고.

＊apply for ~에 지원하다

I'd rather ~

I'd rather stay home tonight.

I'd rather keep it to myself.

I'd rather leave it to him.

I'd rather drink coffee.

I'd rather die than live without you.

It's a subject I'd rather avoid.

차라리 ~할래

난 오늘밤 그냥 집에 있을래.

난 그걸 혼자만 알고 있을게.

난 그 일을 그에게 맡기는 게 좋겠어.

난 그냥 커피 마실래.

난 너 없이 사느니 차라리 죽어 버리겠어.

그건 내가 피하고 싶은 주제야.

＊keep to oneself 자기만 알고 숨겨 두다 subject 주제 avoid 피하다

I'd rather not ~

I'd rather not see him again.

I'd rather not get in touch with her.

I'd rather not promise.

I'd rather not take the elevator.

I'd rather not talk to him.

I'd rather not attend the party.

~하지 않는 게 낫겠어

다시는 그를 만나지 않는 게 좋겠어.

난 그녀에게 연락하지 않을래.

난 약속 안 할래.

난 엘리베이터 안 탈래.

걔하고는 대화하지 않을래.

난 그 파티에 참석하지 않는 게 좋겠어.

＊get in touch with ~에게 연락하다 attend 참석하다

▲
반으로 접어 공부하세요!

3단계
핵심패턴 실전 활용

핵심패턴이 쓰인 문장을
직접 해석해 보세요. 해석
이 된다면 오디오 파일을
듣고 따라 말해 보세요.

❶ I'd rather be ~

🎧 29-3.mp3

A	Where do you want to go this weekend?	이번 주말에 어디 가고 싶어?
B	Hmmm…	그게…
A	Jeju Island? Pusan? Where?	제주도? 부산? 어디?
B	**I'd rather be in Seoul.**	....

❷ I'd rather ~

🎧 29-4.mp3

A	So who's going to take care of this?	그래. 누가 이 일을 처리할 건가?
B	**I'd rather leave it to John.**	....
A	Do you trust him?	걔를 믿어?
B	Sure. He can be counted on.	그럼. 믿을 만한 사람이야.

＊take care of ~을 돌보다/신경쓰다　count on ~을 믿다/신뢰하다

❸ I'd rather not ~

🎧 29-5.mp3

A	**I'd rather not take the elevator.**	....
B	What?	뭐?
A	I'd rather walk up the stairs.	난 계단으로 올라갈래.
B	Oh, that's good for your health.	아, 그게 건강에 좋지.

＊walk up the stairs 계단을 걸어 올라가다

ㅣ정답ㅣ
❶ 난 그냥 서울에 있을래.
❷ 존에게 맡기는 게 낫겠어.
❸ 난 엘리베이터 타지 않을래.

30

자신의 생각을 말할 때 항상 쓰는 핵심패턴

자신의 확신을 말하고 싶다면 I'm sure ~

~라고 확신해

강의 및 예문 듣기

준비단계

핵심패턴 감잡기

핵심패턴이 어떻게 쓰이
는지 설명과 예문으로 감
을 잡아 보세요.

I'm sure (현재시제의 절)　　　　　　　나는 ~라는 사실을 확신해

I'm sure는 내가 어떤 사실에 대해서 제대로 알고 있음을 확신하거나 뭔가가 사실이
고 정확하다고 확신할 때 사용하는 패턴입니다. 그래서 '나는 ~을 확신한다'의 의미를
나타내지요. I believe는 나는 뭔가를 믿기 때문에 확신한다는 것이지만 I'm sure는
그 자체로 확신을 의미해서 확신의 강도가 큽니다.

쟤가 하고 다니는 모습을 보면 뻔하잖아. 쟤 방이 어떻겠어?

I'm sure his room is in a mess.　분명 쟤 방은 엉망일 거야.

I'm sure (과거시제의 절)　　　　　　나는 ~이었다는 사실을 확신해

I'm sure 다음에 과거시제의 절이 오면 과거에 있었던 일이 사실임을 확신한다는 의
미입니다. 과거의 동작이나 상태가 지금 생각해도 분명한 사실이라는 겁니다.

그녀가 너를 피하면서 말하는 것도 극도로 자제하더란 말이지? 그렇다면…

I'm sure she was scared of you.　그녀는 분명 네가 무서웠던 거야.

I'm sure (미래시제의 절)　　　　나는 ~일 것이라는 사실을 확신해

I'm sure 다음에 미래시제의 절이 오면 미래에 분명히 그런 일이 일어날 것임을 확신
한다는 의미입니다. 미래에 대한 확신을 상대에게 불어넣어 줄 때 사용할 수 있는 패
턴입니다.

지금은 쟤가 확신을 갖고 저런 행동을 하지만, 저건 절대 옳은 일이 아니야.

I'm sure she'll regret it.　쟤는 분명히 저런 행동을 후회할 거야.

1단계
핵심패턴 입에 붙이기

해석은 보지 말고 오디오 파일을 듣고 영어를 따라 말해 보세요.

🔊 30-1.mp3

2단계
핵심패턴 말하기

이번에는 우리말 해석을 보면서 영어로 말해 보세요. 3초 안에 영어가 나오면 성공!

🔊 30-2.mp3

I'm sure (현재시제의 절)

나는 ~라는 사실을 확신해

I'm sure you feel the same way.

너도 분명 같은 기분일 거야.

I'm sure you see my point.

넌 내가 무슨 말 하는지 알잖아.

I'm sure you have plans for tomorrow.

너, 분명 내일 약속 있잖아.

I'm sure you're too busy.

너, 분명 너무 바쁘잖아.

I'm sure he's responsible.

분명히 걔한테 책임이 있어.

I'm sure he can do it alone.

걔, 분명 그거 혼자 할 수 있어.

＊responsible 책임이 있는, 책임져야 할

I'm sure (과거시제의 절)

나는 ~이었다는 사실을 확신해

I'm sure he was brilliant in many ways.

그는 분명 많은 면에서 훌륭했어.

I'm sure she needed your help.

그녀는 분명 너의 도움이 필요했던 거야.

I'm sure they couldn't afford it.

내가 확신하는데 그들은 그걸 살 만한 여유가 없었던 거야.

I'm sure they worked it out.

분명 그들이 그 문제 해결했을 거야.

I'm sure he didn't mean it.

그는 분명히 진심으로 그런 게 아니었을 거야.

I'm sure she wasn't trying to be offensive.

분명히 그녀가 무례하게 행동하려고 했던 건 아니었을 거야.

＊work out 해결하다　offensive 매우 무례한, 모욕적인, 불쾌하게 만드는

I'm sure (미래시제의 절)

나는 ~일 것이라는 사실을 확신해

I'm sure I'll have my chance.

분명 나한테도 기회가 오겠지.

I'm sure I'll be better by tomorrow.

내일이면 더 좋아질 거야, 분명.

I'm sure you'll be needing it again.

분명히 너, 그게 다시 필요하게 될 거야.

I'm sure he's going to come.

내가 확신하는데 그는 분명히 올 거야.

I'm sure she'll understand.

그녀는 분명히 이해할 거야.

I'm sure your father will be very proud.

네 아빠가 무척 자랑스러워 하실 거야.

❶ I'm sure (현재시제의 절)

🎧 30-3.mp3

A I'm sure he can do it alone. ....

B I think so, too.   나도 그렇게 생각해.

A Did you call him?   그한테 전화했어?

B Not yet. I'll call in a moment.   아직. 금방 전화할게.

＊in a moment 곧

❷ I'm sure (과거시제의 절)

🎧 30-4.mp3

A I don't understand why he did it.   걔가 왜 그랬을까? 이해가 안 돼.

B I'm sure he didn't mean it. ....

A He must have been crazy.   걔가 미치지 않고서야.

B Don't say that.   그런 말 하지 마.

＊must have been ~이었음에 틀림이 없다

❸ I'm sure (미래시제의 절)

🎧 30-5.mp3

A Is he still going to come?   그래도 그가 오는 걸까?

B I think so.   그렇겠지.

A He must come. I need him.   꼭 와야 돼. 그가 꼭 필요해.

B I'm sure he's going to come. ....

31 자신의 생각을 말할 때 항상 쓰는 핵심패턴

보이는 느낌을 말하고 싶다면 It looks ~

그것은 ~해 보이네

강의 및 예문 듣기

(It) looks ~   (그것은) ~해 보이네

It looks 다음에 형용사를 이용하여 사물이나 상황이 어떠해 보인다는 의미를 전하는 패턴입니다. 동사 look이 눈으로 보는 것이기 때문에 외견상 어떻게 보인다는 의미를 전할 때 사용하지요. look 다음에 형용사가 나온다는 것은 그것이 look의 보어라는 의미이며 2형식 문장이 됩니다.

네가 입어 본 옷 중에서 그게 가장 어울린다. 딱 네 옷이야.

It looks good on you. 그거 정말 잘 어울려.

You look ~   너 ~해 보여

You look 다음에 형용사를 쓰면 상대방이 그 형용사처럼, 또는 그 형용사의 상태로 보인다는 의미의 패턴입니다. look을 무조건 뭔가를 본다는 의미로만 이해해서는 안 됩니다. 동사의 특성을 잘 이해하여 정확한 활용에 익숙해져야 합니다.

평소에는 침착하게 일 처리를 잘하던 동료가 어느 순간 몹시 긴장하고 어쩔 줄 모를 때는…

You look nervous. 너 긴장했구나, 그렇게 보여.

(It/You) doesn't/don't look ~   (그것은/너는) ~해 보이지 않아

주어 다음에 부정문이 나오는 경우는 주어가 어떠해 보이지 않는다는 의미를 전하는 패턴입니다. 단순히 형식으로만 기억할 것이 아니라 그 형식을 기반으로 만들어지는 문장의 의미에 더욱 신경써야 합니다.

이 이야기를 듣고 놀라지 않는 사람이 없는데 너는 정말 담담하구나.

You don't look surprised. 너는 놀라는 표정이 아니야.

(It) looks ~

It **looks** appetizing.

It **looks** huge.

It **looks** a bit strange.

Your hair **looks** good.

The building **looks** gorgeous.

The script **looks** familiar.

(그것은) ~해 보이네

그거 맛있어 보인다.

그거 굉장히 커 보이는데.

그거 좀 이상하게 보이는걸.

네 머리 예쁜걸.

건물 정말 대단하다.

글씨체가 눈에 익어.

＊appetizing 군침이 돌게 하는, 먹음직스러운 script 글씨, 글씨체, 대본

You look ~

You look exhausted.

You look different today.

You look very graceful.

You look so handsome in uniform.

You look shaken up.

You look furious.

너 ~해 보여

너, 되게 피곤해 보여.

너, 오늘 좀 달라 보이네.

너, 정말 우아해 보여.

너, 유니폼 입으니까 잘생겨 보인다.

너, 기분이 아주 안 좋아 보이네.

너, 굉장히 화난 얼굴이네

＊exhausted 아주 피곤한 graceful 우아한
shaken up 속상한, 두려움에 사로잡힌 furious 몹시 화가 난

(It/You) doesn't/don't look ~

It **doesn't look** so good.

You don't look so happy.

Your life doesn't look that bad.

The situation doesn't look good.

Don't look so surprised.

Don't look so tragic.

(그것은/너는) ~해 보이지 않아

별로 좋아 보이지 않는데, 뭘.

너, 그다지 행복해 보이지 않네.

네 삶이 그렇게 나빠 보이지 않네.

상황이 안 좋아 보여.

그렇게 놀라는 표정 짓지 마.

그렇게 비참한 표정 짓지 말라고.

＊tragic 비극적인, 비극의

반으로 접어 공부하세요!

핵심패턴이 쓰인 문장을 직접 해석해 보세요. 해석이 된다면 오디오 파일을 듣고 따라 말해 보세요.

❶ (It) looks ~

🎧 31-3.mp3

> **A It looks appetizing.**
>
> B Do you want to eat it? 먹고 싶어?
>
> A No. I'm not hungry. 아니. 배 안 고파.
>
> B Just take a bite then. 그러면 한 입만 먹어 봐.

＊take a bite 한 입 베어 물다

❷ You look ~

🎧 31-4.mp3

> **A You look different today.**
>
> B I changed my hairstyle. 헤어스타일을 바꿨어.
>
> A It looks good. I like it. 좋은데. 마음에 들어.
>
> B I'll let you know the beauty parlor. 미용실 알려 줄게.

＊beauty parlor 미용실

❸ (It/You) doesn't/don't look ~

🎧 31-5.mp3

> **A The situation doesn't look good.**
>
> B I know. I don't know what to do. 알아. 어떻게 해야 될지 모르겠어.
>
> A Just wait. It'll probably just fix itself. 그냥 기다려. 아마 저절로 해결될 거야.
>
> B I hope so. 나도 그러길 바래.

＊something fixes oneself 저절로 해결되다

| 정답 |

❶ 먹음직스럽다.

❷ 오늘 달라 보인다, 너.

❸ 상황이 안 좋아 보여.

32

자신의 생각을 말할 때 항상 쓰는 핵심패턴

<u>보고 난 느낌을 말하고 싶다면</u>
It looks like ~

~처럼 보여

강의 및 예문 듣기

준비단계
핵심패턴 감잡기

핵심패턴이 어떻게 쓰이는지 설명과 예문으로 감을 잡아 보세요.

It looks[You look] like (명사)   ~처럼 보여

look like 다음에 명사가 오는 패턴입니다. look 다음에는 명사가 올 수 없기 때문에 전치사 like의 도움을 빌어 look like를 이용하는 것입니다. 이 패턴의 의미는 주어가 명사처럼 보인다는 것이며 때로는 명사를 닮았다는 의미를 나타낼 수 있습니다.

너는 아무리 봐도 아빠지보다는 엄마를 더 닮은 것 같단 말이야…

You look more like your mother.   너는 네 어머니를 더 닮았어.

It looks like (절)   상황을 보니 ~인 것 같아 보여

It looks like 다음에 절이 나오면 상황을 파악해 볼 때 '~인 것 같다'는 의미를 전하는 패턴입니다. 이 표현의 It은 '그것'이라는 뜻을 따로 담고 있지 않습니다. 그냥 뒤에 이어 말한 절의 내용이 '그래 보인다', '그런 것 같다' 등의 뜻을 나타냅니다.

누구에게든 전화를 해서 도움을 요청하는 것은 좋지만…

It looks like he can't be a help.
상황을 보아하니 그는 그다지 도움이 될 것 같지 않아.

(사람) look/looks like (절)   (사람)의 상태를 보니 ~인 것 같아 보여

사람을 문장 전체의 주어로 쓰고 like 다음에 이어지는 절에도 그 사람을 주어로 사용하여 그 사람의 상태를 보니 ~인 것 같다는 의미를 전하는 패턴입니다.

평소에 추위를 유난히 많이 타는 친구를 가리키며…

You look like you're freezing to death.   네 표정이 얼어 죽을 것 같네.

| 1단계 | 해석은 보지 말고 오디오 파일을 | 2단계 | 이번에는 우리말 해석을 보면서 |
| 핵심패턴 입에 붙이기 | 듣고 영어를 따라 말해 보세요. | 핵심패턴 말하기 | 영어로 말해 보세요. 3초 안에 영어가 나오면 성공! |

🔊 32-1.mp3 🔊 32-2.mp3

It looks[You look] like (명사)

~처럼 보여

It looks like heaven here.	여긴 완전히 천국이네, 천국.
It looks like a madhouse here.	여기 정말 정신이 하나도 없네.
You look like hell.	너, 무척 피곤해 보인다.
You look like a goof with that tie.	너, 그 타이를 매니까 꼭 바보 같아.
You look like a movie star today.	너, 오늘 완전 영화배우 같은걸.
I don't want to **look like** anyone else.	나는 다른 사람과 닮아 보이는 거 싫어.

*madhouse 혼란스럽고 시끄러워서 정신이 없는 곳
hell 지옥   look like hell 몹시 피곤해 보이다   goof 바보, 멍텅구리

It looks like (절)

상황을 보니 ~인 것 같아 보여

It looks like your car needs repairing.	네 차, 수리를 좀 해야겠는걸.
It looks like my phone doesn't work.	보아하니 내 전화 고장 난 것 같아.
It looks like the book is selling like crazy.	그 책은 날개 돋친 듯이 팔리는 것 같다.
It looks like it's a swanky hotel.	보아하니 아주 좋은 호텔인 것 같은데.
It looks like he wants to know you better.	그가 너를 좀 더 잘 알고 싶어하는 것 같아.
It looks like she's in trouble.	상황을 보니 그녀는 지금 난처한 상황인 것 같아.

*repair 수리하다   like crazy 미친 듯이   swanky 멋진

(사람) look/looks like (절)

(사람)의 상태를 보니 ~인 것 같아 보여

You look like you are growing by the minute.	정말 쑥쑥 자라는 것 같구나.
You look like you need some rest.	너, 좀 쉬어야겠다.
He looks like he could use something to drink.	쟤, 마실 게 좀 필요한가 보다, 그래 보여.
He looks like he's from India.	걔는 모습이 인도 사람 같아.
She looks like she's disappointed.	그녀의 표정을 보아하니 실망한 것 같아.
She doesn't **look like** she's enjoying herself at all.	걔, 지금 전혀 즐기고 있는 표정이 아니야.

3단계
핵심패턴 실전 활용

핵심패턴이 쓰인 문장을
직접 해석해 보세요. 해석
이 된다면 오디오 파일을
듣고 따라 말해 보세요.

❶ It looks[You look] like (명사)
🎧 32-3.mp3

A How do I look?　나, 어때?

B You look so beautiful.　정말 예뻐.

A Really?　정말?

B You look like a movie star today.　--------

❷ It looks like (절)
🎧 32-4.mp3

A Look at that!　저거 좀 봐!

B A lot of people are standing in line.　줄 서 있는 사람들 정말 많네.

A They're waiting to buy the new book by Sam Smith.　샘 스미스가 쓴 새 책을 사려고 기다리고 있는 거야. .

B It looks like the book is selling like crazy.　--------

＊stand in line 줄 서 있다

❸ (사람) look/looks like (절)
🎧 32-5.mp3

A Is she having fun?　쟤, 재미있게 놀고 있는 건가?

B She doesn't look like she's enjoying herself at all.　--------

A She doesn't mix well with people.　사람들하고 잘 어울리지를 못하네.

B Yeah, it sure looks like she doesn't.　그런 거 같아 보여.

＊have fun 재미있게 지내다　mix well with ~와 잘 어울리다

| 정답 |
❶ 오늘 완전 영화배우 같아.

❷ 보아하니 그 책이 날개 돋친 듯이 팔리는 듯한데.

❸ 전혀 재미있어 하는 것 같지 않아.

141

33

자신의 생각을 말할 때 항상 쓰는 핵심패턴

듣고 난 느낌을 말하고 싶다면
It sounds ~

듣고 보니 ~인 것 같아

강의 및 예문 듣기

준비단계
핵심패턴 감잡기

핵심패턴이 어떻게 쓰이는지 설명과 예문으로 감을 잡아 보세요.

It sounds ~   듣고 보니 ~인 것 같아

It sounds 다음에 형용사가 오는 패턴입니다. 상대가 하는 이야기를 듣고 그 이야기의 내용이 내게는 어떤 상태로 들린다는 의미이지요. 2형식 문장입니다.

이제껏 그저 그러려니 했는데 듣고 보니 장난이 아니야…

It Sounds very important.   듣고 보니 그거 대단히 중요한 일 같아.

You sound ~   네가 말하는 소리나 네 목소리를 들으니 ~인 것 같아

You sound 다음에 형용사가 오는 패턴입니다. 상대가 하는 이야기를 듣고 상대의 목소리나 상대의 말이 내게는 어떤 느낌으로 다가온다는 의미를 전합니다.

오늘따라 목소리나 이야기하는 억양이 다르게 들릴 때는…

You Sound different.   너, 목소리가 평소와 다르게 들리네.

(주어) don't/doesn't sound ~   듣고 보니 (주어)가 ~인 것 같지 않아
Don't/Doesn't (주어) sound ~?   듣기에 (주어)가 ~하지 않아?

부정문, 또는 의문문 패턴입니다. 이야기를 다 듣고 보니 그 이야기의 내용이나 주어가 어떤 상태로 들리지 않는다거나 어떤 이야기를 다 들려 준 후에 그 이야기의 내용이나 주어가 어떤 상태로 들리는가를 물을 때 사용합니다.

이야기를 듣자하니 그 이야기의 내용이 그다지 진지하거나 심각하게 들리지 않을 때는…

It doesn't Sound serious.   그거 듣자하니 내용이 그다지 심각한 것 같지 않아.

1단계	해석은 보지 말고 오디오 파일을	2단계	이번에는 우리말 해석을 보면서
핵심패턴 입에 붙이기	듣고 영어를 따라 말해 보세요.	핵심패턴 말하기	영어로 말해 보세요. 3초 안에 영어가 나오면 성공!

🔊 33-1.mp3　　　　　🔊 33-2.mp3

It sounds ~

It sounds boring.

It sounds hard to believe.

It sounds farfetched.

It sounds fair to me.

It sounds familiar.

It sounds awful.

듣고 보니 ~인 것 같아

듣고 보니 그거 좀 지루한 것 같아.

듣고 보니 그건 믿기 힘든 얘기야.

듣고 보니 그건 순 억지로 꾸며낸 얘기 같아.

그거 내가 듣기엔 정당한 것 같아.

그거 어디서 많이 듣던 소리야.

그건 듣고 보니 정말 끔찍하네.

＊farfetched 억지인　awful 끔찍한

You sound ~

You sound resolute.

You sound serious.

You sound coherent.

You sound excited.

You sound very friendly.

You sound worried.

네가 말하는 소리나 네 목소리를 들으니 ~인 것 같아

말하는 걸 들으니 생각이 단호하구나.

말하는 걸 들으니 진지하군.

말이 일관성 있고 논리 정연하네.

목소리가 흥분됐군, 그래.

말하는 게 아주 상냥하군.

걱정스러운 말투인데.

＊resolute 단호한　coherent 논리 정연한, 조리 있는　friendly 상냥한, 친절한

(주어) don't/doesn't sound ~
Don't/Doesn't (주어) sound ~?

You don't sound serious.

You don't sound surprised at all.

The job **doesn't sound** interesting.

How does that **sound**?

Don't I sound serious?

Doesn't it sound persuasive?

듣고 보니 (주어)가 ~인 것 같지 않아
듣기에 (주어)가 ~하지 않아?

넌 말하는 게 진지하지가 않아.

넌 전혀 놀란 목소리가 아니네.

그 일은 들어 보니 그다지 흥미롭지 않은걸.

그 얘기 들어 보니 어때?

난 진지하게 말하는 건데, 그렇게 들리지 않아?

그게 설득력 있게 들리지 않아?

＊persuasive 설득력 있는

반으로 접어 공부하세요!

3단계
핵심패턴 실전 활용

핵심패턴이 쓰인 문장을
직접 해석해 보세요. 해석
이 된다면 오디오 파일을
듣고 따라 말해 보세요.

❶ It sounds ~

🎧 33-3.mp3

A	What do you think of his idea?	걔 아이디어 어때?
B	**It sounds fair to me.**	
A	Is that right?	정말?
B	Yes. He persuaded me.	그래. 걔가 날 납득시켰어.

＊persuade 설득시키다, 납득시키다

❷ You sound ~

🎧 33-4.mp3

A	**You sound resolute.**	
B	Yes. I won't change my mind.	그럼. 내 생각은 변함 없어.
A	Do you think he'll okay your proposal?	그가 네 제안에 동의할까?
B	I don't care.	그런 건 관심 없어.

＊okay 허락하다, 동의하다, 인정하다　proposal 제안

❸ (주어) don't/doesn't sound ~
Don't/Doesn't (주어) sound ~?

🎧 33-5.mp3

A	**Don't I sound serious?**	
B	Yes, you sound serious.	아니, 진지하게 들려.
A	Then, how come you won't listen to me?	그런데 왜 내 말을 안 들어?
B	Should I? Why?	그래야 돼? 왜?

＊how come ~? 왜 ~인가?

ㅣ정답ㅣ
❶ 그게 내가 듣기엔 정당하게
들려.

❷ 듣고 보니 단호하구나.

❸ 내 말이 진지하게 안 들려?

34

자신의 생각을 말할 때 항상 쓰는 핵심패턴

듣고 난 느낌을 말하고 싶다면
It sounds like ~
듣고 보니 ~인 것 같아

강의 및 예문 듣기

It sounds[You sound] like (명사)
듣고 보니 [네가 하는 말을 들으니] ~인 것 같아

sound like 다음에 형용사가 아닌 명사가 오는 패턴입니다. like가 전치사이기 때문에 뒤에 명사가 오는 것입니다.

남들은 지루하다고 말하지만 내가 듣기에는 좀 다른데…
It sounds like a fun job to me. 내가 듣기엔 그거 재미있는 일 같아.

It sounds like (절)
그 말을 들으니 ~인 것 같아

It sounds like 다음에 절이 오는 패턴입니다. 그 말을 들으니 절의 내용이 사실인 것처럼 생각된다는 의미를 전합니다.

넌 사람이 그렇게 둔할 수가 있니? 딱 들어 보면 모르겠어?
It sounds like he wants you.
그 말을 들어 보면 그가 너를 원하는 것 같다는 생각이 들잖아.

You sound like (절)
네 말을 들으니 넌 ~인 것 같아

You sound like 다음에 절이 연결되는 패턴입니다. 네 말을 들어 보니 네가 어떤 상태인 것처럼 들린다는 의미를 전합니다. You 대신 he나 she를 주어로 하여 He/She sounds like처럼 활용할 수도 있습니다.

네 표정은 담담한 것 같은데 네가 하는 말을 들으면 전혀 그렇지 않아…
You sound like you're very excited.
너 하는 말을 들으니 너 굉장히 흥분됐어, 지금.

| 1단계 | 해석은 보지 말고 오디오 파일을 | 2단계 | 이번에는 우리말 해석을 보면서 |
| 핵심패턴 입에 붙이기 | 듣고 영어를 따라 말해 보세요. | 핵심패턴 말하기 | 영어로 말해 보세요. 3초 안에 영어가 나오면 성공! |

🎧 34-1.mp3

🎧 34-2.mp3

It sounds[You sound] like (명사)

듣고보니 [네가 하는 말을 들으니] ~인 것 같아

It sounds like fun.

듣고 보니 그거 재미있겠는걸.

It sounds like an awful lot of work.

들어 보니 그거 일이 너무 많은 것 같은데.

It sounds like a perfect idea.

그거 정말 완벽한 아이디어야.

It sounds like a disaster.

하는 말 들으니 그건 완전히 재앙 수준이다, 재앙.

You sound like a different person.

너, 완전 다른 사람처럼 들리네.

You sound like a jerk.

너, 정말 말하는 게 바보 같다, 바보.

＊disaster 실패자, 실패작, 재앙 jerk 바보, 멍청이

It sounds like (절)

그 말을 들으니 ~인 것 같아

It sounds like you need a miracle.

들어보니 너한테 필요한 건 기적이다, 기적.

It sounds like you took on too much work.

들어보니 너, 너무 많은 일을 떠맡은 것 같아.

It sounds like you misunderstood her.

들어보니 네가 그녀를 오해한 것 같은데.

It sounds like he's stressed out.

들어보니 걔가 몹시 스트레스 받은 듯해.

It sounds like she's getting tired of it.

듣자 하니 그녀가 지금 그 일에 점점 질리는 것 같아.

It sounds like nothing will help.

듣고 보니 아무것도 도움이 될 것 같지 않아.

＊take on 떠맡다 stressed out 몹시 스트레스 받은

You sound like (절)

네 말을 들으니 넌 ~인 것 같아

You sound like you love her a lot.

네 말 들으니 너, 그녀를 무척 좋아하는 것 같구나.

You sound like you're a little nervous.

네 말을 들으니 너, 좀 긴장한 것 같은데.

You sound like you're on another planet.

넌 말하는 게 마치 다른 세상에서 온 애 같아.

You sound like you're out of your mind.

넌 말하는 게 꼭 미친 애 같아.

You sound like you're doing well.

네 말 들어 보니 잘하고 있네.

You sound like you don't have any confidence in yourself.

넌 자기 확신이 전혀 없는 것 같아.

＊planet 행성, 세상 out of one's mind 미친 confidence 확신

반으로 접어 공부하세요!

핵심패턴이 쓰인 문장을
직접 해석해 보세요. 해석
이 된다면 오디오 파일을
듣고 따라 말해 보세요.

❶ It sounds[You sound] like (명사)

🎧 34-3.mp3

> **A** **It sounds like an awful lot of work.**
>
> **B** I think we should rethink this.   이 일 다시 한 번 생각해 봐야 될
> 것 같은데.
>
> **A** I think so, too.   나도 그렇게 생각해.
>
> **B** Aren't you busy now?   너, 지금 안 바빠?

＊rethink 재고하다

❷ It sounds like (절)

🎧 34-4.mp3

> **A** **It sounds like you took on too much work.**
>
> **B** But I couldn't help it.   하지만 어쩔 수 없었어.
>
> **A** You need to learn to say no.   넌 거절하는 법을 배워야 돼.
>
> **B** I know, but saying no is really difficult.   알지만 거절하는 건 정말 어려워.

＊can't help it 그건 어쩔 수 없다

❸ (사람) sound like (절)

🎧 34-5.mp3

> **A** **You sound like you're a little nervous.**
>
> **B** Not a little, but a lot.   조금이 아니라 많이.
>
> **A** But you don't look very nervous.   하지만 많이 긴장되어 보이진
> 않아.
>
> **B** I have a lot of butterflies in my stomach.   지금 심장이 두근두근한걸.

＊have butterflies in one's stomach 가슴이 두근거리다. 조마조마하다. 많이 긴장하다

| 정답 |

❶ 들어 보니 일이 많은 것 같아.

❷ 듣고 보니 너무 많은 일을
떠맡은 것 같은데.

❸ 네 말을 듣고 보니 너, 좀
긴장한 것 같아.

35 자신의 생각을 말할 때 항상 쓰는 핵심패턴

확신은 못하지만 내 느낌을 말하고 싶다면
It seems (like) ~
~인 것 같아

강의 및 예문 듣기

(주어) seem/seems (like) ~   (주어)가 ~인 것 같아

뭔가를 육안으로 보았든, 상황 이야기를 들었든, 그 후에 주어가 어떤 상태인 것 같다고 판단하여 말하는 패턴입니다. seem 다음에 형용사나 명사, seem like 다음에는 명사가 오는 경우입니다. seem 다음에 형용사가 나오면 확신, seem like 다음에 명사가 오면 추측의 느낌이 강합니다. look은 육안으로 본 것을, sound는 귀로 들은 것을 강조하지만 seem은 육안으로 보았든 귀로 들었든 구별 없이 그저 사후의 상황 판단에 의해서 '~인 것 같다'의 의미를 전하는 것입니다.

다들 별 생각없이 넘어가는 듯하지만, 내가 볼 때는 이상한 구석이 있을 때…

It seems a little strange to me.   내가 생각하기에 그건 좀 이상한 것 같아.

(주어) seem/seems to ~   (주어)가 ~인 것 같아

seem 다음에 동사가 오는 패턴입니다. 그런데 뒤에 동사원형을 바로 사용하지 않고 to부정사를 이용하게 되지요. 그래서 seem to 패턴이라고 합니다.

일이 왜 이렇게 걷잡을 수 없이 되었는지는 정확히 모르겠지만, 상황을 판단해 보니…

It seems to be the problem.   그게 문제인 것 같습니다.

It seems (like) (절)   ~이 사실인 것 같아

It seems 다음에, 또는 It seems like 다음에 절이 나오는 패턴입니다. It seems는 뒤에 이어지는 절의 내용이 사실인 것 같다고 거의 확신하는 느낌이고 It seems like 는 뒤에 이어지는 절의 내용이 사실인 것처럼 생각된다는 추측의 느낌이 강합니다.

전후 사정을 들어 보고 확인한 결과 네 말이 가장 설득력 있다는 결론이 내려졌어.

It seems like you are right.   네 말이 옳은 것 같아.

1단계
핵심패턴 입에 붙이기
해석은 보지 말고 오디오 파일을 듣고 영어를 따라 말해 보세요.
🔊 35-1.mp3

2단계
핵심패턴 말하기
이번에는 우리말 해석을 보면서 영어로 말해 보세요. 3초 안에 영어가 나오면 성공!
🔊 35-2.mp3

(주어) seem/seems (like) ~

It **seems** odd.

It **seems** possible.

He **seems** happier lately.

It **seems** a good decision.

He **seems like** a nice guy.

She **seems like** a vivacious woman.

(주어)가 ~인 것 같아

그건 좀 이상한 것 같아.

그건 가능한 거 같아.

걔, 요즘 기분이 전보다 좋아진 것 같아.

그 결정은 잘 내린 것 같아.

그는 정말 괜찮은 사람 같아.

그녀는 정말 에너지가 넘치는 것 같아.

＊odd 이상한, 정상적이지 않은   vivacious 쾌활한, 활기 넘치는

(주어) seem/seems to ~

What **seems to** be the problem?

It doesn't **seem to** work.

The noise **seems to** be coming from the room.

They don't **seem to** coincide.

She seems to think you're wrong.

He seems to want to help you.

(주어)가 ~인 것 같아

뭐가 문제야?

그것은 효과 없는 것 같아.

그 소음은 그 방에서 나는 거 같아.

그들이 서로 일치하지 않는 것 같아.

그녀는 네가 틀렸다고 생각하는 것 같은데.

그는 너를 돕고 싶어하는 것 같아.

＊coincide 일치하다, 아주 비슷하다

It seems (like) (절)

It seems I made a mistake.

It seems she took to him.

It seems he doesn't have another choice.

It seems like you're catching a cold.

It seems like he's looking at it differently.

It seems like they want to work with us.

~이 사실인 것 같아

내가 실수했던 것 같아.

그녀가 그를 좋아하게 된 것 같아.

그는 다른 선택의 여지가 없는 것 같아.

너, 감기에 걸리려나 봐.

그가 그 일을 다른 각도에서 보고 있는 것 같아.

그들이 우리와 일하고 싶어하는 것 같아.

＊take to someone ~을 좋아하게 되다

▲
반으로 접어 공부하세요!

❶ (주어) seem/seems (like) ~ 🎧 35-3.mp3

A He wants to have dinner with you again.	그가 너하고 또 한 번 저녁을 먹고 싶어해.
B But I don't want to.	근데 난 그러고 싶지 않은데.
A Why not? **He seems so sad lately.**	왜 안 그러고 싶은데?
B That's the problem. He's just no fun to talk to.	그게 문제야. 걔하고 대화하는 건 정말 재미없어.

❷ (주어) seem/seems to ~ 🎧 35-4.mp3

A **What seems to be the problem?**	
B I was just about to take a bite and I saw a piece of glass. Look.	막 한 입 먹으려 하는데 유리 조각이 눈에 띄는 거예요. 여기 보세요.
A I'm so sorry.	정말 죄송합니다.

❸ It seems (like) (절) 🎧 35-5.mp3

A You don't look good. Are you all right?	안색이 안 좋아 보여. 괜찮아?
B I have a chill.	오한이 드네.
A **It seems like you're catching a cold.**	
B I'll go back home and take a rest.	집에 돌아가서 좀 쉬어야겠어.

＊chill 오한

| 정답 |

❶ 걔, 요즘에 아주 우울한 것 같은데.

❷ 무슨 문제인가요?

❸ 너, 감기에 걸리려나 봐.

150

36

자신의 생각을 말할 때 항상 쓰는 핵심패턴

하고 싶은 것이 있다면 I'd like to ~

~하고 싶어

강의 및 예문 듣기

준비단계

핵심패턴 감잡기

핵심패턴이 어떻게 쓰이는지 설명과 예문으로 감을 잡아 보세요.

I'd like to ~

~하고 싶어

I'd like to 다음에 동사원형을 이용하는 패턴입니다. 뭔가를 하고 싶다는 의미이지요. 하지만 I want to 패턴과는 다른 느낌입니다. 자기 입장에서 원하는 것을 직설적으로 말하는 I want to에 비해서 I'd like to는 내가 뭔가를 할 수 있다면 참 좋겠다고 자신의 소망을 우회적으로 표현하는 것입니다.

전에 신세 진 것도 있고 해서 같이 한잔하고 싶은데…
I'd like to buy you a drink.   내가 한잔 사고 싶어.

I'd like you to ~

네가 ~했으면 좋겠어

I'd like you to 다음에 동사원형이 오는 패턴입니다. 당신이 어떤 행동을 해 주면 정말 좋겠다는 의미를 전하지요. 직설적인 의미인 I want you to 패턴과 비교하여 상대를 배려한 마음이 깔린 패턴입니다.

네가 참석해 주면 그 자리가 정말 빛날 거야. 아무리 바빠도 참석해 줘.
I'd like you to come.   난 네가 와 주면 좋겠다고.

I'd like to, but ~

그렇게 하고는 싶지만 ~

I'd like to, but 다음에 절이 나오는 패턴입니다. 상대가 내게 어떤 제안을 할 때 그 제안에 따라서 행동하고 싶지만 그럴 수 없음을 말하는 겁니다.

상대가 하는 말이 타당하고 그렇게 하면 정말 좋겠지만, 그럴 수가 없다면…
I'd like to, but I can't.   그렇게 하고는 싶은데, 그럴 수가 없어.

1단계
핵심패턴 입에 붙이기
해석은 보지 말고 오디오 파일을 듣고 영어를 따라 말해 보세요.

🎧 36-1.mp3

2단계
핵심패턴 말하기
이번에는 우리말 해석을 보면서 영어로 말해 보세요. 3초 안에 영어가 나오면 성공!

🎧 36-2.mp3

I'd like to ~

I'd like to stay at home.

I'd like to speak to you.

I'd like to get my money back.

I'd like to discuss it.

I'd like to use the restroom.

I'd like to spend some time with you.

~하고 싶어

난 집에 있고 싶어.

너하고 얘기 좀 하고 싶어.

돈 돌려 받고 싶어.

그 문제에 대해서 토의를 좀 했으면 해.

화장실을 쓰고 싶은데.

너하고 시간을 좀 보내고 싶은데.

＊speak to ~와 대화하다　restroom 화장실

I'd like you to ~

I'd like you to help her.

I'd like you to take care of her.

I'd like you to be more humble.

I'd like you to stay in touch with me.

I'd like you to forgive him.

I'd like you to move on.

네가 ~했으면 좋겠어

네가 그녀를 좀 도와주면 좋겠어.

네가 그녀를 좀 돌봐 주면 좋겠는데.

네가 좀 더 겸손했으면 좋겠어.

나하고 계속 연락하면 좋겠는데.

네가 그를 좀 용서하면 좋겠는데.

네가 좀 훌훌 털고 일어났으면 좋겠어.

＊humble 겸손한　stay in touch with ~와 계속 연락하다
move on 새 출발하다, 털고 일어나다

I'd like to, but ~

I'd like to, but I don't know where he lives.

I'd like to, but he won't talk to me.

I'd like to, but I'm too busy to do it.

I'd like to, but I don't know her number.

I'd like to, but she is not used to doing it.

I'd like to, but they still suspect us.

그렇게 하고는 싶지만 ~

그러고는 싶은데, 난 그가 어디에 사는지도 몰라.

나는 그러고 싶은데, 걔가 나하고 말하려고 안 해.

그러고는 싶은데, 내가 너무 바빠서 할 수가 없어.

그러고는 싶지만, 그녀 전화번호를 몰라.

나야 그러고 싶지. 하지만 그녀가 그런 일에 익숙하지 않아서 말이야.

그러고는 싶지만, 그들이 아직도 우릴 의심해.

＊be used to ~에 익숙하다　suspect ~을 의심하다

▲
반으로 접어 공부하세요!

152

❶ I'd like to ~

🎧 36-3.mp3

A I'd like to speak to you. -------------------------------

B I can give you just ten minutes. 10분밖에 시간 없어요.

A This is about your son. 아드님에 관한 얘기인데요.

B Then, can we talk tomorrow? 그러면 내일 해도 될까요?

❷ I'd like you to ~

🎧 36-4.mp3

A Are you still angry at him? 아직도 그에게 화나셨어요?

B Yes, I am. I don't want to see him again. 당연하지. 다시는 걔 보고 싶지 않아.

A I'd like you to forgive him. -------------------------------

B Why should I? 내가 왜?

＊forgive 용서하다

❸ I'd like to, but ~

🎧 36-5.mp3

A Why don't you call him? 걔한테 전화 좀 해 보지 그래?

B I'd like to, but I don't know his number. -------------------------------

A You don't? Here's his number. 몰라? 여기 걔 전화번호 있어.

B Thank you. 고마워.

| 정답 |

❶ 얘기 좀 하고 싶은데요.

❷ 그를 용서해 주시면 좋겠는데요.

❸ 그러고 싶은데, 전화번호 몰라.

37

자신의 생각을 말할 때 항상 쓰는 핵심패턴

꼭 하고 싶은 것이 있다면 **I feel like ~**

~을 하고 싶은 기분이야

강의 및 예문 듣기

핵심패턴이 어떻게 쓰이는지 설명과 예문으로 감을 잡아 보세요.

I feel like (동명사)　　　　~을 하고 싶은 기분이야

I feel like 다음에 동명사가 오는 패턴입니다. 동사 feel은 '기분이 들다'의 의미이고 like는 '~와 같은'의 뜻이지요. 즉 '~와 같은 기분이 들다' 내지는 '~을 하고 싶은 기분이다'라는 뜻을 전할 때 활용하면 됩니다.

내가 춤을 잘 추는 건 아니지만, 이런 분위기라면 못 출 것도 없지…
I feel like dancing. 지금 춤을 추고 싶은 기분이야.

I don't feel like (동명사)　　　　~을 하고 싶지 않은 기분이야

I don't feel like 다음에 동명사가 오는 패턴입니다. I feel like 패턴의 반대 의미이므로 뭔가를 하고 싶은 기분이 아니라는 의미죠. 즉 뭔가를 하고 싶지 않은 기분이라고 말할 때 이 표현을 사용할 수 있습니다.

너는 이런 상황에서 밥이 넘어가니? 넌 도대체 감정이라는 게 있는 애야?
I don't feel like eating. 나는 지금은 뭘 먹고 싶은 기분이 아니야.

I feel like (명사)　　　　~을 갖고 싶은 기분이야

I feel like 다음에 명사가 오는 패턴입니다. 명사를 갖고 싶은 것 같은 기분이 든다는 것이지요. 그래서 그 명사를 원한다고 할 때 자주 사용합니다.

내가 담배를 끊기는 했지만, 이럴 때는 담배를 한 대 피우고 싶은 생각이 들지…
I feel like a cigarette. 담배 한 대 피우고 싶다.

154

1단계	
핵심패턴 입에 붙이기	해석은 보지 말고 오디오 파일을 듣고 영어를 따라 말해 보세요.

🔊 37-1.mp3

2단계	
핵심패턴 말하기	이번에는 우리말 해석을 보면서 영어로 말해 보세요. 3초 안에 영어가 나오면 성공!

🔊 37-2.mp3

I feel like (동명사)

I feel like starting over.

I feel like going back home.

I feel like drinking beer.

I feel like sleeping all day.

I feel like walking home.

I feel like going to see a movie.

~을 하고 싶은 기분이야

처음부터 다시 시작하고 싶은 기분이야.

기분 같아서는 집에 돌아가고 싶어.

맥주 한잔하고 싶은 기분이야.

하루 종일 자고 싶어.

집까지 걸어가고 싶은 기분이야.

오늘 영화 보고 싶어.

＊start over 처음부터 다시 시작하다

I don't feel like (동명사)

I don't feel like drinking today.

I don't feel like going to work.

I don't feel like exercising.

I don't feel like talking to anybody.

I don't feel like studying.

I don't feel like singing.

~을 하고 싶지 않은 기분이야

오늘은 한잔하고 싶은 기분이 아니야.

오늘은 출근하고 싶지 않아.

운동하고 싶은 기분이 아닌데.

아무하고도 얘기하고 싶지 않아.

지금 공부하고 싶지 않아.

지금 노래하고 싶은 기분이 아니야.

＊exercise 운동하다

I feel like (명사)

I feel like some company.

I feel like another drink.

I feel like something to drink.

I feel like some help.

I feel like your attention.

I feel like some rest.

~을 갖고 싶은 기분이야

누가 좀 옆에 있으면 좋겠어.

한 잔 더 하고 싶어.

뭘 좀 마시고 싶은데.

도움을 좀 받고 싶은데.

네가 관심을 좀 가져 주면 좋겠어.

좀 쉬고 싶어.

＊company 벗, 동반자 attention 관심, 주목

반으로 접어 공부하세요!

155

핵심패턴이 쓰인 문장을
직접 해석해 보세요. 해석
이 된다면 오디오 파일을
듣고 따라 말해 보세요.

❶ I feel like (동명사)

🔊 37-3.mp3

A	What do you feel like doing today?	오늘 뭐 하고 싶어?
B	**I feel like drinking beer.**	---------------------
A	Drinking beer? You don't drink, do you?	맥주? 너 술 안 마시잖아.
B	Not often. But I feel like drinking today.	자주는 안 마시지. 하지만 오늘은 마시고 싶네.

❷ I don't feel like (동명사)

🔊 37-4.mp3

A	You're quiet today.	오늘 너 말이 없다.
B	**I don't feel like talking.**	---------------------
A	You're so unlike yourself.	정말 너답지 않아.
B	I want to be different today.	오늘은 좀 달라지고 싶어.

❸ I feel like (명사)

🔊 37-5.mp3

A	**I feel like some company.**	---------------------
B	You sound like you feel lonely.	너 말하는 게 외로운 거 같아.
A	I do.	외로워.
B	Wait a moment. I'll be there in a minute.	잠깐 기다려. 내가 금방 갈게.

＊lonely 외로운

| 정답 |

❶ 맥주 마시고 싶어.

❷ 얘기하고 싶지 않아.

❸ 누가 옆에 있으면 좋겠어.

38

자신의 생각을 말할 때 항상 쓰는 핵심패턴

허락을 구할 때는 **Let me ~**

~할게

강의 및 예문 듣기

핵심패턴 감잡기

핵심패턴이 어떻게 쓰이는지 설명과 예문으로 감을 잡아 보세요.

Let me (동사원형)

내가 ~할게

Let me 다음에 동사원형이 오면서 문장이 끝나는 패턴입니다. let을 사역동사라고 하지요. 사역동사는 '지금 당장 뭔가를 하게 한다'는 의미를 전합니다. 그래서 사역동사 다음에 나오는 목적어의 보어는 동사원형을 쓰게 됩니다. 지금 당장 하라는 명령은 현재시제를 사용하기 때문입니다. let에는 허락의 의미가 포함됩니다. 결국 Let me는 내가 지금 당장 뭔가를 할 수 있도록 허락하거나 그냥 놔두어 달라는 의미입니다.

그렇게 다그치지만 말고 사람이 생각할 시간을 좀 줘야지…

Let me think.　잠깐 생각 좀 해 볼게.

Let me (동사원형 + 목적어)

내가 ~할게

Let me 다음에 동사원형이 나오고 그 동사의 목적어가 뒤에 이어지는 패턴입니다. 마지막에 부사가 추가되기도 합니다. Let me를 이용한 가장 대표적인 활용입니다.

이건 시간 끌 일도 아니고 지금 당장 해결해야 돼. 너 혼자서는 해결하기 힘들어.

Let me help you.　내가 도와줄게.

Let me (동사원형 + 간접목적어 + 직접목적어)

내가 ~할게

Let me 다음에 동사원형이 나오고 그 동사의 간접목적어와 직접목적어가 뒤를 잇는 패턴입니다. 지금 당장 뭔가를 할 수 있도록 허락해 달라는 속뜻을 반드시 기억해야 합니다.

무슨 말인지 충분히 이해했어. 하지만 궁금한 게 있어서 말이지.

Let me ask you a question.　내가 질문 하나 할게.

157

1단계
핵심패턴 입에 붙이기

해석은 보지 말고 오디오 파일을 듣고 영어를 따라 말해 보세요.

🎧 38-1.mp3

2단계
핵심패턴 말하기

이번에는 우리말 해석을 보면서 영어로 말해 보세요. 3초 안에 영어가 나오면 성공!

🎧 38-2.mp3

Let me (동사원형)

Let me explain.	
Let me check.	
Let me guess.	
Let me know.	
Let me try.	
Let me talk.	

내가 ~할게

내가 설명해 줄게.

내가 확인해 볼게.

내가 짐작해 볼게.

나한테 알려줘.

내가 한번 해 볼게.

나도 얘기 좀 하자.

Let me (동사원형 + 목적어)

Let me tell you.	
Let me handle it.	
Let me get some paper.	
Let me call him.	
Let me persuade her.	
Let me borrow your car.	

내가 ~할게

너한테 말해 줄게.

그 일은 내가 처리할게.

종이 좀 가져올게.

걔한테 전화를 좀 해 볼게.

내가 그녀를 설득해 볼게.

네 차를 좀 빌려 줘.

＊persuade 설득하다

Let me (동사원형 + 간접목적어 + 직접목적어)

Let me show you his picture.	
Let me tell you something.	
Let me give you some good advice.	
Let me buy you a nice sweater.	
Let me ask you this.	
Let me give it a try.	

내가 ~할게

걔 사진 보여 줄게.

너한테 해 줄 말이 있어.

너한테 좋은 충고 해 줄게.

너에게 좋은 스웨터 하나 사 줄게.

네게 이것 좀 묻자.

내가 한번 시도해 볼게.

＊give it a try 그것을 시도하다

3단계
핵심패턴 실전 활용

핵심패턴이 쓰인 문장을
직접 해석해 보세요. 해석
이 된다면 오디오 파일을
듣고 따라 말해 보세요.

❶ Let me (동사원형)

🎧 38-3.mp3

A	He's not coming with us?	걔, 우리하고 같이 가지 않는다고?
B	No. He changed his mind.	그래. 생각을 바꿨어.
A	What happened to him?	무슨 일이 있었던 거야?
B	**Let me explain.**	....

❷ Let me (동사원형 + 목적어)

🎧 38-4.mp3

A	**Let me handle it.**	....
B	Do you think you can deal with it?	네가 처리할 수 있겠어?
A	Yes, I think I can solve it.	그래, 내가 해결할 수 있을 것 같아.
B	Okay. I'll leave it to you.	알았어. 그 일은 너한테 맡길게.

＊deal with ~을 처리하다   leave 맡기다

❸ Let me (동사원형 + 간접목적어 + 직접목적어)

🎧 38-5.mp3

A	**Let me ask you this.**	....
B	Okay. Go ahead.	그래. 말해 봐.
A	Why did you turn your back on him?	왜 그에게 등을 돌렸어?
B	Did I? No, I didn't betray anybody.	내가? 아니, 난 아무도 배신하지 않았어.

＊turn one's back on ~에게 등을 돌리다, ~을 배신하다   betray 배신하다

| 정답 |

❶ 내가 설명해 줄게.

❷ 그 일은 내가 처리할게.

❸ 너한테 이것 좀 묻자.

159

39

자신의 생각을 말할 때 항상 쓰는 핵심패턴

이루어지기 힘든 일을 소망할 때 I wish ~

내가 ~라면 얼마나 좋을까

강의 및 예문 듣기

준비단계
핵심패턴 감잡기

핵심패턴이 어떻게 쓰이는지 설명과 예문으로 감을 잡아 보세요.

I wish (과거시제의 절)　　　내가 ~라면 얼마나 좋을까

I wish 다음에 과거동사가 쓰인 절이 나오는 패턴입니다. 가정법 과거라고 하지요. 가정법은 이루어질 수 없는 일에 대한 소망을 말할 때 사용합니다. 가정법 과거는 화자가 말하는 시점의 상황이 과거와 달랐으면 하는 바람을 나타내는 것으로 과거동사를 사용합니다.

너는 네가 얼마나 행복한 상황에 놓여 있는지 모르는구나. 난 그저 네가 부러울 뿐이야.

I wish I were in your position.　내가 네 입장이라면 얼마나 좋을까.

I wish (주어) could/would ~　　　내가 ~라면 얼마나 좋을까

I wish 다음에 could나 would가 사용된 절이 나오고 뒤에 동사원형이 이어지는 경우입니다. 역시 가정법 과거 문장이지요.

이미 나는 거기에 갈 수 있는 상황도 아니고 참 답답하다.

I wish I could be there.　내가 거기 갈 수 있다면 얼마나 좋을까?

I wish (과거완료시제의 절)　　　내가 ~했으면 좋았을 텐데

I wish 다음에 과거완료가 사용된 절이 나오는 패턴입니다. 과거 이전에 그런 일이 있었더라면 과거가 달라졌을 것이라는 원망의 의미를 전합니다. 가정법 과거완료라고 합니다.

이런 걸 예전엔 몰랐잖아. 진작에 알았으면 지금 내가 이렇게 살겠어?

I wish I had done this years ago.

내가 이 일을 이미 몇 년 전에 했었으면 내 과거가 달라졌을 텐데 말이야.

1단계	해석은 보지 말고 오디오 파일을 듣고 영어를 따라 말해 보세요.	2단계	이번에는 우리말 해석을 보면서 영어로 말해 보세요. 3초 안에 영어가 나오면 성공!
핵심패턴 입에 붙이기		핵심패턴 말하기	

🔊 39-1.mp3 🔊 39-2.mp3

I wish (과거시제의 절)

I wish I knew.

I wish I didn't have to take the test.

I wish I were ten years younger.

I wish I had that computer.

I wish it were different.

I wish the apartment were air-conditioned.

내가 ~라면 얼마나 좋을까

나도 알고 싶은데.

그 시험 안 봐도 되는 거면 정말 좋겠다.

내가 열 살만 어렸어도.

그 컴퓨터 갖고 싶어.

그게 지금과 좀 다르면 좋겠는데.

그 아파트에 에어컨이 설치되어 있으면 좋을 텐데.

I wish 주어 **could/would** ~

I wish it **could** be done successfully.

I wish I **could** be there.

I wish I **could** say that.

I wish I **could** be so strict.

I wish you **would** give up.

I wish you **would** talk to him honestly.

내가 ~라면 얼마나 좋을까

그 일이 성공적으로 끝나면 좋겠어.

내가 거기 갈 수만 있다면 얼마나 좋을까.

나도 그렇게 말할 수 있는 입장이면 좋겠다.

나도 그렇게 엄격하고 싶은데 그게 잘 안 돼.

네가 포기했으면 좋겠어.

걔하고 좀 솔직하게 대화해 봐.

＊strict 엄한, 엄격한　give up 포기하다

I wish (과거완료시제의 절)

I wish I had never been born.

I wish I had done this years ago.

I wish you had been there.

I wish you had accepted his offer.

I wish he had arrived in time.

I wish it had been solved quickly.

내가 ~했으면 좋았을 텐데

내가 태어나지 않았더라면 좋았을걸.

이것을 몇 년 전에 했으면 좋았을걸.

네가 거기에 가기만 했더라도.

네가 그의 제안을 받아들이기만이라도 했으면.

그가 제 시간에 도착하기만 했어도.

그게 빨리 해결만 되었어도.

＊in time 시간에 늦지 않게

반으로 접어 공부하세요!

❶ I wish (과거시제의 절)

🎧 39-3.mp3

A	**I wish I were ten years younger.**	....
B	What makes you say that?	왜 그래?
A	Young girls won't talk to me these days.	어린 여자애들이 요즘에 나하곤 말하려고 안 해.
B	I know what you mean.	뭔 말인지 알겠어.

❷ I wish (주어) could/would ~

🎧 39-4.mp3

A	The party is going to be fun.	그 파티 재미있을 거야.
B	How many people are you expecting?	몇 명이나 올 거 같아?
A	About fifteen?	15명 정도?
B	**I wish I could be there.**	....

＊expect (오기를) 기대하다

❸ I wish (과거완료시제의 절)

🎧 39-5.mp3

A	**I wish I had done this years ago.**	....
B	Better late than never.	안 하느니 늦게라도 하는 게 어디야.
A	I know, but…	알긴 알지만…
B	Don't feel sorry about that.	그런 걸 안타까워하지 마.

＊feel sorry about ~을 안타까워하다

| 정답 |

❶ 내가 열 살만 어렸어도.

❷ 나도 거기 가고 싶다.

❸ 이걸 몇 년 전에만 했었어도.

40

바라는 바가 있다면 **I hope ~**

나는 ~을 희망해

강의 및 예문 듣기

I hope (I + 동사)

나는 ~을 희망해

I hope 다음에 I를 주어로 한 절이 나오는 패턴입니다. 이것은 가정법이 아니라 그저 현재 상황이나 미래의 상태, 동작 등에 대해 희망하는 바를 나타내는 표현입니다.

내가 무턱대고 찾아와서 네 일을 방해하고 있는 건 아닌지 모르겠네.

I hope I'm not disturbing you.   내가 지금 너를 방해하고 있는 건 아니지?

I hope (you/제3자 + 동사)

나는 ~을 바라

I hope 다음에 you나 제3의 사람을 주어로 한 절이 나오는 패턴입니다. 절에는 현재와 과거, 그리고 미래, 모든 시제가 나올 수 있습니다.

이것 때문에 네가 괜히 신경쓰고, 괴로워하고, 힘들지 않으면 좋겠는데.

I hope you're okay.   네가 괜찮으면 좋겠어.

I hope (일/상황)

나는 ~을 바라

I hope 다음에 어떤 일이나 상황을 주어로 한 절이 나오는 패턴입니다. 뭔가가 사실이었음을 바란다는 의미이지요. 역시 모든 시제가 이어질 수 있는 패턴입니다.

내가 여러 가지 시도를 해 봤지만 이건 정말 힘든 문제야. 그 선택이 옳기만을 바랄 뿐.

I hope that's right.   난 그게 옳은 선택임을 바랄 뿐이야.

1단계
핵심패턴 입에 붙이기
해석은 보지 말고 오디오 파일을 듣고 영어를 따라 말해 보세요.
🎧 40-1.mp3

2단계
핵심패턴 말하기
이번에는 우리말 해석을 보면서 영어로 말해 보세요. 3초 안에 영어가 나오면 성공!
🎧 40-2.mp3

I hope (I + 동사)

I hope I'm not disappointing you.

I hope I'm not boring you.

I hope I'm not calling you at a bad time.

I hope I won't end up regretting this.

I hope I didn't get you at a bad time.

I hope I can make him happy.

나는 ~을 희망해

내가 널 실망시키지 않으면 좋겠어.

내가 널 지루하게 하지 않으면 좋겠는데.

전화 받기 불편한 건 아니지?

내가 결국 이 일을 후회하게 되지 않으면 좋겠어.

내가 괜히 불편한 시간에 찾았던 건 아닌지.

내가 그를 기쁘게 할 수 있으면 좋겠는데.

＊disappoint 실망시키다　regret 후회하다

I hope (you/제3자 + 동사)

I hope you get the job.

I hope you're okay.

I hope you feel better soon.

I hope you'll be joining us for dinner.

I hope she's up to it.

I hope no one gets hurt.

나는 ~을 바라

네가 그 일을 하게 되면 좋겠어.

네가 괜찮으면 좋겠어.

곧 건강이 좋아지길 바래.

우리와 같이 저녁 식사를 하면 좋겠는데.

그녀가 그 일을 할 수 있으면 좋겠다.

아무도 다치지 않으면 좋겠어.

＊up to something (육체적으로나 정신적으로) ~을 할 수 있는

I hope (일/상황)

I hope this can be a help to you.

I hope this doesn't cause you trouble.

I hope that doesn't offend her.

I hope that will turn out okay.

I hope that isn't your fault.

I hope everything will work out well.

나는 ~을 바라

이것이 네게 도움이 될 수 있으면 좋겠어.

이게 너에게 문제를 일으키지 않으면 좋겠어.

그것 때문에 그녀가 기분 상하지 않으면 좋겠어.

그것이 별 탈 없이 마무리되면 좋겠어.

그게 네 잘못이 아니기를 바라.

모든 일들이 다 잘 해결되길 바라.

＊offend 기분을 상하게 하다　turn out 결국 ~이 되다

핵심패턴이 쓰인 문장을
직접 해석해 보세요. 해석
이 된다면 오디오 파일을
듣고 따라 말해 보세요.

❶ I hope (I + 동사) 🔊 40-3.mp3

A Hello?   여보세요?

B John. This is Jane.   존. 나, 제인이야.

A Jane! How're you doing?   제인! 잘 지내?

B I hope I'm not calling you at a bad time.

❷ I hope (you/제3자 + 동사) 🔊 40-4.mp3

A You weren't here yesterday.   너, 어제는 안 왔었잖아.

B Yeah, I was sick. I just couldn't get out of bed.   어, 아팠어. 일어날 수 없었어.

A I hope you're feeling better today.

B I am. Thanks. That's why I came in.   많이 나았어. 고마워. 그래서 오늘은 온 거잖아.

❸ I hope (일/상황) 🔊 40-5.mp3

A I hope this can be a help to him.

B It'll help.   도움 될 거야.

A Are you sure?   정말?

B Of course. You can trust me.   물론이지. 날 믿으라고.

| 정답 |
❶ 전화 받기 불편하지한 건 아니겠지.
❷ 오늘은 좀 많이 나아야 될 텐데.
❸ 이게 그에게 도움이 될 수 있기를 바라.

41

자신의 생각을 말할 때 항상 쓰는 핵심패턴

후회가 된다면
I should have p.p. ~

강의 및 예문 듣기

~했어야 했는데

준비단계

핵심패턴 감잡기

핵심패턴이 어떻게 쓰이는지 설명과 예문으로 감을 잡아 보세요.

I should (not) have p.p. ~   내가 ~했으면 좋았을걸

I should have 다음에 과거분사가 나오는 패턴입니다. should는 옳기 때문에 그렇게 하는 게 좋겠다는 의미를 전하는 조동사로, 권유의 의미입니다. 〈have + 과거분사〉는 현재완료의 형태이며 이미 과거에 어떤 행위나 상태가 이루어진 것을 나타냅니다. 그래서 '그 동안', '이미', '진작에' 등의 의미가 있지요. 결국 should have p.p.는 '이미 어떤 행위가 이루어졌더라면 좋았을걸'이라는 아쉬움과 후회의 느낌이 묻어 나오는 패턴입니다.

지금 생각해 보면 그의 제안을 거절한 게 많이 아쉽네. 그때 내가 생각을 잘못 했어.
I should have accepted his offer.   그의 제안을 받아들일걸 그랬어.

You should (not) have p.p. ~   네가 ~했으면 좋았을 텐데

You should have 다음에 동사의 과거분사가 나오는 패턴입니다. You가 주어로 오기 때문에 뒤늦은 권유와 아쉬움의 느낌이 잘 묻어 나오는 패턴입니다.

아무리 충고를 해도 그렇지, 그 말까지는 하지 말았어야했는데. 네가 좀 너무 과했던 것 같아.
You shouldn't have said that.   그 말은 하지 말았어야 했는데.

He/She should (not) have p.p. ~

그/그녀가 ~했으면 좋았을 텐데

He/She should have 다음에 동사의 과거분사가 나오는 패턴입니다. 눈앞에 없는 제 3자를 가리키며 '그가 그렇게 했었으면 좋았을 텐데'라고 말하는 것입니다. 아쉬움과 서운함의 의미를 전합니다.

그 회사 주식을 사라고 내가 그렇게 얘기했는데… 그거 샀으면 지금 부자 됐지.
He should have bought some shares in the company.
걔가 그 회사 주식을 샀어야 되는데.

166

| 1단계 | 해석은 보지 말고 오디오 파일을 |
| 핵심패턴 입에 붙이기 | 듣고 영어를 따라 말해 보세요. |

🔊 41-1.mp3

2단계	이번에는 우리말 해석을 보면서
핵심패턴 말하기	영어로 말해 보세요. 3초 안에 영
	어가 나오면 성공!

🔊 41-2.mp3

I should (not) have p.p. ~

I should have been there with you.

I should have been honest.

I should have checked it out.

I should have studied harder.

I shouldn't have dated her.

I shouldn't have brought her there.

내가 ~했으면 좋았을걸

너하고 같이 거기 갔으면 좋았을걸.

내가 솔직하게 말하는 건데 그랬어.

내가 그걸 미리 확인했어야 되는데.

내가 공부를 더 열심히 했어야 되는데.

괜히 그녀와 데이트를 해 가지고 이 모양 이 꼴이야.

그녀를 거기에 데려가지 않는건데 그랬어.

You should (not) have p.p. ~

You should have told me.

You should have listened to me.

You should have attended the meeting.

You should have talked with him.

You shouldn't have brought up her past.

You shouldn't have eaten it.

네가 ~했으면 좋았을 텐데

너, 나한테 진작에 말을 했으면 좋았을 텐데.

넌 내 말을 들었어야지.

그 회의에 네가 참석했어야 했는데.

넌 그와 진지하게 대화를 해 봤어야 했는데.

넌 괜히 그녀 과거 이야기를 꺼내 가지고.

너, 그걸 먹지 말았어야지.

＊bring up (화제를) 내놓다

He/She should (not) have p.p. ~

He should have married her.

He should have told her the truth.

He shouldn't have hung around with them.

She should have applied for that job.

She should have kept it to herself.

She shouldn't have broken up with him.

그/그녀가 ~했으면 좋았을 텐데

그는 그녀와 결혼을 해야 했어.

걔는 그녀에게 사실대로 말해 줬어야 했어.

걔는 그들과 어울려 다니는 게 아니었어.

그녀가 그 일에 지원했어야 했어.

걔가 비밀을 지켰어야 했어.

걔는 그와 헤어지지 말았어야 했어.

＊hang around with ~와 시간을 보내다 apply for ~에 지원하다
keep to oneself 비밀로 지키다

반으로 접어 공부하세요!

핵심패턴이 쓰인 문장을
직접 해석해 보세요. 해석
이 된다면 오디오 파일을
듣고 따라 말해 보세요.

❶ I should (not) have p.p. ~

🎧 41-3.mp3

A She doesn't want to see you again.	걔 다시는 널 안 만나겠대.
B It was my fault.	내 잘못이었어.
A Why don't you tell her the truth?	사실대로 말하지 그래?
B Too late. **I should have been honest.**	너무 늦었어. ....

❷ You should (not) have p.p. ~

🎧 41-4.mp3

A Are you okay? You look terrible.	괜찮아? 안색이 영 안 좋아.
B My stomach is upset.	배가 아파. ....
A **You shouldn't have eaten it.**	....
B You can say that again!	그러게 말이야!

＊ upset (신체적으로) 불편한

❸ He/She should (not) have p.p. ~

🎧 41-5.mp3

A How do you know that?	너 그걸 어떻게 알아?
B Jane told me that.	제인이 말해 줬어.
A Really? **She should have kept it to herself.**	정말? ....
B She has told that to many people.	걔가 이미 많은 사람들한테 말했는데.

| 정답 |

❶ 진작에 솔직히 말할걸.

❷ 그걸 먹지 말았어야 했는데.

❸ 그건 비밀로 했어야 했는데.

셋째마디

●

사실을 말할 때
항상 쓰는 핵심패턴

42 계획하고 있는 일이 있다면 I'm going to ~ 43 지금 당장 할 일을 말하고 싶다면 I will ~ 44 미리 정해져 있는 일이 있다면 I'm ~ing 45 할 수 있다고 말하고 싶다면 I can ~ 46 오해를 풀고 싶다면 It's not ~ 47 새로운 정보나 놀랄 만한 사실을 털어놓을 때 actually/in fact/as a matter of fact 48 있고 없고를 설명해야 한다면 There is/are ~ 49 반드시 해야 할 일이 있다면 I must ~ 50 당연히 해야 할 일이 있다면 I have to ~ 51 해야 할 일이 있다면 I gotta ~ 52 이성적이고 옳은 일을 해야 한다면 I should ~ 53 뭔가 예정된 해야 할 일이 있다면 I'm supposed to ~ 54 비교해서 말하고 싶다면 more than ~ 55 비교해서 말하고 싶다면 better than ~ 56 시간에 대해 설명한다면 at/around ~ 57 시간에 대해 말하고 싶다면 in/on ~ 58 장소나 상황을 설명하고 싶다면 in ~ 59 어떤 장소를 가리킬 때는 at ~ 60 어느 장소의 표면에 있는 것을 가리킬 때는 on ~

42

사실을 말할 때 항상 쓰는 핵심패턴

계획하고 있는 일이 있다면
I'm going to ~

~할 거야

강의 및 예문 듣기

준비단계
핵심패턴 감잡기

핵심패턴이 어떻게 쓰이는지 설명과 예문으로 감을 잡아 보세요.

I'm going to ~
진작부터 ~할 생각이었어, 나는 ~할 거야

I'm going to 다음에 동사원형이 나오는 패턴입니다. 이 패턴은 단순한 미래가 아니라 내가 진작부터 어떤 일을 하겠노라고 작심했다는 느낌을 전합니다. 그래서 be going to를 '확실한 미래'를 말할 때 사용한다고 합니다. 흔히 '나는 ~을 할 것이다'라는 뜻으로 알고 있지만 그 속에는 '나는 진작부터 ~을 할 생각이었다'의 의미가 포함되어 있습니다.

내가 지금 즉흥적으로 하는 말이 아니야. 내 말을 좀 들어 봐.
I'm going to go. 나는 진작부터 갈 생각이었단 말이야.

I'm not going to ~
나는 ~하지 않을 거야

I'm not going to 다음에 동사원형이 나오는 패턴입니다. 진작부터 뭔가를 할 생각이 없었기 때문에 나는 그렇게 하지 않겠다는 의미를 전합니다.

나는 그런 질문에는 관심도 없고 대답할 이유도 없다고 봐.
I'm not going to answer that question.
난 그 질문에 대답하지 않겠다는 거야.

Are you going to ~?
넌 진작에 ~할 생각이었어?, 넌 ~할 거야?

Are you going to 다음에 동사원형이 나오는 패턴입니다. 진작부터 뭔가를 할 생각이었는지를 묻는 패턴입니다. 보통은 '넌 ~할 거야?'라는 의미로 활용됩니다.

뜻을 분명히 해 줘. 할 거야, 말 거야? 네 생각이 원래 무엇이었냐고 묻는 거야, 지금.
Are you going to do it or not? 그거 할 거야, 말 거야?

1단계
핵심패턴 입에 붙이기
해석은 보지 말고 오디오 파일을 듣고 영어를 따라 말해 보세요.
🎧 42-1.mp3

2단계
핵심패턴 말하기
이번에는 우리말 해석을 보면서 영어로 말해 보세요. 3초 안에 영어가 나오면 성공!
🎧 42-2.mp3

I'm going to ~

I'm going to take a shower.

I'm going to take a quick nap.

I'm going to stay here for a while.

I'm going to ask for a raise.

I'm going to see him in his office.

I'm going to go find some evidence.

진작부터 ~할 생각이었어, 나는 ~할 거야

나 샤워할래.

잠깐 눈을 좀 붙일래.

나 잠깐 여기 좀 있어야겠어.

월급 올려 달라고 할 거야.

걔 사무실에서 걔를 만날 거야.

가서 증거를 좀 찾아야지.

＊raise (월급, 요금) 인상   evidence 증거

I'm not going to ~

I'm not going to argue with you.

I'm not going to hurt you.

I'm not going to disappoint you.

I'm not going to see him again.

I'm not going to be polite to him.

I'm not going to betray you.

나는 ~하지 않을 거야

너하고는 전혀 다툴 생각 없어.

너를 절대 마음 상하게 하지 않을게.

너를 절대 실망시키지 않을게.

다시는 걔 만날 생각 없어.

걔한테 공손하게 행동하지 않을 거야.

난 너를 배신하지 않을 거야.

＊betray 배신하다

Are you going to ~?

Are you going to be okay without her?

Are you going to be back in the office later?

Are you going to buy that car?

Are you going to go out with her?

Are you going to study abroad?

Are you going to make friends with him?

넌 진작에 ~할 생각이었어?, 넌 ~할 거야?

그녀가 없어도 괜찮겠어?

나중에 사무실에 다시 들어오는 거야?

너, 그 자동차 살 생각이 있는 거야?

너, 그녀와 데이트하려고?

너, 유학 가려고?

너, 지금 걔하고 친구로 지내겠다는 거야?

＊go out with ~와 데이트하다

반으로 접어 공부하세요!

3단계
핵심패턴 실전 활용

핵심패턴이 쓰인 문장을
직접 해석해 보세요. 해석
이 된다면 오디오 파일을
듣고 따라 말해 보세요.

❶ I'm going to ~

🎧 42-3.mp3

A I don't think we deserve this.　　우리가 이런 대접을 받을 이유
　　　　　　　　　　　　　　　　　　없다고 생각해.

B No, we don't.　　당연하지.

A **I'm going to ask for a raise.**　　--------------------------------

B Let me know if you need my help.　　내 도움이 필요하면 얘기해.

*deserve ~을 받을 자격이 있다

❷ I'm not going to ~

🎧 42-4.mp3

A Can you do that alone?　　그 일을 혼자 할 수 있겠어?

B Yes. **I'm not going to disappoint you.**　　그럼. --------------------------

A Take good care of yourself.　　몸 조심해.

B Don't worry.　　걱정 마.

❸ Are you going to ~?

🎧 42-5.mp3

A **Are you going to be back in the office?**　　-----------------------

B Yes, I am.　　그럴 거야.

A When are you going to be back?　　언제 돌아오는데?

B I'm going to leave here in an hour.　　여기에서 1시간 후에 떠날 거야.

| 정답 |
❶ 월급 인상 요구할 거야.
❷ 절대 실망시키지 않을게.
❸ 사무실에 다시 들어올 거야?

43

사실을 말할 때 항상 쓰는 핵심패턴

지금 당장 할 일을 말하고 싶다면 I will ~

~할래

강의 및 예문 듣기

준비단계

핵심패턴 감잡기

핵심패턴이 어떻게 쓰이는지 설명과 예문으로 감을 잡아 보세요.

I will ~

내가 ~할게, 그렇다면 내가 ~하지 뭐

I will 다음에 동사원형이 나오는 패턴입니다. 이 패턴은 I'm going to와는 반대로 지금 당장 어떤 것을 하겠다는 결심을 말할 때 사용합니다. 즉흥적이지요. 그래서 불확실한 미래를 말할 때 will을 씁니다. '그렇다면', '그러면', '~해 보지 뭐' 등의 느낌이 담겨 있는 표현입니다.

상황이 그렇다면 어쩔 수 없잖아. 내가 가는 걸 포기하는 수밖에.

I will just stay here.   난 그냥 여기에 있을게.

I won't ~

나는 절대 ~하지 않을 거야

I won't 다음에 동사원형이 나오는 패턴입니다. 순간적인 의지의 표현임에는 변함이 없습니다. '나는 절대 ~하지 않겠다'는 의미입니다. 순간적이기 때문에 그 의지는 얼마든지 변화할 수 있음을 감지하고 있어야 합니다.

내가 미쳤어? 내가 왜 그런 짓을 하겠어? 내가 그런 짓을 하면 미친 거지.

I won't do it.   난 절대 그거 안 해.

It will ~

아마 ~일 거야

It will 다음에 동사원형이 나오는 패턴입니다. 불확실한 미래를 말하는 것임에 변함이 없습니다. 그래서 '아마도'가 들어가는 말로 이해하면 됩니다.

100% 확신할 수는 없어. 하지만 어느 정도의 가능성은 있다고 봐야지.

It will rain tomorrow.   확실한 건 아니지만 내일 아마 비가 올 거야.

1단계	해석은 보지 말고 오디오 파일을
핵심패턴 입에 붙이기	듣고 영어를 따라 말해 보세요.

🎧 43-1.mp3

2단계	이번에는 우리말 해석을 보면서
핵심패턴 말하기	영어로 말해 보세요. 3초 안에 영 어가 나오면 성공!

🎧 43-2.mp3

I will ~

I will tell you this.

I will subscribe to the magazine.

I will change my hairstyle.

I will go ask him.

I will keep it secret.

I will donate one million dollars to cancer research.

내가 ~할게, 그렇다면 내가 ~하지 뭐

내가 너한테 이 말은 해 줄게.

그 잡지 구독 신청해야겠다.

헤어스타일을 좀 바꿔 봐야겠네.

내가 가서 그에게 부탁을 좀 해 볼게.

그건 비밀로 하도록 할게.

암 연구에 일 백만 달러 기부하겠어.

＊subscribe 구독하다 donate 기증하다, 기부하다

I won't ~

I won't do that again.

I won't make the same mistakes.

I won't let you go.

I won't let it happen again.

I won't give up.

I won't get in touch with her.

나는 절대 ~하지 않을 거야

다시는 그런 짓 안 할게.

똑같은 실수는 하지 않을 거야.

널 절대 보내지 않을 거야.

그런 일은 다신 없을 거야.

난 포기하지 않을 거야.

그녀에게는 절대 연락하지 않을 거야.

＊get in touch with ~와 연락하다

It will ~

It will be fun.

It will take longer than expected.

It will not bore you.

It will get you in trouble.

It will make you happy.

It will only get worse.

아마 ~일 거야

그거 아마 재미있을 거야.

아마 예상보다 오래 걸릴 거야.

그게 아마 지루하지는 않을 거야.

그것 때문에 너, 곤란해질 텐데.

아마 그것 때문에 넌 기분 좋아질 거야.

그래 봐야 아마 상황만 악화될 거야.

＊bore 지루하게 하다

▲
반으로 접어 공부하세요!

❶ I will ~

🎧 43-3.mp3

A	Is the magazine helpful?	그 잡지 도움 돼?
B	Yes. In many ways.	그럼. 여러 방면에 도움 되지.
A	Then **I will subscribe to it.**	그러면 ....
B	Good. It will help a lot.	그래. 많은 도움이 될 거야.

❷ I won't ~

🎧 43-4.mp3

A	Please leave me alone.	나 좀 내버려 둬.
B	No. **I won't let you go.**	아니. ....
A	I don't love you at all.	난 널 전혀 사랑하지 않아.
B	Yes, you love me.	사랑하면서 왜 그래?

❸ It will ~

🎧 43-5.mp3

A	How long do you think it will take?	시간이 얼마나 걸릴 것 같아?
B	**It will take longer than expected.**	....
A	Then call me after it is finished.	그러면 그 일이 끝나면 전화해.
B	Okay. I'll call you.	그래. 내가 전화할게.

| 정답 |

❶ 그거 구독 신청해야겠다.

❷ 널 절대 떠나 보내지 않을
거야.

❸ 예상보다 오래 걸릴 거야.
아마.

175

44

사실을 말할 때 항상 쓰는 핵심패턴

미리 정해져 있는 일이 있다면 I'm ~ing
나 ~할 거야

강의 및 예문 듣기

준비단계

핵심패턴 감잡기

핵심패턴이 어떻게 쓰이는지 설명과 예문으로 감을 잡아 보세요.

I'm ~ing
나는 ~할 거야

I'm 다음에 동사의 진행형, 즉 현재분사가 오는 패턴입니다. 하지만 현재진행이 아닌 미래의 의미를 전하는 경우이지요. 몸은 여기에 있지만 내 마음은 이미 진행되고 있다는 것입니다. 그래서 이미 정해져 있는 가까운 미래에 일어날 일을 말할 때 사용하게 되는 패턴입니다. 또한 이 패턴에는 나의 의지가 포함되어 있지 않습니다.

좀 더 있고 싶어도 스케줄이 밀려서 어쩔 수 없게 되었어. 내가 떠나도 연락은 계속 하자.

I'm leaving tomorrow.   나, 내일 떠나.

I'm not ~ing
나는 ~하지 않을 거야

I'm not 다음에 동사의 진행형, 즉 현재분사가 오는 패턴입니다. 이미 뭔가를 하지 않는 것으로 정해져 있다는 의미를 전달하지요. 주어의 의지가 아닌, 그저 그러지 않을 거라는 사실만을 말합니다.

나는 시간도 시간이지만, 거기에 참석하는 사람들 만나고 싶지 않아. 그래서 말인데…

I'm not going.   난 안 갈 거야.

(의문사) are you ~ing ...?
너는 (의문사) ~할 거야?

are you ~ing 의문문 패턴입니다. 의문사가 있을 때나 없을 때, 변화 없이 are you의 형태를 이용합니다. when과 what이 대표적인 의문사로 오게 되는데 의문사의 연결로 미래의 의미가 더욱 확실해지는 효과가 있습니다.

너 혼자 남아있으면 심심하고 따분하잖아. 같이 가는 게 어떻겠어?

Are you joining us?   우리와 같이 갈래?

1단계	해석은 보지 말고 오디오 파일을	2단계	이번에는 우리말 해석을 보면서
핵심패턴 입에 붙이기	듣고 영어를 따라 말해 보세요.	핵심패턴 말하기	영어로 말해 보세요. 3초 안에 영어가 나오면 성공!

🔊 44-1.mp3

🔊 44-2.mp3

I'm ~ing

I'm calling you a cab.

I'm leaving in a moment.

I'm telling you in a moment.

I'm taking care of my mom.

I'm getting off the phone.

I'm getting back to work in an hour.

나는 ~할 거야

택시 불러 줄게.

난 금방 가.

너한테 곧 얘기해 줄게.

우리 엄마는 내가 돌볼 거야.

나, 전화 금방 끊을 거야.

1시간 후에 회사로 돌아갈 거야.

＊get off the phone 전화를 끊다

I'm not ~ing

I'm not staying.

I'm not doing this.

I'm not asking you to do this.

I'm not losing sleep over it.

I'm not taking a business trip.

I'm not working late today.

나는 ~하지 않을 거야

난 여기에 오래 못 있어. 금방 갈 거야.

내가 이런 짓을 왜 해? 난 안 해.

나는 너한테 이런 일 해 달라고 부탁하지도 않아.

내가 그런 일 때문에 잠 못 자면서까지 고민하지는 않아.

나, 출장 안 가.

나, 오늘은 늦게까지 일 안 해.

＊take a business trip 출장 가다   work late 늦게까지 일하다

(의문사) are you ~ing ...?

Are you staying for dinner?

Are you going or not?

Are you coming home?

Are you still **getting** a promotion?

When **are you leaving**?

What time **are you taking** the flight?

너는 (의문사) ~할 거야?

저녁 먹고 갈 거야?

갈 거야, 말 거야?

집에 오는 거야?

아직 승진 유효해?

넌 언제 떠나?

몇 시에 비행기 타는 거야?

＊promotion 승진

▲
반으로 접어 공부하세요!

3단계
핵심패턴 실전 활용

핵심패턴이 쓰인 문장을
직접 해석해 보세요. 해석
이 된다면 오디오 파일을
듣고 따라 말해 보세요.

❶ I'm ~ing

🔊 44-3.mp3

A	You're all packed up.	짐 다 쌌네.
B	**I'm leaving in a month.**	------------------------------
	My dad got me an apartment.	아빠가 아파트를 사 주셨어.
A	Really? Where?	정말? 어디에?
B	It's near the airport.	공항 근처야.

＊be packed up 짐을 다 싸다

❷ I'm not ~ing

🔊 44-4.mp3

A	What time can we meet?	몇 시에 만날까?
B	**I'm not working late today.**	------------------------------
A	Is that right? Then, how about seven?	그래? 그러면, 7시 어때?
B	It's a deal.	그렇게 해.

＊It's a deal. 그렇게 하기로 해. (상대방의 조건에 동의한다는 의미)

❸ (의문사) are you ~ing …?

🔊 44-5.mp3

A	**Are you staying?**	------------------------------
B	No. I just stopped by to see how you're holding up.	아니. 네가 어떻게 잘 견디고 있나 보려고 잠깐 들른 거야.
A	Um, good. I'm good.	음, 좋아. 잘 견디고 있어.

＊stop by 잠깐 들르다 hold up 견디다

| 정답 |

❶ 나, 한 달 후에 떠나.

❷ 오늘 늦게까지 일 안 해.

❸ 너 좀 있다가 갈 거야?

45

할 수 있다고 말하고 싶다면 I can ~

~할 수 있어

강의 및 예문 듣기

준비단계

핵심패턴 감잡기

핵심패턴이 어떻게 쓰이는지 설명과 예문으로 감을 잡아 보세요.

I can ~
나는 ~할 수 있어 (능력, 가능성)

I can 다음에 동사원형이 오는 패턴입니다. 조동사 can을 활용해서 '능력'뿐 아니라 '가능성'의 의미를 전하는 경우이지요. can을 발음할 때는 그 느낌이 표정에서도 살아나야 합니다.

옆에서 도와줄 필요 전혀 없어. 괜히 더 혼란스러울 뿐이야.

I can do it alone. 그거 나 혼자서 할 수 있어.

You can ~
너는 ~할 수 있어 (능력, 가능성, 허락)

You can 다음에 동사원형이 나오는 패턴입니다. 조동사 can으로 '능력', '가능성', 그리고 '허락'의 의미를 전하는 경우이지요. can에 강세를 두어서 말할 필요는 없습니다.

원칙대로라면 끝날 때까지 있어야되는데 몸이 좋지 않다니 어쩔 수 없지.

You can leave now. 지금 가 봐.

I/You can't ~
내가/네가 ~할 수 없어

I/You can't 다음에 동사원형이 오는 패턴입니다. 조동사 can이 '능력', '가능성', 그리고 '허락'의 의미를 전하는 경우입니다. can't에 강세를 두어서 말해야 합니다.

설마 그럴 리가있나. 아무리 그래도 그렇지. 괜히 농담하지 마.

You can't be serious. 그거 진심으로 하는 말 아니지.

179

1단계
핵심패턴 입에 붙이기

해석은 보지 말고 오디오 파일을 듣고 영어를 따라 말해 보세요.

🎧 45-1.mp3

2단계
핵심패턴 말하기

이번에는 우리말 해석을 보면서 영어로 말해 보세요. 3초 안에 영어가 나오면 성공!

🎧 45-2.mp3

I can ~

나는 ~할 수 있어 (능력, 가능성)

I can feel it.	난 그걸 느낄 수 있어.
I can explain.	내가 설명할 수 있어.
I can tell the difference.	난 차이점을 구별할 수 있어.
I can handle it.	그건 내가 처리할 수 있어.
I can afford it.	난 그걸 살 만한 여유는 있어.
I can persuade him.	난 그를 설득시킬 수 있어.

You can ~

너는 ~할 수 있어 (능력, 가능성, 허락)

You can say that again.	맞는 말이야.
You can get a refund on it.	너, 그거 환불 받을 수 있어.
You can trust me.	나를 믿어.
You can discuss it with him.	너, 그 문제 그와 상의하면 되잖아.
You can help him.	넌 그를 도와줄 능력이 되잖아.
You can ignore it.	그런 건 그냥 무시해도 되잖아.

＊get a refund on ~을 환불 받다

I/You can't ~

내가/네가 ~할 수 없어

I can't afford a lawyer.	난 변호사를 댈 경제적 여유가 없어.
I can't figure him out.	난 걔를 이해할 수가 없어.
I can't deal with it.	그 일을 내가 해결할 능력이 안 돼.
You can't get rid of it.	넌 그거 없으면 안 돼.
You can't do this to me.	네가 나한테 이러면 안 되지.
You can't talk back to me.	네가 나한테 말대꾸하면 되겠어?

＊figure out ~을 이해하다   get rid of ~을 없애다   talk back 말대꾸하다

3단계
핵심패턴 실전 활용

핵심패턴이 쓰인 문장을
직접 해석해 보세요. 해석
이 된다면 오디오 파일을
듣고 따라 말해 보세요.

❶ I can ~

🔊 45-3.mp3

A I can't figure it out.	그건 이해가 안 돼.
B **I can explain.**	....
A I'm listening.	어서 설명해 봐.
B Listen carefully.	주의깊게 들어야 해.

❷ You can ~

🔊 45-4.mp3

A I'll be back at 7:00.	7시에 돌아올게요.
B Did you sign all these?	여기에 다 사인했어요?
A Yeah, I sure did.	그럼요. 확실히 했어요.
B **You can call Philippe** if you're running late.	늦을 것 같으면 ....

＊run late 시간이 늦어지다

❸ I/You can't ~

🔊 45-5.mp3

A It's amazing.	정말 대단해.
B It is.	그러게.
A **I can't believe my eyes.**	....
B Neither can I.	나도 그래.

| 정답 |

❶ 내가 설명해 줄 수 있어.

❷ 필립에게 전화해요.

❸ 보고도 내 눈을 믿을 수가
없어.

강의 및 예문 듣기

46 사실을 말할 때 항상 쓰는 핵심패턴

오해를 풀고 싶다면 **It's not ~**

~이 아니야

준비단계
핵심패턴 감잡기

핵심패턴이 어떻게 쓰이는지 설명과 예문으로 감을 잡아 보세요.

It's not ~　　　　　　　　　그것은 ~이 아니야

It's not 다음에 형용사, 명사, 전치사, 또는 절이 오는 패턴입니다. '그것은 ~이 아니다'라는 의미이지요. 상대의 걱정이나 오해에 대해서 그건 그렇지 않다고 해명하는 느낌의 패턴입니다.

내 생각해서 그렇게해 준 건 정말 고마운데…
It's not what I want.　　그건 내가 원하는 게 아니야.

It's not me/you ~　　　　　~은 내가/네가 아니야

It's not me/you 다음에 절이 나오는 패턴입니다. '~한 것은 내가/네가 아니다'라는 의미입니다. not me/you가 특별히 강조된 패턴이지요.

괜히 좋아하지 마. 넌 저 여자가 너한테 미소 지은 줄 알아?
It's not you she smiled at.　너에게 너한테 미소 지은 게 아니야.

He/She is not that ~　　그는/그녀는 그렇게까지 ~은 아니야

He/She is not that 다음에 형용사가 나오는 패턴입니다. '그가/그녀가 그 정도로 ~한 것은 아니다'라는 의미입니다. that을 활용하여 형용사를 강조해 주는 표현입니다.

좀 과장된 건 사실이야. 그가 잘 생기긴 했지만…
He's not that handsome.　그가 그렇게까지 잘 생긴 건 아니야.

1단계
핵심패턴 입에 붙이기

해석은 보지 말고 오디오 파일을 듣고 영어를 따라 말해 보세요.

🔊 46-1.mp3

2단계
핵심패턴 말하기

이번에는 우리말 해석을 보면서 영어로 말해 보세요. 3초 안에 영어가 나오면 성공!

🔊 46-2.mp3

It's not ~

It's not about you.

It's not worth it.

It's not good for you.

It's not your fault.

It's not that important.

It's not always that simple.

그것은 ~이 아니야

너에 관한 이야기가 아니야.

그건 그럴 만한 가치가 없어.

그건 너한테 좋지 않아.

그건 네 잘못이 아니야.

그건 그렇게 중요하진 않아.

그게 항상 그렇게 간단한 건 아니야.

It's not me/you ~

It's not me he wants to see.

It's not me she wants to talk to.

It's not me they want to hire.

It's not you who should say thank you.

It's not you who should apologize.

It's not you they want to fire.

~은 내가/네가 아니야

그가 만나고 싶어하는 건 내가 아니야.

그녀가 대화하고 싶어하는 건 내가 아니라고.

그들이 고용하고 싶어하는 건 내가 아니야.

고맙다고 말해야 할 사람은 네가 아니야.

사과해야 할 사람은 네가 아니야.

그들이 해고시키려고 하는 사람은 네가 아니야.

*hire 고용하다 apologize 사과하다 fire 해고하다

He/She is not that ~

He's not that interesting.

He's not that clever.

He's not that bad.

She's not that beautiful.

She's not that young.

She's not that boring.

그는/그녀는 그렇게까지 ~은 아니야

그가 그렇게까지 재미있지는 않아.

그가 그렇게 똑똑한 건 아니야.

그가 그렇게 나쁘진 않아.

그녀가 그렇게 예쁜 건 아니야.

그녀가 그렇게 어리지는 않은데.

그녀가 그렇게까지 지루하지는 않아.

핵심패턴이 쓰인 문장을 직접 해석해 보세요. 해석이 된다면 오디오 파일을 듣고 따라 말해 보세요.

❶ It's not ~

🔊 46-3.mp3

A Do you want me to postpone my trip?　내 여행을 미룰까?

B It's only a couple of weeks. You should go.　그래 봐야 2주야. 그냥 가.

A You sure? **It's not that important.**　정말? ....

B It is important. I want you to go.　중요해. 난 네가 그냥 가면 좋겠어.

＊postpone 미루다, 연기하다

❷ It's not me/you ~

🔊 46-4.mp3

A Do I have to apologize to her?　내가 그녀에게 사과해야 돼?

B **It's not you who should apologize.**　......................................

A But…　하지만…

B Don't say but. And don't say sorry.　하지만이라고 말하지 마. 그리고 미안하다고 말하지 마.

❸ He/She is not that ~

🔊 46-5.mp3

A She's too young to date.　그렇게 어린애가 무슨 데이트야.

B **She's not that young.**　......................................

A How old is she?　몇 살인데?

B She's sixteen.　16살.

| 정답 |
❶ 그게 그렇게까지 중요한 건 아닌데.
❷ 사과해야 될 사람은 네가 아니야.
❸ 걔, 그렇게까지 어린 건 아닌데.

사실을 말할 때 항상 쓰는 핵심패턴

새로운 정보나 놀랄 만한 사실을 털어놓을 때
actually/in fact/as a matter of fact

강의 및 예문 듣기

사실은

준비단계
핵심패턴 감잡기

핵심패턴이 어떻게 쓰이는지 설명과 예문으로 감을 잡아 보세요.

Actually, ~   사실은, ~

내가 이미 한 말에 이어서 그 말을 부연 설명할 때 사용하는 패턴입니다. 또는 상대방의 말을 정정하거나 새로운 대화를 시작할 때 사용할 수도 있는 패턴이지요.

내가 이런저런 변명을 하긴 했지만, 정확히 말하자면 …
Actually, I don't want to go out tonight.
사실, 오늘밤에는 밖에 나가고 싶지 않아.

actually ~   실제로/정말 ~

짐작이 아니라 실제의 사실을 강조해서 말할 때 사용하는 패턴으로, 동사나 형용사를 강조하는 경우입니다. 즉 '정말', '정말로', '실제로' 등의 의미를 나타낼 때 활용하세요.

연막전술 그만 쓰고 나한테 정확히 좀 말해 줘 봐.
What time are you **actually** leaving?   너, 정말 몇 시에 떠나는 거야?

In fact[As a matter of fact], ~   사실은[솔직하게 말하자면], ~

앞서 한 말을 강조하기 위해서 어떤 사실을 더할 때 사용하는 패턴입니다. 앞서 한 말을 뒤집는 반전의 말을 던지기 전에 in fact를 사용하기도 하지요.

내가 시험을 그냥 그렇게 봤다고 말했지만…
In fact, I blew the whole test.   사실, 나, 시험 완전히 망쳤어.

185

1단계
핵심패턴 입에 붙이기

해석은 보지 말고 오디오 파일을 듣고 영어를 따라 말해 보세요.

🎧 47-1.mp3

2단계
핵심패턴 말하기

이번에는 우리말 해석을 보면서 영어로 말해 보세요. 3초 안에 영어가 나오면 성공!

🎧 47-2.mp3

Actually, ~

Actually, he was a nice person.

Actually, she stood me up.

Actually, I need your help.

Actually, I found a discrepancy in the report.

Actually, they let me go.

Actually, something bad has happened.

사실은, ~

사실, 그는 정말 좋은 사람이었어.

사실, 그녀가 나를 바람맞혔어.

사실, 네 도움이 꼭 필요해 정말.

사실은 그 보고서에서 모순을 발견했어.

사실, 나 해고당했어.

사실, 좋지 않은 일이 생겼어.

＊stand up ~을 바람맞히다 discrepancy 불일치, 모순, 차이

actually ~

I've never **actually** had the chance.

I've never **actually** met him.

I'm **actually** serious about this.

It **actually** happened.

It's **actually** exciting.

He's **actually** crazy about her.

실제로/정말 ~

난 정말 그런 기회를 가져 본 적이 한 번도 없어.

난 정말 그를 실제로 만나 본 적이 없어.

나, 지금 이 문제를 정말 심각하게 생각하고 있어.

그 일이 실제로 일어났어.

그건 정말 흥분되는 일이야.

걔는 그녀에게 진짜 완전히 미쳤어.

In fact[As a matter of fact], ~

I know him well. **In fact,** I had dinner with him yesterday.

In fact, we didn't discuss the problem.

In fact, they forced me to do it.

As a matter of fact, I went to college with him.

As a matter of fact, he's a complete stranger to me.

As a matter of fact, she's a beginner.

사실은[솔직하게 말하자면], ~

내가 그를 잘 알아. 사실은 어제도 그와 저녁을 같이 먹었지.

사실, 그 문제는 토의하지도 않았어.

사실은 그들이 내게 강요해서 한 거였어.

사실, 나는 그와 대학 동창이야.

사실, 난 그 사람 전혀 몰라.

사실, 그녀는 초보자야.

❶ Actually, ~

🎧 47-3.mp3

A	Why did you come back so early?	왜 이렇게 일찍 돌아왔어?
B	**Actually, she didn't show up.**	------------------
A	You mean she stood you up?	그녀가 너를 바람맞혔다고?
B	Yes, she did.	그래, 맞아.

＊show up 나타나다

❷ actually ~

🎧 47-4.mp3

A	Do you like him?	너, 걔 좋아해?
B	**I'm actually crazy about him.**	------------------
A	You're crazy about him? Why?	네가 걔를? 왜?
B	I don't understand myself, either.	나도 내 자신을 이해하지 못하겠어 정말.

❸ In fact[As a matter of fact], ~

🎧 47-5.mp3

A	You took the test?	네가 그 시험을 봤다고?
B	**In fact, my mom forced me to do it.**	------------------
A	So, did you get a good score?	그래, 성적은 잘 나왔어?
B	**As a matter of fact, I blew the test.**	------------------

| 정답 |

❶ 사실, 그녀는 나타나지도 않았어.

❷ 나, 정말 걔가 좋아서 미치겠어.

❸ 사실은 엄마가 시험을 보라고 강요했던 거였어. / 사실은 망쳤어.

48 사실을 말할 때 항상 쓰는 패턴

있고 없고를 설명해야 한다면
There is/are ~

~이 있어

강의 및 예문 듣기

준비단계
핵심패턴 감잡기

핵심패턴이 어떻게 쓰이는지 설명과 예문으로 감을 잡아 보세요.

There is ~   ~이 있어

There is 다음에 명사가 오는 패턴입니다. 셀 수 있는 명사일 때는 단수명사가 오고, 셀 수 없는 추상명사일 수도 있습니다. '거기에'라는 의미를 나타낼 때는 이 표현을 사용해서는 안 됩니다. 이때 there에는 '거기에'라는 의미가 없기 때문입니다.

여유 있게 생각하고 여러 가지 경우의 수를 생각해 보는 것도 좋지만…
There is no time to waste.   지금 당장은 허비할 시간 없어.

There are ~   ~이 있어

There are 다음에 복수명사가 오는 패턴입니다. 즉 셀 수 있는 명사의 복수명사만 쓸 수 있는 거죠. There is와 There are의 형식상의 차이가 단순해 보이지만 활용할 때 의외로 틀리기 쉬운 패턴이기 때문에 각별히 신경써야 합니다.

세상일이란 게 다 그렇잖아. 규칙은 당연히 있는 것이지만 그게 다는 아니지.
There are exceptions.   예외란 있는 거야.

There was/were ~   ~이 있었어

There was/were 다음에 명사가 오는 패턴입니다. 시제가 과거이기 때문에 '~이 있었다'라는 예전 상황을 묘사할 때 활용합니다. 이 표현의 there에는 '거기에'라는 의미가 없다는 것도 꼭 기억하세요.

순간 뜻밖의 발언이 있었기 때문에 누구도 그에 대한 반응을 하지 못했어.
There was a brief silence.   잠깐 침묵이 흘렀지.

1단계
핵심패턴 입에 붙이기

해석은 보지 말고 오디오 파일을 듣고 영어를 따라 말해 보세요.

🔊 48-1.mp3

2단계
핵심패턴 말하기

이번에는 우리말 해석을 보면서 영어로 말해 보세요. 3초 안에 영어가 나오면 성공!

🔊 48-2.mp3

There is ~

~이 있어

There is no plan B.

대안은 없어.

There is some evidence.

증거가 좀 있어.

There is no way to control that.

그걸 통제할 방법이 없어.

There is nothing I can do about it.

나로서는 그것을 어떻게 할 방법이 없어.

There is a book on the desk.

책상 위에 책 있잖아.

There is a fine restaurant called Rockendorf's.

로켄도르프쓰라는 좋은 식당이 있어.

＊evidence 증거

There are ~

~이 있어

There are other options.

다른 선택의 여지가 있어.

There are two ways to find out.

알아낼 수 있는 두 가지 방법이 있어.

There are things I want to talk about.

내가 대화하고 싶은 것들이 있어.

There are some stores open at night.

밤에 여는 가게들이 있어.

There are a thousand things to check.

확인해야 할 게 엄청나게 많아.

There are a lot of interesting things to see here.

여기 볼 만한 재미있는 것들이 무척 많아.

There was/were ~

~이 있었어

There was no answer.

답이 없었어.

There was no response.

반응이 없었지.

There was no hesitation.

전혀 망설임이 없었어.

There was a bad accident.

끔찍한 사고가 있었어.

There was a knock at the door.

문을 두드리는 소리가 들렸어.

There was so much to talk about.

할 말이 정말 많이 있었는데.

＊response 반응　hesitation 망설임

반으로 접어 공부하세요!

3단계
핵심패턴 실전 활용

핵심패턴이 쓰인 문장을
직접 해석해 보세요. 해석
이 된다면 오디오 파일을
듣고 따라 말해 보세요.

❶ There is ~

🎧 48-3.mp3

A Start your plan.　　　　　　　너의 계획을 시작해 봐.

B It didn't work.　　　　　　　했는데 효과가 없었어.

A Then go to plan B.　　　　　그러면 대안을 써 봐야지.

B **There is no plan B.**　　　　......................................

❷ There are ~

🎧 48-4.mp3

A What would you like to do tonight?　오늘밤 뭘 하고 싶어요?
Dinner and the theater? Or **there are**　저녁 먹고 영화 어때요? 아니면
some stores open at night.　　　......................................

B I'm sorry, Mark. I'm busy tonight.　미안해요, 마크. 오늘밤에 제가
　　　　　　　　　　　　　　　　　바빠요.

❸ There was/were ~

🎧 48-5.mp3

A Did he ask that question?　　　그가 그 질문을 했다고?

B Yes. Everybody was shocked.　그래. 모두들 충격 받았지.

A Who answered that question?　그 질문에 누가 대답했어?

B Nobody. **There was no answer.**　아무도. ....

| 정답 |
❶ 대안이 없어.

❷ 아니면 밤에 문을 여는
가게들이 있는데.

❸ 대답은 없었어.

49

사실을 말할 때 항상 쓰는 패턴

반드시 해야 할 일이 있다면 **I must ~**

(반드시) ~해야 해

강의 및 예문 듣기

I must ~

나는 ~해야 해

I must 다음에 동사원형을 사용하는 패턴입니다. 조동사 must는 그것이 법이고 규칙, 또는 결심한 내용이기 때문에 반드시 해야 하며, 도덕이나 윤리적으로 반드시 해야한다는 의미입니다. 그렇게 하지 못할 때는 큰 화를 입을 수도 있다는 의미를 담고 있습니다. must는 문어체 어휘입니다. 그래서 구어에서 활용되면 대단히 강력한 의미를 전하게 됩니다.

이건 나 혼자서는 결정할 수가 없어. 그녀의 도움이 필요해.

I must talk to her. 그녀와 반드시 대화를 해야만 돼.

You must ~

너는 ~해야 해

You must 다음에 동사원형을 사용하는 패턴입니다. 상대에게 어떠한 상황이 있어도 그것만은 반드시 해야 한다는 강력한 의미를 전하는 패턴이지요.

다른 사람들에게 이 사실을 말할 필요는 없겠지만, 너는 예외야.

You must know the truth. 넌 진실을 반드시 알아야 돼.

You must not ~

너는 절대 ~해서는 안 돼

You must not 다음에 동사원형이 나오는 패턴입니다. 상대에게 어떠한 상황이 있어도 절대 그래서는 안 된다는 강력한 의미를 전하는 패턴입니다.

참아야 돼. 네가 지금 그런 행동을 한다면 우리가 그 동안 쌓아 올린 공든 탑이 무너지는 거야.

You must not do it. 너 절대 그러면 안 돼.

1단계
핵심패턴 입에 붙이기

해석은 보지 말고 오디오 파일을 듣고 영어를 따라 말해 보세요.

🔊 49-1.mp3

2단계
핵심패턴 말하기

이번에는 우리말 해석을 보면서 영어로 말해 보세요. 3초 안에 영어가 나오면 성공!

🔊 49-2.mp3

I must ~

I **must** stop seeing him.

I **must** decline.

I **must** leave now.

I **must** finish it by tomorrow.

I **must** confess.

I **must** admit that.

나는 ~해야 해

난 그를 그만 만나야 해.

그렇게는 안 되겠어요.

난 지금 떠나야 돼.

나, 그거 내일까지 끝내야 돼.

반드시 고백해야겠어.

그 사실을 인정해야만 돼.

＊decline 거절하다 confess 고백하다

You must ~

You **must** keep calm.

You **must** change quickly.

You **must** stop telling him stuff about me.

You **must** make up for it.

You **must** realize the fact.

You **must** help me.

너는 ~해야 해

넌 냉정을 유지해야 돼.

넌 빨리 변화해야 돼.

그에게 나에 대한 이야기는 더 이상 하지 말아야 해.

너, 그거 반드시 보상해야 돼.

넌 그 사실을 반드시 깨달아야 돼.

네가 날 도와주지 않으면 안 되지.

＊make up for ~을 보상하다

You must not ~

You **must not** break your promises.

You **must not** call him names.

You **must not** get in touch with him.

You **must not** hang around with them.

You **must not** watch too much TV.

You **must not** go out after six.

너는 절대 ~해서는 안 돼

너, 절대 약속을 어기면 안 돼.

너, 걔한테 절대 욕하면 안 돼.

너, 절대로 걔하고 연락하면 안 돼.

넌 절대로 걔들하고 어울려 다니면 안 돼.

너, TV를 많이 보면 절대로 안 돼.

너, 6시 이후에는 절대 외출하지 마.

＊call someone names 욕하다
hang around with ~와 어울려 다니다

❶ I must ~

🎧 49-3.mp3

A Will you be joining me for lunch?　나하고 점심 같이 먹을래?

B I'm sorry. **I must decline**. Mitch and I have a prior commitment. Maybe tomorrow.　미안. _____ 미치하고 같이 선약이 있어서. 내일은 괜찮을 것 같은데.

A Perhaps.　나도 아마 괜찮을 거야.

＊commitment 약속

❷ You must ~

🎧 49-4.mp3

A Did you talk to him about me?　너, 걔하고 나에 대해서 얘기했어?

B Yes, a little.　그래, 약간.

A **You must stop telling him stuff about me.**　_____

B What makes you say that?　왜 그래?

❸ You must not ~

🎧 49-5.mp3

A **You must not hang around with him.**　_____

B Why? He's my close friend.　왜? 걔, 친한 친군데.

A He's a bad influence on you.　너한테 나쁜 영향을 주는 애야.

B You don't know him at all.　넌 걔에 대해서 전혀 모르잖아.

＊a bad influence on ~에 나쁜 영향을 주는 사람

3단계
핵심패턴 실전 활용

핵심패턴이 쓰인 문장을 직접 해석해 보세요. 해석이 된다면 오디오 파일을 듣고 따라 말해 보세요.

| 정답 |
❶ 안 되겠어.
❷ 나에 대한 얘기 걔한테 더이상 하지 마, 절대.
❸ 걔하고 어울려 다니지 마.

50 사실을 말할 때 항상 쓰는 패턴

당연히 해야 할 일이 있다면 **I have to ~**

~해야 돼

강의 및 예문 듣기

준비단계

핵심패턴 감잡기

핵심패턴이 어떻게 쓰이는지 설명과 예문으로 감을 잡아 보세요.

I have to ~

나는 ~해야 돼

I have to 다음에 동사원형을 사용하는 패턴입니다. 문어체 어휘인 must를 대신하는 구어체 표현이 have to입니다. 당연히 그렇게 해야 한다는 의미이지요. to부정사는 '미래'의 의미를 갖습니다. 그래서 〈have to + 동사원형〉은 '미래에 해야 할 일을 가지고 있다'가 직접적인 의미입니다. 그래서 I have to를 '나는 ~을 해야만 한다'는 의미를 나타낼 때 사용합니다.

나도 지금 너와 헤어져서 집으로 들어가면 좋겠어. 하지만 그럴 수가 없어.

I have to go back to work. 회사로 다시 들어가 봐야 돼.

You have to ~

너는 반드시 ~해야 돼

You have to 다음에 동사원형을 사용하는 패턴입니다. 상대가 앞으로 당연히 어떤 행위를 해야 한다는 의미입니다. must보다는 부드러운 강요의 표현이기 때문에 일상 대화에서 흔히 사용됩니다.

지금 꾸물댈 시간 없어. 너 때문에 다른 사람들까지 피해를 볼 수는 없잖아.

You have to leave right now. 너 지금 당장 출발해야 돼.

You don't have to ~

네가 ~할 필요는 없어

You don't have to 다음에 동사원형이 나오는 패턴입니다. 직접적인 의미는 네가 뭔가를 당연히 해야만 하는 것은 아니라는 겁니다. 그래서 그럴 필요는 없다는 의미를 나타냅니다. 따라서 '~을 할 필요는 없다'는 뜻으로 말할 때는 don't have to를 활용하세요.

모르면 대답하지 않아도 돼. 괜히 긴장할 필요 없어.

You don't have to answer that. 그 질문에 꼭 대답할 필요는 없어.

194

1단계	해석은 보지 말고 오디오 파일을	2단계	이번에는 우리말 해석을 보면서
핵심패턴 입에 붙이기	듣고 영어를 따라 말해 보세요.	핵심패턴 말하기	영어로 말해 보세요. 3초 안에 영어가 나오면 성공!

🎵 50-1.mp3 🎵 50-2.mp3

I have to ~

나는 ~해야 돼

I have to wait.

난 기다려야 돼.

I have to be truthful.

난 정직해야 된단 말이야.

I have to work with him.

난 그와 함께 일해야 되거든.

I have to go find out where he is.

난 가서 그가 어디에 있는지를 알아봐야 돼.

I have to tell him something confidential.

난 그에게 비밀 이야기를 해 줘야 돼.

Do **I have to** take piano lessons?

내가 꼭 피아노 수업을 받아야 되는 거예요?

* confidential 비밀의, 은밀한

You have to ~

너는 반드시 ~해야 돼

You have to move in a rush.

너, 서둘러 움직여야 돼.

You have to make up your mind.

너, 마음의 결정을 내려야 돼.

You have to cut down on smoking.

담배를 줄여야 돼, 너.

You have to admit that.

너, 그건 인정해야 돼.

All **you have to** do is study.

넌 그저 공부만 하면 돼.

Sometimes **you have to** do things you don't like.

가끔 좋아하지 않는 일들을 해야 돼.

* in a rush 서둘러서   make up one's mind 결심하다
cut down on ~의 양을 줄이다

You don't have to ~

네가 ~할 필요는 없어

You don't have to worry.

네가 걱정할 필요 없어.

You don't have to do it alone.

네가 그걸 혼자 다 할 필요는 없어.

You don't have to explain it to him.

넌 그걸 그에게 설명해 줄 필요 없어.

You don't have to go on this business trip.

넌 이 출장 가지 않아도 돼.

You don't have to quit drinking.

너, 구태여 술을 끊을 필요까지는 없어.

You don't have to prepare for the exam.

그 시험 준비는 꼭 할 필요 없어, 너.

❶ I have to ~

🎧 50-3-.mp3

A	Why are you meeting him?	네가 걔를 왜 만나?
B	**I have to tell him something confidential.**	....
A	Something confidential? What is it?	비밀 얘기? 그게 뭔데?
B	I can't tell you.	너한테는 말해 줄 수 없어.

❷ You have to ~

🎧 50-4.mp3

A	What should I do from now on?	지금부터 나는 뭘 하면 돼?
B	**All you have to do is study.**	....
A	What should I study?	뭘 공부해야 되는데?
B	English. You should study English.	영어. 넌 영어 공부 해야 돼.

＊from now on 이제부터, 지금부터는

❸ You don't have to ~

🎧 50-5.mp3

A	I hate taking business trips.	난 출장 가는 거 정말 싫어.
B	Well, **you don't have to go on this business trip.**	흠. ....
A	Are you sure?	정말이야?
B	Positive.	정말.

51

해야 할 일이 있다면 I gotta ~

~해야 해

강의 및 예문 듣기

준비단계
핵심패턴 감잡기

핵심패턴이 어떻게 쓰이는지 설명과 예문으로 감을 잡아 보세요.

I gotta ~

나는 반드시 ~해야 해

I gotta 다음에 동사원형을 이용하는 패턴입니다. I have to를 영국에서는 I have got to라고 흔히 말하는데 이 I have got to를 줄여서 구어체에서는 I gotta라고 발음하고 표기합니다. 의미는 I have to와 똑같이 '나는 ~해야만 한다'입니다. I gotta는 미국에서도 흔히 사용합니다.

다른 것도 다 문제지만, 내가 지금 머리를 오랫동안 자르지 못해서 너무 답답해.

I gotta get a haircut first. 먼저 머리부터 잘라야겠어.

I have got to[I've got to] ~

나는 반드시 ~해야 해

I have got to 다음에 동사원형을 사용하는 패턴입니다. 미국에서는 I have to를 사용하지만 영국에서는 I have got to, 또는 I've got to를 이용합니다. I have got to에 익숙하지 않은 미국인들은 종종 이 패턴을 잘못된 것이라고 말하기도 합니다. 하지만 영국에서 사용하는 패턴을 잘못되었다고 말할 수는 없지요.

맨날 아르바이트만 하면서 살 수는 없잖아. 나도 남들에게 직장인이라는 소리를 들어야지.

I've got to get a real job. 나도 제대로 된 직업을 가져야 돼.

You gotta[You've got to] ~

너는 반드시 ~해야 돼

You gotta나 You've got to 다음에 동사원형이 나오는 패턴입니다. 상대에게 너는 반드시 뭔가를 해야 된다고 압력을 넣는 느낌입니다.

내가 너를 돕겠다는 거잖아. 그러면 나한테는 거짓이 없어야지.

You gotta be honest with me. 너, 나한테는 솔직해야 돼.

1단계
핵심패턴 입에 붙이기

해석은 보지 말고 오디오 파일을 듣고 영어를 따라 말해 보세요.

🎧 51-1.mp3

2단계
핵심패턴 말하기

이번에는 우리말 해석을 보면서 영어로 말해 보세요. 3초 안에 영어가 나오면 성공!

🎧 51-2.mp3

I gotta ~

I gotta go.

I gotta think about it.

I gotta tape the program for him.

I gotta walk more for my health.

I gotta get permission from them.

I gotta practice.

나는 반드시 ~해야 해

나, 그만 가 봐야 돼. [나, 전화 끊어야 돼.]

난 그건 생각 좀 해 봐야겠어.

그 프로그램, 그를 위해서 내가 녹화해야 돼.

내 건강을 위해서 더 걸어야 돼.

난 그들에게 허락을 받아야 돼.

나, 연습해야 돼.

＊tape 녹화하다

I have got to[I've got to] ~

I've got to take the test.

I've got to work.

I've got to get there. It's important.

I have got to do what they ask.

I have got to stop.

I have got to be there for her.

나는 반드시 ~해야 해

내가 그 시험은 꼭 봐야 돼.

나, 일해야 돼.

나, 거기 가야 돼. 중요한 일이야.

그들이 요구한 건 꼭 해야 돼.

난 이제 그만해야 돼.

내가 그녀 대신에 거기 가야 돼.

You gotta[You've got to] ~

You gotta think.

You gotta focus.

You gotta get rid of this.

You've got to be real careful.

You've got to tell me what happened.

You've got to figure out a way to help her.

너는 반드시 ~해야 돼

생각 좀 해라, 생각 좀.

너, 집중해야 돼.

이건 없애도록 해라.

너, 정말 조심해야 돼.

너, 무슨 일이 있었던 건지 나한테 얘기해야 돼.

너, 그녀를 도울 수 있는 방법을 생각해 내야 돼.

＊get rid of ~을 없애다   figure out ~을 생각해 내다/알아내다

❶ I gotta ~

🎧 51-3.mp3

핵심패턴이 쓰인 문장을
직접 해석해 보세요. 해석
이 된다면 오디오 파일을
듣고 따라 말해 보세요.

A **I gotta go.** ....

B Okay. See you tomorrow. 그래. 내일 봐.

A At three o'clock. 3시야.

B See you then. 그때 봐.

❷ I have got to[I've got to] ~

🎧 51-4.mp3

A **I have got to stop this.** ....

B What? Are you breaking up with me? 뭐? 나하고 헤어지겠다고?

A I can't keep going on like this. 이런 식으로는 계속 갈 수 없어.

B No. I can't let you go. 안 돼. 널 보낼 수 없어.

＊break up with ~와 헤어지다

❸ You gotta[You've got to] ~

🎧 51-5.mp3

A **You gotta think.** ....

B No, I don't want to. 아니. 난 그러고 싶지 않아.

A You don't want to think? 생각하고 싶지 않다고?

B No, I don't. 어, 생각하고 싶지 않아.

| 정답 |

❶ 나 가 봐야 해.

❷ 이제 그만둬야겠어.

❸ 생각을 좀 해. 생각을.

52

사실을 말할 때 항상 쓰는 패턴

이성적이고 옳은 일을 해야 한다면
I should ~

~해야 돼

강의 및 예문 듣기

준비단계
핵심패턴 감잡기

핵심패턴이 어떻게 쓰이는지 설명과 예문으로 감을 잡아 보세요.

I should ~
나는 ~해야 돼

I should 다음에 동사원형을 이용하는 패턴입니다. 우리말로는 '나는 해야 된다'가 되어서 I must, I have to, I've got to 등과 다를 바가 없습니다. 하지만 영어의 속뜻은 완전히 다릅니다. 조동사 should는 뭔가가 옳기 때문에 그렇게 해야 된다는 의미를 전합니다. 그래서 강한 권유, 충고 등의 느낌을 주지요. I should 패턴은 내가 나 자신에게 강하게 충고하는 느낌입니다.

다들 그렇잖아. 건강을 위해서는 다른 것보다 걷는 게 가장 좋다고 말이야.

I should walk. 나 좀 걸어야 돼.

You should ~
너는 ~해야 돼

You should 다음에 동사원형이 나오는 패턴입니다. 내 말을 듣는 상대에게 뭔가 옳고 정당한 행위를 제시하면서 그렇게 하는 것이 좋다고 강력하게 권유 또는 충고하는 것입니다.

너, 지금 네 몸이 어떻게 되어 가고 있는 건지 모르겠어? 너 그러다가 오래 못 살아.

You should exercise. 넌 운동을 해야 된단 말이야.

You should not ~
너는 ~하면 안 돼

You should not 다음에 동사원형이 오는 패턴입니다. 그것이 옳지 않기 때문에 네가 그 행동을 하면 안 된다고 강하게 권유 또는 충고하는 것입니다.

너, 버릇대로 그렇게 말대답하면 안돼. 특히 그녀에게는 말이야.

You shouldn't talk back to her. 그녀에게 말대꾸하지 마.

1단계
핵심패턴 입에 붙이기

해석은 보지 말고 오디오 파일을 듣고 영어를 따라 말해 보세요.

🎧 52-1.mp3

2단계
핵심패턴 말하기

이번에는 우리말 해석을 보면서 영어로 말해 보세요. 3초 안에 영어가 나오면 성공!

🎧 52-2.mp3

I should ~

I should study more.

I should get back by three.

I should take her to the doctor's.

I should be going.

I should start getting ready.

I should drive her home.

나는 ~해야 돼

나는 공부 더 해야 돼.

나, 3시까지 돌아가야 돼.

그녀를 병원에 데려다 줘야 돼.

나, 지금 가 봐야 돼.

나, 지금 준비 시작해야 돼.

그녀를 집까지 차로 데려다 줘야 돼.

You should ~

You should take my word for it.

You should learn to cope with it.

You should start working on it right now.

You should come up with ideas worth hearing.

You should lower his salary.

You should go see her.

너는 ~해야 돼

너, 내 말을 액면 그대로 받아들여야 돼.

네가 그 정도는 이겨 낼 줄 알아야지.

너, 그 작업을 지금 당장 시작해야 돼.

너, 들을 만한 값어치가 있는 아이디어들을 생각해 내야지.

너, 걔 봉급을 좀 낮춰야 돼.

너, 가서 그녀를 좀 만나 봐.

*take one's word for ~의 말을 액면 그대로 받아들이다
cope with (어려움)에 대처해 나가다   come up with ~을 생각해 내다

You should not ~

You should not behave that way.

You should not take it for granted.

You should not jump to conclusions.

You should not believe him.

You should not eat junk food.

You should not drink milk.

너는 ~하면 안 돼

너, 그런 식으로 처신하면 안 돼.

너, 그걸 당연하게 생각하면 안 돼.

너, 속단해서는 안 돼.

너, 걔가 하는 말 믿으면 안 돼.

인스턴트 음식 먹지 마.

넌 우유 마시면 안 돼.

*take for granted 당연히 받아들이다   jump to conclusions 속단하다

반으로 접어 공부하세요!

핵심패턴이 쓰인 문장을 직접 해석해 보세요. 해석이 된다면 오디오 파일을 듣고 따라 말해 보세요.

❶ I should ~

🎧 52-3.mp3

A What are you planning to do today?   오늘 뭐 해?

B **I should take Jane to the doctor in the morning.**   --------------------

A And after that?   그리고 그 이후에는?

B I should run errands.   집안일 해야 돼.

＊run errand 수리하거나 세탁물을 맡기거나 찾아오다 (집안일)

❷ You should ~

🎧 52-4.mp3

A What should we do?   우리가 뭘 해야 돼?

B **You should come up with ideas worth hearing.**   --------------------

A But we don't know much about the project.   하지만 우린 그 프로젝트에 대해서 별로 아는 게 없어.

B You still don't know?   아직도 모른다고?

❸ You should not ~

🎧 52-5.mp3

A I wonder if he's serious.   그가 진심으로 하는 말인지 모르겠어.

B **You should not believe him.**   --------------------

A Is he so pretentious?   그가 그렇게 가식적이야?

B Yes, he is.   맞아, 가식적이야.

＊pretentious 가식적인

| 정답 |
❶ 아침에 제인을 병원에 데려다 줘야 돼.

❷ 들을 만한 값어치 있는 아이디어들을 생각해 내야 돼.

❸ 그가 하는 말을 절대 믿지 마.

53

사실을 말할 때 항상 쓰는 패턴

뭔가 예정된 해야 할 일이 있다면
I'm supposed to ~ ~하기로 되어 있어

강의 및 예문 듣기

준비단계
핵심패턴 감잡기

핵심패턴이 어떻게 쓰이는지 설명과 예문으로 감을 잡아 보세요.

I'm/You're supposed to ~   나는/너는 ~해야 돼

I'm supposed to 다음에 동사원형을 이용하는 패턴입니다. be supposed to는 '~이 전제되어 있다'는 의미입니다. 접두어인 sup-(sub-의 변형)는 '아래에'의 의미이고 어근인 -pose는 '놓다', '위치하다'입니다. 그래서 supposed가 '아래에 위치해 있는', 즉 '전제된'의 의미를 전하는 것입니다. I'm supposed to는 내가 어떤 행동을 하는 것이 전제되어 있기 때문에 그것을 하지 않으면 안 된다는 의미이지요.

그 일은 꼭 해야돼. 그게 내 일이고 그걸 전제로 내가 다른 것들을 할 수 있는 거야.

I'm supposed to do it.   그 일은 내가 해야 되는 거야.

I'm/You're not supposed to ~   나는/너는 ~하면 안 돼

I'm not supposed to 다음에 동사원형이 나오는 패턴입니다. 나는 지금 상황에서는, 또는 근본적으로 그런 일을 해서는 안 되게끔 되어 있다는 의미이지요. 그런 일을 하면 큰일 날 것 같은 느낌입니다.

어쩔 수 없어. 내가 엄마와의 약속을 어겼으니까 벌을 받는 거야.

I'm not supposed to go out.   난 밖으로 나가면 안 돼.

It's (not) supposed to ~   그건 ~이어야 해[~이면 안 돼]

It's supposed to 다음에 동사원형이 오는 패턴입니다. 사물이나 상황이 처음부터 어떤 상태로 놓여 있거나 전제되어 있었다는 의미입니다.

사물이나 상황을 네 멋대로 바꿀 수 있는 건 아니잖아. 그건 그냥 가만히 내버려 둬.

It's supposed to be that way.   그건 원래 그렇게 있어야 돼.

I'm/You're supposed to ~

I'm supposed to meet him at three.

I'm supposed to be off in ten minutes.

I'm supposed to be home for dinner.

You're supposed to talk to him at ten.

You're supposed to meet him for lunch.

You're supposed to take the medicine.

나는/너는 ~해야 돼

난 그를 3시에 만나야 돼.

나는 10분 후에 떠나기로 되어 있어.

난 집에 가서 저녁 먹어야 돼.

넌 10시에 그와 얘기하기로 되어 있어.

넌 그를 만나서 점심을 먹기로 되어 있잖아.

그 약은 꼭 드셔야 합니다.

I'm/You're not supposed to ~

I'm not supposed to call him.

I'm not supposed to smoke.

I'm not supposed to cry.

You're not supposed to be there.

You're not supposed to touch it.

You're not supposed to carry something heavy.

나는/너는 ~하면 안 돼

난 걔한테 전화 걸면 안 돼.

난 담배 피우면 안 돼.

난 울면 안 돼.

넌 거기 가면 안 돼.

그건 만지면 안 돼.

넌 무거운 거 들면 안 돼.

It's (not) supposed to ~

It's supposed to be fixed that way.

It's supposed to last (for) a year.

It's supposed to be blue.

What**'s that supposed to** mean?

It's not supposed to be light.

It's not supposed to be put in the freezer.

그건 ~이어야 해[~이면 안 돼]

그건 원래 그렇게 고정되어 있어야 돼.

그게 원래 1년은 계속 쓸 수 있는 거야.

그게 원래 파란색이어야 되거든.

그게 무슨 뜻인데?

그게 원래 가벼우면 안 되는데.

그건 원래 냉동 칸에 넣어 두면 안 되는데.

＊freezer 냉동고

반으로 접어 공부하세요!

3단계
핵심패턴 실전 활용

핵심패턴이 쓰인 문장을
직접 해석해 보세요. 해석
이 된다면 오디오 파일을
듣고 따라 말해 보세요.

❶ I'm/You're supposed to ~

🔊 53-3.mp3

A Do you have plans for tonight?   오늘 밤에 약속 있어?

B I'm supposed to be home for dinner.   ----------------------------

A Any special occasion?   무슨 특별한 날이야?

B My aunt is coming over for dinner.   이모가 저녁 드시러 오실 거야.

＊special occasion 특별한 날

❷ I'm/You're not supposed to ~

🔊 53-4.mp3

A Can we smoke here?   여기에서 담배 피워도 돼?

B No, I'm not supposed to smoke in the house.   ----------------------------

A The balcony?   발코니에서는?

B No, I'm not supposed to smoke there, either.   아니야, 거기에서도 피우면 안 돼.

❸ It's (not) supposed to ~

🔊 53-5.mp3

A How long does the battery last?   그 배터리 얼마나 지속되는 거야?

B It's supposed to last a year.   ----------------------------

A A year? Sounds reasonable.   1년? 괜찮은데.

B Doesn't it?   그렇지?

＊reasonable 타당한, 합당한

| 정답 |

❶ 오늘 집에서 저녁 먹어야 돼.

❷ 아니야. 집안에서 담배 피우면
안 돼.

❸ 1년은 계속 쓰게 되어 있어.

54

사실을 말할 때 항상 쓰는 패턴

비교해서 말하고 싶다면 **more than ~**

~보다 더 …해

강의 및 예문 듣기

준비단계

핵심패턴 감잡기

핵심패턴이 어떻게 쓰이는지 설명과 예문으로 감을 잡아 보세요.

more than ~   ~보다 더 많이

more than 뒤에 명사가 오는 패턴입니다. 주어가 명사보다 더 어떠하다는 의미를 전합니다. more than 자체보다는 앞뒤로 이어지는 어휘들에 더욱 신경써야 합니다.

그 사람이 표현력이 부족할 뿐이야. 네가 생각하는 것보다 그는 너를 정말 사랑해.

He loves you **more than** anything.   그는 그 무엇보다도 너를 더 사랑한단 말이야.

형용사 + **-er**   더 ~한

형용사의 비교급을 이용한 패턴입니다. 비교 대상을 구체적으로 표시하지 않는 경우입니다. 1음절과 2음절 형용사의 경우에는 흔히 뒤에 –er을 붙여서 비교급을 만들며 불규칙 변화하는 비교급도 정확히 기억하여 활용할 수 있어야 합니다.

평소에 늘 지각하던 사람이 오늘따라 일찍 모습을 드러냈다면 …

You're **earlier**.   오늘은 다른 때보다 일찍 왔네.

형용사/부사 + **-er[more +** 형용사/부사] **than ~**   ~보다 더 …한/…하게

비교 대상을 언급할 때 형용사나 부사의 비교급 다음에 than을 이용하는 패턴입니다. 3음절 이상 형용사의 비교급을 만들 때는 more를 이용합니다. 그리고 than이 필요하다는 것도 반드시 기억해야 합니다.

예전에는 그냥 뭐 남들처럼 적당히 일하는 정도였는데 지금은 많이 달라졌어.

I'm **busier than** I used to be.   내가 예전보다는 더 바빠.

1단계
핵심패턴 입에 붙이기

해석은 보지 말고 오디오 파일을 듣고 영어를 따라 말해 보세요.

🔊 54-1.mp3

2단계
핵심패턴 말하기

이번에는 우리말 해석을 보면서 영어로 말해 보세요. 3초 안에 영어가 나오면 성공!

🔊 54-2.mp3

more than ~

I want kids **more than** anything.

I deserve **more than** that.

We pay **more than** any other firm.

We played for **more than** an hour.

The interview lasted **more than** seven minutes.

Teaching is **more than** a job to me.

~보다 더 많이

나는 무엇보다 아이들을 원해.

나는 그 이상의 대우를 받을 만한 자격이 있어.

우리는 다른 어떤 회사보다 급여가 세.

우리는 1시간 이상 놀았어.

그 인터뷰는 7분 이상 계속되었어.

가르치는 것은 내게는 직업 이상의 의미가 있어.

형용사 + -er

You'll get **stronger**.

Things will get much **better**.

I don't want to make it **worse**.

I'm glad it isn't **worse**.

It's just a little bit **harder**.

I watched the taillights get **smaller**.

더 ~한

너는 더 강해질 거야.

상황이 훨씬 더 좋아질 거야.

난 긁어 부스럼 만들고 싶지 않아.

그게 더 악화되지 않아서 난 정말 기뻐.

그게 조금 더 힘들어.

나는 자동차 미등이 점점 작아지는 것을 지켜봤지.

＊taillight 미등

형용사/부사 + -er[more + 형용사/부사] than~

I sing **better than** anybody.

Speak a little **louder than** that.

He works **harder than** his colleagues.

She runs **faster than** the rest of her class.

It's raining **harder than** it was yesterday.

It's **more expensive than** I expected.

~보다 더 …한/…하게

내가 그 누구보다도 노래는 잘하지.

그것보다 더 크게 말해 봐.

그는 동료들보다 더 열심히 일해.

걔는 반의 나머지 학생들보다 달리기가 더 빨라.

비가 어제보다 더 세게 내리고 있네.

내가 예상했던 것보다 더 비싸네.

3단계
핵심패턴 실전 활용

핵심패턴이 쓰인 문장을
직접 해석해 보세요. 해석
이 된다면 오디오 파일을
듣고 따라 말해 보세요.

❶ more than ~

🎧 54-3.mp3

A	Do you like teaching?	가르치는 일이 마음에 드세요?
B	Yes. **In fact, teaching is more than a job to me.**	예. ································· ·································
A	You sound serious.	말씀하시는 게 진지하시네요.
B	Yes, when I talk about teaching.	그럼요. 가르치는 것에 대해서 얘기할 때는 그래요.

❷ 형용사 + -er

🎧 54-4.mp3

A	Why don't you be more positive?	좀 더 적극적으로 움직이지 그러세요?
B	**I don't want to make it worse.**	·································
A	Come on. You're an expert at it.	왜 그러세요. 그 일에는 전문가이시면서.
B	No, I don't think so.	아니요, 전 그렇게 생각하지 않아요.

＊expert 전문가

❸ 형용사/부사 + -er[more + 형용사] than ~

🎧 54-5.mp3

A	My opinion is that…	제 의견은…
B	Sorry, but **speak a little louder than that.**	죄송한데. ································· ·································
A	Okay. This is my opinion…	알겠습니다. 제 의견을 말씀 드리자면…
B	Good. Thanks.	좋아요. 고마워요.

| 정답 |
❶ 사실, 가르치는 것이 제게는 직업 이상의 의미가 있습니다.

❷ 괜히 긁어 부스럼 만들고 싶지 않아요.

❸ 그것보다 좀 더 크게 말해 주세요.

208

55

사실을 말할 때 항상 쓰는 패턴

비교해서 말하고 싶다면 **better than ~**

~보다 더 나아

강의 및 예문 듣기

준비단계
핵심패턴 감잡기

핵심패턴이 어떻게 쓰이는지 설명과 예문으로 감을 잡아 보세요.

I ... better than ~ 내가 ~보다 나은/낮게, 내가 ~보다 더 좋은/좋게

I를 주어로 해서 better than을 이용하는 패턴입니다. better는 good과 well의 비교급이지요. 그래서 better than은 비교 상대보다 더 낮다든지 좋다는 의미입니다.

네가 물으니까 대답은 해 주겠는데 그렇다고 내 말 듣고 기분 상하지는 마.

I like her better than you. 나는 너보다 그녀를 더 좋아해.

You ... better than ~ 네가 ~보다 나은/낮게

You를 주어로 해서 better than을 이용하는 패턴입니다. 그래서 '네가 더 낫다', '네가 더 훌륭하다', '너는 뭔가를 더 해야 한다' 등의 의미를 전하게 됩니다.

예전에는 늘 허름하게 하고 다니더니 지금은 달라졌네.

You look better than before. 너, 예전보다 외모가 더 좋아 보이네.

(사물/상황) ... better than ~ (사물/상황)이 ~보다 나은

사물이나 상황을 주어로 해서 better than을 이용하는 패턴입니다. 사물이나 상황, 상태가 비교 대상보다 좋거나 낮다는 의미를 전합니다.

다른 제안들도 나쁠 건 없지만, 지금 그 제안이 다른 것들보다는 더 좋은데 그래.

It's better than the other offers. 그게 다른 제안들보다 더 좋네.

1단계
핵심패턴 입에 붙이기
해석은 보지 말고 오디오 파일을 듣고 영어를 따라 말해 보세요.

🎧 55-1.mp3

2단계
핵심패턴 말하기
이번에는 우리말 해석을 보면서 영어로 말해 보세요. 3초 안에 영어가 나오면 성공!

🎧 55-2.mp3

I ... better than ~

I deserve **better than** this.

I can do **better than** that.

I'm **better than** him.

I should know **better than** that.

I know **better than** to cause trouble.

I understand him **better than** you.

내가 ~보다 나은/낫게, 내가 ~보다 더 좋은/좋게

내가 이보다는 더 나은 대접을 받아야 된다고 봐.

내가 그것보다는 더 잘 할 수 있어.

내가 걔보다는 낫지.

내가 철이 좀 들어야 하는데. [내가 그런 짓을 하면 안 되지.]

내가 문제를 일으켜서는 안 된다는 거 정도는 알아.

내가 너보다는 그를 더 잘 이해해.

＊know better 바보가 아니다. 철이 들어 있다

You ... better than ~

You're **better than** her.

You look **better than** me.

You should know **better than** that.

You did a lot **better than** I did.

You know this **better than** anybody.

You're doing **better than** me.

네가 ~보다 나은/낫게

네가 그녀보다는 낫네.

네가 외모는 나보다 낫잖아.

그게 뭐야. 철 좀 들어라, 철 좀.

네가 나보다 훨씬 잘 했어.

네가 이건 누구보다도 더 잘 알잖아.

네가 나보다 더 잘하는걸.

(사물/상황) ... better than ~

It's **better than** the bike.

Your English is **better than** you admit.

Your idea is **better than** his.

A soft answer is **better than** a sarcastic answer.

Vodka works **better than** Tylenol.

There's nothing **better than** a cold beer on a hot day.

(사물/상황)이 ~보다 나은

그게 자전거보다는 낫네.

네 영어는 네가 인정하는 것보다 더 좋아.

네 생각이 그의 생각보다 더 좋네.

부드러운 대답이 냉소적인 것보다는 낫지.

보드카가 타이레놀보다 더 효과 있어.

더운 날에는 시원한 맥주보다 더 좋은 건 없어.

＊sarcastic 냉소적인, 비꼬는

3단계
핵심패턴 실전 활용

핵심패턴이 쓰인 문장을
직접 해석해 보세요. 해석
이 된다면 오디오 파일을
듣고 따라 말해 보세요.

❶ I ... better than ~

🔊 55-3.mp3

A I don't understand him at all.

난 걔를 전혀 이해 못하겠어.

B There must be reasons why he's saying that.

그가 그렇게 말하는 데는 이유가 있겠지.

A You sound like you understand him.

넌 걔를 이해한다는 것처럼 들리네.

B **I understand him better than you.**

----

❷ You ... better than ~

🔊 55-4.mp3

A He's a bastard!

그 자식 정말 나쁜 놈이야!

B Don't badmouth him behind his back.

사람 없는 데서 욕하지 마.

A He deserves it.

걔는 그래도 싸.

B No. **You should know better than that.**

아니. ----------------

＊badmouth 헐뜯다. 비평하다

❸ (사물/상황) ... better than ~

🔊 55-5.mp3

A I don't speak English well.

저 영어 별로 못해요.

B **Your English is better than you admit.**

A You're too much.

과찬의 말씀.

B Hahaha. Your English is so good.

하하하. 영어 정말 잘하시네.

| 정답 |
❶ 내가 걔를 너보다는 더 잘
이해하니까.

❷ 너야말로 철 좀 들어야 해.
[제발 좀 그러지 마.]

❸ 당신 영어는 당신이 인정하는
것보다 더 좋아요.

56 at/around ~

사실을 말할 때 항상 쓰는 패턴

시간에 대해 설명한다면 at/around ~

~에/~쯤

강의 및 예문 듣기

준비단계

핵심패턴 감잡기

핵심패턴이 어떻게 쓰이는지 설명과 예문으로 감을 잡아 보세요.

(명령문) at/around ~ ~시에/~시경에 …해라

명령문에서 전치사 at이나 around 다음에 시간이 나오는 패턴입니다. at은 '그 시간에'의 의미이며, around는 '그 시간쯤에', '그 시간경에' 등을 의미합니다.

너항고 할 이야기가 좀 있어서 그래. 나 만나는 거 괜찮지?

See me at five. 우리 5시에 만나.

(과거시제) at/around ~ ~시에/~시경에 …했어

과거시제의 문장에서 전치사 at이나 around 다음에 시간이 나오는 패턴입니다. 몇 시에, 또는 몇 시경에 어떤 일이 있었다는 의미를 전합니다.

넌 왜 걔를 피하는 거야. 한 번 만나 봐. 그렇게 애타게 너를 찾는데.

He came by to see you around three. 걔가 3시경에 너 보러 왔었어.

(현재시제) at/around ~ ~시에/~시경에 …해

현재시제의 문장에서 전치사 at이나 around 다음에 시간이 나오는 패턴입니다. 주어에게 몇 시나 몇 시경에 어떤 일이 일어난다든지 주어가 평소 몇 시나 몇 시쯤에 뭔가를 한다는 의미입니다.

지금이 1시니까 아직 2시간이나 남았네. 2시간 동안 뭘 할까?

The movie starts at three. 영화가 3시에 시작이야.

(명령문) at/around ~ 　　~시에/~시경에 …해라

Call me **at** one.	나한테 1시에 전화해.
Remind me **at** four.	4시에 다시 한 번 말해 줘.
Let me know **at** precisely five.	정확히 5시에 알려 줘.
See you **around** two.	2시경에 만나자.
Meet me for lunch **around** twelve.	12시경에 만나서 점심 먹자.
Leave **around** ten.	10시쯤에 떠나도록 해.

＊precisely 정확히

(과거시제) at/around ~ 　　~시에/~시경에 …했어

I fell asleep **at** eleven.	난 11시에 잠들었어.
She called you **at** six.	걔가 너한테 6시에 전화했어.
He wanted to meet with you **at** four.	걔가 나를 4시에 만나고 싶어했어.
She passed out **around** ten.	그녀는 10시경에 의식을 잃었어.
He left **around** lunchtime.	그는 점심 시간쯤에 떠났어.
It happened **around** midnight.	그건 자정쯤에 일어난 일이야.

＊pass out 의식을 잃다. 기절하다

(현재시제) at/around ~ 　　~시에/~시경에 …해

The bus comes **at** five.	버스는 5시에 도착해.
You have an appointment **at** two.	너, 2시에 약속 있잖아.
He leaves home **at** six-thirty.	그는 집에서 6시 30분에 떠나.
I'm back home from work **around** nine.	나는 퇴근해서 9시경에 집으로 와.
I go to bed **around** one.	나는 1시쯤에 잠자리에 들어.
She leaves for work **around** seven.	그녀는 7시쯤에 출근해.

▲
반으로 접어 공부하세요!

❶ (명령문) **at/around ~**　　　🔊 56-3.mp3

A **Meet me for lunch at twelve.**　　　---------------------------------

B Sounds good.　　　좋지.

A What do you feel like eating?　　　뭐 먹고 싶어?

B Anything you want to eat.　　　네가 먹고 싶은 건 뭐든지.

❷ (과거시제) **at/around ~**　　　🔊 56-4.mp3

A When did it happen?　　　언제 있었던 일이야?

B Around ten. **He passed out around ten.**　　　10시쯤. ---------------------------

A Do you know the reason?　　　이유 알아?

B No. How do I know?　　　아니. 내가 어떻게 알아?

❸ (현재시제) **at/around ~**　　　🔊 56-5.mp3

A What time does she leave for work?　　　그녀는 몇 시에 출근하나요?

B **Around seven.**　　　---------------------------------

A What time is she back home from work?　　　그녀는 퇴근해서 몇 시에 집에 돌아와요?

B **Around nine.**　　　---------------------------------

| 정답 |

❶ 12시에 만나서 점심 먹자.

❷ 그는 10시쯤에 정신을 잃었어.

❸ 7시쯤에요. / 9시경에요.

57

사실을 말할 때 항상 쓰는 패턴

시간에 대해 말하고 싶다면 **in/on ~**

~ 후에/~에

 강의 및 예문 듣기

---

in (시간 표현)　　　　　　　　　　　　　　　　　　~ 때, ~ 동안

전치사 in 다음에 시간을 나타내는 표현이 오는 패턴입니다. 그러면 '그 시간 안에', '그 시간 동안에', '그 때' 등의 의미를 전하게 됩니다.

정말 오랫동안 유지되어 온 규칙인데 시대적으로 좀 맞지 않는 면이 있어. 하지만 뭐…

The rules can change in the future.　*그 규칙이 미래에는 변할 수도 있겠지.*

---

in (시간)　　　　　　　　　　　　　　　　　　　　　　　~ 후에

전치사 in 다음에 시간이 와서 '그 시간 후에'의 의미를 전하는 패턴입니다. 현재를 시점으로 미래를 말할 때 흔히 이 패턴을 이용합니다. 이것을 '그 시간 안에'로 잘못 이해하지 않도록 주의해야 합니다. 그럴 때는 within을 사용하게 되지요. '~후에'이기 때문에 먼저 after를 생각하게 되며 실제로 그렇게 표현하는 미국인들도 있지만 in이 정확합니다.

지금은 내가 하는 일이 있어서 좀 그렇고, 이따 만나서 점심 같이 먹자.

I'll see you in an hour.　*1시간 후에 봐.*

---

on (요일/날짜/특정한 날)　　　　　　　　　　　　　　　　　~에

전치사 on 다음에 요일이나 날짜, 또는 특정한 날이 오는 패턴입니다. on의 특성상 '정확히 그 날짜에', '정확히 그 날에' 등의 느낌을 전합니다.

내가 언제 태어났는지를 정확히 알고 싶다고? 정 알고 싶다면 뭐…

I was born on the 4th of April.　*나는 4월 4일에 태어났어.*

in (시간 표현)   ## ~ 때, ~ 동안

He'll be better **in** the future.

그는 앞으로 더 나아질 거야.

Things are coming up **in** the near future.

가까운 장래에 상황이 호전될 겁니다.

I've never experienced it **in** my life.

사는 동안 난 그런 경험을 한번도 해 본 적 없어.

I'll call you first thing **in** the morning.

내가 아침에 눈 뜨자마자 전화할게.

I'll see you **in** the afternoon.

오후에 만나.

I ran across him **in** the evening.

저녁에 그를 우연히 만났어.

＊first thing 맨 처음에   run across 우연히 만나다

in (시간)   ## ~ 후에

I'll be back **in** thirty minutes.

30분 후에 돌아올게.

Meet me **in** three hours.

3시간 후에 보자.

We'll be there **in** an hour.

우린 1시간 후에 거기에 도착할 거야.

They'll arrive **in** ten minutes.

그들은 10분 후에 도착할 거야.

It'll be finished **in** one and a half hours.

그 일, 1시간 반 후에는 끝날 거야.

It'll be fixed **in** a minute.

곧 수리될 겁니다.

on (요일/날짜/특정한 날)   ## ~에

I'll be there **on** Wednesday.

난, 수요일에 갈 거야.

I'll see you bright and early **on** Monday.

월요일 아침 일찍 보자.

Can you come **on** Tuesday?

너, 화요일에 올 수 있어?

I work even **on** Sundays.

나는 일요일에도 일하는데.

I met him **on** Christmas Eve.

난 그를 크리스마스 이브에 만났어.

I'll be twenty-one **on** my next birthday.

다음 생일에 내가 스물한 살이 돼.

＊bright and early 아침 일찍

▲
반으로 접어 공부하세요!

핵심패턴이 쓰인 문장을 직접 해석해 보세요. 해석이 된다면 오디오 파일을 듣고 따라 말해 보세요.

❶ in (시간 표현)

🎧 57-3.mp3

A Sorry to break the appointment.　　약속 깨서 미안.

B No problem.　　괜찮아.

A **I'll call you first thing in the morning.**　　·······································

B Okay. I'll be waiting for your call.　　그래. 전화 기다릴게.

❷ in (시간)

🎧 57-4.mp3

A Are you almost done?　　거의 끝났어?

B **It'll be finished in about thirty minutes.**　　·······································

A Good. **I'll be there in thirty minutes.**　　좋아. ·························

B Okay.　　알았어.

❸ on (요일/날짜/특정한 날)

🎧 57-5.mp3

A **Can you meet me on Sunday?**　　·······································

B No. **I work on Sundays.**　　안 돼. ························

A You work on Sundays?　　일요일에도 일한다고?

B That's life.　　사는 게 그렇지 뭐.

| 정답 |

❶ 아침에 눈뜨자마자 전화할게.

❷ 약 30분쯤 후면 끝나.
/ 30분 후에 갈게.

❸ 일요일에 만날 수 있어?
/ 나, 일요일에 일해.

58

사실을 말할 때 항상 쓰는 패턴

장소나 상황을 설명하고 싶다면 in ~

~ 안에

강의 및 예문 듣기

준비단계
핵심패턴 감잡기

핵심패턴이 어떻게 쓰이는지 설명과 예문으로 감을 잡아 보세요.

I ... in (장소)　　　　　　　　　　내가 ~ 안에

I가 주어인 문장에서 전치사 in 다음에 장소가 오는 패턴입니다. 내가 그 장소 안에 있음을 의미합니다. at과 비교해야 되는 경우가 있는데 in은 '안'이지만 at은 그냥 '어느 장소에서'를 의미합니다.

좀 시끄럽지. 사람이 왜 이렇게 많은지 모르겠다.
I'm calling you in a cafe. 나, 지금 카페 안에서 전화하는 거야.

I ... in (상태)　　　　　　　　　내가 ~의 상태에 놓인

I가 주어인 문장에서 전치사 in 다음에 상태를 나타내는 명사가 오는 패턴입니다. 내가 물리적인 장소가 아니라 추상적인 상태 안에 있음을 의미하지요.

내가 일부러 그랬겠어? 잘해 보려고 했다가 지금은 아주 힘들어진 거지.
I'm in trouble. 내가 지금 난처한 상황에 빠졌어.

(사람/사물) in (장소/상태)　　　누군가 ~에 있는[사물이 ~에 빠진]

주어인 사람이나 사물이 어느 장소나 상태 안에 있음을 나타내는 패턴입니다. 어떤 상황에서든 in은 '안에 깊이 들어가 있음'을 나타냅니다.

모르셨나 봐요. 요즘에는 식당 안에서 절대 금연입니다.
You can't smoke in here. 이 안에서는 담배 피우시면 안 됩니다.

1단계
핵심패턴 입에 붙이기

해석은 보지 말고 오디오 파일을
듣고 영어를 따라 말해 보세요.

🔊 58-1.mp3

2단계
핵심패턴 말하기

이번에는 우리말 해석을 보면서
영어로 말해 보세요. 3초 안에 영
어가 나오면 성공!

🔊 58-2.mp3

I ... in (장소)

I met him **in** the lobby.	그를 로비에서 만났어.
I don't eat **in** my car.	나는 내 차 안에서 음식을 먹지 않아.
I have something **in** my eye.	눈에 뭐가 들어갔어.
I don't want strangers **in** my home.	나는 우리 집에 낯선 사람이 들어오는 거 싫어.
I left my purse **in** the restaurant.	그 식당 안에 지갑을 두고 왔어.
I saw him standing **in** line.	내가 걔 줄 서 있는 거 봤어.

내가 ~ 안에

＊purse 지갑

I ... in (상태)

I'm **in** good shape.	저는 건강 좋아요.
I'm **in** bad shape economically.	제가 경제적으로 좀 힘듭니다.
I'm **in** good shape emotionally.	나, 기분 좋아.
I was **in** a panic.	난 완전히 멘붕이었어.
I looked at her **in** horror.	난 공포에 질려서 그녀를 보았어.
I said it **in** fun.	그건 그냥 웃자고 한 말인데.

내가 ~의 상태에 놓인

＊emotionally 감정적으로   in fun 농담으로 , 장난삼아

(사람/사물) in (장소/상태)

We had a good time **in** Florida.	우리, 플로리다에서 정말 즐거웠는데.
He's **in** the hospital.	그는 지금 병원에 입원해 있어.
He stays **in** bed most of the time.	그는 대부분의 시간을 침대에 누워 있어.
Everyone has a skeleton **in** his closet.	털어서 먼지 안 나는 사람 없어. [어느 집안이나 치부는 있는 거야. / 누구나 자기 벽장에 해골을 가지고 있어.]
She's **in** a bad mood.	걔, 기분 별로야.
What's **in** it for me?	그렇게 하면 나한테 어떤 이득이 돌아오는데?

누군가 ~에 있는[사물이 ~에 빠진]

＊skeleton 해골, 뼈

▲
반으로 접어 공부하세요!

3단계

핵심패턴 실전 활용

핵심패턴이 쓰인 문장을
직접 해석해 보세요. 해석
이 된다면 오디오 파일을
듣고 따라 말해 보세요.

① I … in (장소)

🎧 58-3.mp3

A	What's wrong with you?	왜 그래?
B	**I have something in my eye.**	--------------------
A	Let me help you.	내가 봐 줄게.
B	No, thanks. I can handle it.	괜찮아. 내가 할 수 있어.

② I … in (상태)

🎧 58-4.mp3

A	How dare you say that to me?	네가 나한테 어떻게 그렇게 말할 수 있어?
B	Did I upset you? **I just said it in fun.**	내가 속상하게 한 거야? --------------------
A	In fun?	농담으로 한 거라고?
B	Yes. If I did hurt you, I'm sorry.	그래. 내가 속상하게 했다면 미안해.

＊how dare 감히 ~하다니

③ (사람/사물) in (장소/상태)

🎧 58-5.mp3

A	How is your father?	아버지 안녕하셔?
B	**He's in the hospital.**	--------------------
A	In the hospital? Why?	입원? 왜?
B	He has cancer.	암이셔.

| 정답 |

① 눈에 뭐가 들어갔어.

② 그냥 농담으로 말한 건데.

③ 병원에 입원하셨어.

59

강의 및 예문 듣기

사실을 말할 때 항상 쓰는 패턴

어떤 장소를 가리킬 때는 **at ~**

~에서

준비단계

핵심패턴 감잡기

핵심패턴이 어떻게 쓰이
는지 설명과 예문으로 감
을 잡아 보세요.

I ... at (장소)   내가 ~에/~에서

I가 주어인 문장에서 전치사 at 다음에 장소가 오는 패턴입니다. 내가 그 장소에 있음
을 의미합니다. in과 비교해야 되는 경우가 있는데 in은 '어느 장소의 안'을 뜻하지만
at은 그냥 '그 장소에서'를 의미합니다.

지금 급히 집으로 가 봐야겠어요. 이게 무슨 날벼락인지 모르겠네요.

I have an emergency at home.   집에 급한 일이 생겼어요.

You ... at (장소)   네가 ~에서/~에

You가 주어인 문장에서 전치사 at 다음에 장소를 나타내는 명사가 오는 패턴입니다.
당신이 어느 장소에 있다든지 그 장소에서 뭔가를 한다는 의미를 전하게 됩니다.

불편하더라도 그냥친구 집으로 가든지 원룸에 있든지 하지…

You're staying at a hotel.   너, 지금 호텔에 머물고 있구나.

(사람) at (장소/상태)   누군가 ~ (상태)에 있는

주어로 사람을 언급하여 그가 어느 장소나 상태에 있음을 나타내는 패턴입니다.

걔가지금 이 시간에 어디에 있겠어. 회사 다니는 애가.

He's at work.   걔, 지금 회사에서 일하는 중이지.

1단계	해석은 보지 말고 오디오 파일을	2단계	이번에는 우리말 해석을 보면서
핵심패턴 입에 붙이기	듣고 영어를 따라 말해 보세요.	**핵심패턴 말하기**	영어로 말해 보세요. 3초 안에 영어가 나오면 성공!

🎧 59-1.mp3　　　　　　　　　　🎧 59-2.mp3

I ... at (장소)

I got a headache **at** the concert.

I don't dress like that **at** the office.

Can **I** sleep over **at** John's?

I buried myself in books **at** school.

I picked her up **at** the party.

I had a productive day **at** work today.

내가 ~에/~에서

그 콘서트에 갔다가 머리 아파 혼났어.

나는 사무실에서 그런 옷차림으로 있지 않아.

존의 집에 가서 자고 와도 돼요?

난 학교에서 책에 파묻혀 지냈어.

나, 그 파티에 갔다가 그녀를 꼬셨어.

오늘 회사에서 정말 생산적인 시간을 보냈어.

＊pick up ~을 꼬시다

You ... at (장소)

You were talking on the phone **at** your desk.

You called me **at** work last week.

You can reach me **at** the office.

You can meet me **at** the front entrance.

You used to have dinner **at** that restaurant.

How long have **you** been **at** the company?

네가 ~에서/~에

넌 네 자리에서 통화 중이었잖아.

네가 지난주에 내 사무실로 전화했었잖아.

사무실로 전화하면 언제든 통화 가능해.

정문에서 만나자.

너, 그 식당에서 저녁을 먹곤 했었잖아.

그 회사에는 얼마나 다녔어?

(사람) at (장소/상태)

He was waiting **at** the bus stop.

He sat down **at** a corner table.

She turned left **at** the church.

She's **at** lunch right now.

We'll meet **at** John's.

We usually hang out **at** the beach.

누군가 ~ (상태)에 있는

걔는 버스 정류장에서 기다리고 있었어.

그는 구석 테이블에 앉았어.

그녀는 교회에서 좌회전했어.

그녀는 지금 점심 식사 중이에요.

존의 집에서 만나.

우리는 보통 바닷가에서 시간을 보내.

＊hang out 시간을 보내다

▲
반으로 접어 공부하세요!

3단계
핵심패턴 실전 활용

핵심패턴이 쓰인 문장을
직접 해석해 보세요. 해석
이 된다면 오디오 파일을
듣고 따라 말해 보세요.

❶ I ... at (장소)

🔊 59-3.mp3

A	Did you go to the concert?	그 콘서트 갔었어?
B	Yes, but **I got a headache at the concert.**	그래. 그런데 _____
A	Why?	왜?
B	Too loud. I couldn't stand the noise.	너무 시끄러웠어. 소음 정말 참기 힘들었어.

＊ stand 견디다

❷ You ... at (장소)

🔊 59-4.mp3

A	How can I reach you?	어떻게 전화 연락을 드리면 될까요?
B	**You can reach me at the office.**	_____
A	Then I'll call you tomorrow.	그러면 내일 전화 드릴게요.
B	Okay.	그러세요.

❸ (사람) at (장소/상태)

🔊 59-5.mp3

A	Can I speak to Jessie?	제시 좀 바꿔 줄래?
B	Sorry, but **she's at lunch right now.**	미안, _____
A	Then ask her to call me back.	그러면 나한테 전화 좀 하라고 해 줘.
B	Yes. I'll tell her to call you back.	알았어. 전화하라고 할게.

| 정답 |
❶ 그 콘서트에서 머리 아파
혼났어.

❷ 사무실로 전화하면 통화
가능해요.

❸ 지금 점심 시간이야.

223

60

사실을 말할 때 항상 쓰는 패턴

어느 장소의 표면에 있는 것을 가리킬 때는 **on ~**

~에

강의 및 예문 듣기

준비단계

핵심패턴 감잡기

핵심패턴이 어떻게 쓰이는지 설명과 예문으로 감을 잡아 보세요.

---

on (장소)   ~ 위에

전치사 on이 어느 장소의 위를 의미하는 패턴입니다. 단순히 위가 아니라 어느 지점에 집중되어 있음을 전하게 되지요. 집중, on이 갖는 가장 근본적인 의미입니다.

그거 다른 곳에 놓으면 찾기 힘들어서 나중에 정신 없어.

Put it on the desk. 그건 책상 위에 올려 놔.

---

on (신체의 부위)   ~로 지탱하여

전치사 on 다음에 신체의 부위가 오는 패턴입니다. 그 부위로 온몸을 지탱한다는 의미이지요. 지탱한다는 것은 신체의 부위가 바닥에 집중되어 있다는 것을 뜻합니다.

그렇게 몸을 비비 틀면서 누워만있지 말고 두 다리로 온몸을 지탱하여 일어서 봐.

Stand on your feet. 일어나라고.

---

on (명사)   ~이 진행 중인

전치사 on 다음에 명사가 오는 패턴입니다. 명사 위에 있다는 것은 그 명사의 상태가 계속 진행 중임을 뜻합니다. 결국 전치사 on에는 '계속'의 의미가 있는 것입니다.

몸은 점점 불어가고 숨은 가빠오고… 그래서 결심한 거야.

I'm on a diet. 나, 지금 다이어트 하는 중이야.

224

| 1단계 | 해석은 보지 말고 오디오 파일을 | 2단계 | 이번에는 우리말 해석을 보면서 |
| 핵심패턴 입에 붙이기 | 듣고 영어를 따라 말해 보세요. | 핵심패턴 말하기 | 영어로 말해 보세요. 3초 안에 영 어가 나오면 성공! |

🔊 60-1.mp3   🔊 60-2.mp3

on (장소)   ## ~ 위에

I was sitting **on** the sofa.   나는 소파에 앉아 있었지.

He was dancing **on** the stage.   걔는 무대 위에서 춤추고 있었지.

I left it **on** the table.   그거 테이블 위에 놓았는데.

I spilled coffee **on** his pants.   그의 바지 위에 커피를 쏟았어.

Put it **on** the wall.   그건 벽 위에 걸어.

What is it **on** the desk?   책상 위에 있는 그거 뭐야?

＊spill 엎지르다

on (신체의 부위)   ## ~로 지탱하여

He was lying **on** his back.   그는 누워 있었어.

She lay **on** her side.   그녀는 옆으로 누웠어.

Stand **on** your hands.   팔로 물구나무서기 해 봐.

Can you stand **on** your head?   물구나무서기 할 수 있어?

He was down **on** his knees.   그는 무릎을 꿇고 있었어.

He was standing **on** tiptoe.   그는 발끝으로 서 있었어.

on (명사)   ## ~이 진행 중인

The local union was **on** strike.   현지 노조가 파업 중이었어.

The house was **on** fire.   그 집이 불타고 있었어.

Shoes are **on** sale at the department store.   그 백화점에서 신발 세일해.

She's **on** the move.   그녀는 늘 분주해.

I'm going **on** a diet.   나, 다이어트할 거야.

He's setting the world **on** fire.   그는 정말 눈부신 성공을 거두고 있지.

＊set the world on fire 눈부신 성공을 거두다

▲
반으로 접어 공부하세요!

핵심패턴이 쓰인 문장을
직접 해석해 보세요. 해석
이 된다면 오디오 파일을
듣고 따라 말해 보세요.

❶ on (장소) 🎧 60-3.mp3

A Oops! I'm sorry about that.	아이쿠! 죄송해요.
B No problem. It's a drop.	괜찮아요. 조금 떨어졌는데요, 뭐.
C What's wrong?	무슨 일이야?
A **I spilled some coffee on his pants.**	....

❷ on (신체의 부위) 🎧 60-4.mp3

A Can you stand on your head?	머리로 물구나무서기 할 수 있어?
B **No, but I can stand on my hands.**	....
A Is that right?	그래?
B Yes. Let me show you.	그럼. 보여 줄게.

❸ on (명사) 🎧 60-5.mp3

A I need to buy shoes.	나, 신발 사야 돼.
B **Shoes are on sale at the department store.**	....
A I know. Can you come along with me?	알아. 같이 갈래?
B Sure.	당연하지.

| 정답 |
❶ 이 분 바지에 내가 커피를
엎질렀어.

❷ 아니, 하지만 손으로는 할
수 있어.

❸ 그 백화점에서 신발 세일
중이야.

넷째마디

●

모르는 걸 물어볼 때 항상 쓰는 핵심패턴

61 기분이나 건강이 궁금하다면 **How is/are ~?** 62 상대방의 의향이나 생각을 묻고 싶다면 **What do you think ~?** 63 상대가 원하는 것을 확인하고 싶다면 **Do you want to ~?** 64 의향이나 생각을 묻고 싶다면 **What do you want to ~?** 65 조언을 구하고 싶을 땐 **What should I ~?** 66 계획이나 할 일이 궁금하다면 **What are you going to ~?** 67 이유가 궁금하다면 **Why ~?** 68 이유가 궁금하다면 **How come you ~?** 69 방법을 묻고 싶다면 **How can/do ~?** 70 시간이 알고 싶다면 **When ~?** 71 기간이 궁금하다면 **How long ~?** 72 장소가 궁금하다면 **Where do you ~?** 73 어떤 의견이나 말에 동의하는지 알고 싶다면 **Do you agree ~ ?** 74 뭔가 있는지 확인하고 싶다면 **Is/Are there ~?**

61

준비 걸 물어볼 때 항상 쓰는 핵심패턴

기분이나 건강이 궁금하다면
How is/are ~?

~이 어때?

강의 및 예문 듣기

준비단계
핵심패턴 감잡기

핵심패턴이 어떻게 쓰이
는지 설명과 예문으로 감
을 잡아 보세요.

How is/are ~?

~의 상태는 어때?

주어의 현재 상태를 묻는 패턴입니다. be동사가 '상태'를 의미하기 때문이지요. 혹은
주어 다음에 현재분사를 쓰면 현재 진행되고 있는 상황이 어떤지 묻는 패턴이 되기도
합니다.

지금 상태가 어때? 잘 지내고 있는 거야? 그 동안 별일 없었지?

How are you? 안녕하세요?

How (형용사) is/are ~?

~이 얼마나 …야?

How 다음에 형용사가 나오는 의문문 패턴입니다. '주어가 얼마나 …인가'를 묻는 것
이지요. 연습이 충분히 되어 있지 않으면 의외로 쉽지 않은 패턴입니다.

그 시스템이 좋다는 말은 들었는데, 그래도 궁금하긴 하죠.

How good **is** the system? 그 시스템이 좋다고는 하는데 어느 정도예요?

How was/were ~?

~이 어땠어?

How was/were 다음에 주어가 나오는 패턴입니다. 주어의 과거 상태를 묻는 질문
이지요. 주어로 사람뿐 아니라 다양한 명사를 활용할 수 있습니다.

오늘 학교에서 즐거운 시간 보냈는지 모르겠네.

How was school? 학교에서 어땠어?

1단계
핵심패턴 입에 붙이기 해석은 보지 말고 오디오 파일을 듣고 영어를 따라 말해 보세요.

🔊 61-1.mp3

2단계
핵심패턴 말하기 이번에는 우리말 해석을 보면서 영어로 말해 보세요. 3초 안에 영어가 나오면 성공!

🔊 61-2.mp3

How is/are ~?

How is the weather?

How is he?

How is the project going?

How are you doing?

How are you feeling?

How are things going?

~의 상태는 어때?

날씨는 어때?

걔, 잘 지내?

그 프로젝트는 잘 진행되고 있어?

어떻게 지내?

몸 좀 어때, 괜찮아?

하는 일은 잘 되어가고 있어?

How (형용사) is/are ~?

How bad **is** it?

How sick **is** he?

How beautiful **is** she?

How difficult **is** it?

How relieved **are** you?

How interesting **is** the movie?

~이 얼마나 …야?

상황이 얼마나 심각한데 그래?

걔, 얼마나 많이 아파?

그녀가 얼마나 예쁜데 그 난리야?

그게 그렇게 어려워?

얼마나 안심이 되는데?

그 영화가 얼마나 재미있는데 그래?

＊relieved 안심한, 안도한

How was/were ~?

How was your day?

How was your night?

How was your date?

How was your trip?

How were they?

How were the computer games?

~이 어땠어?

오늘 하루 어땠어?

밤에 괜찮았어?

데이트 어땠어?

여행은 어땠어?

걔들 어땠어?

그 컴퓨터 게임들 어땠어?

반으로 접어 공부하세요!

❶ How is/are ~?

🎧 61-3.mp3

A	**How is the weather?**	----------------------------
B	Not great, but it doesn't bother me at all.	아주 좋은 건 아니지만 불편한 거 전혀 없어.
A	Happy to hear that.	다행이다.
B	I'm glad that I can stay here.	여기에 머물 수 있어서 정말 기분 좋아.

❷ How (형용사) is/are ~?

🎧 61-4.mp3

A	Stay away from that restaurant.	그 식당에 가지 마.
B	**How bad is the restaurant?**	----------------------------
A	The food is not good and they're impolite.	음식이 별로인데다 불친절해.
B	I see.	그렇구나.

＊impolite 불친절한, 무례한

❸ How was/were ~?

🎧 61-5.mp3

A	**How was your day?**	----------------------------
B	I was busy all day.	하루 종일 바빴어.
A	What kept you so busy?	왜 그렇게 바빴는데?
B	There were a lot of phone calls.	전화가 무척 많이 왔어.

| 정답 |

❶ 날씨는 어때?

❷ 그 식당이 얼마나 안 좋은데 그래?

❸ 오늘 하루 어땠어?

62

모르는 걸 물어볼 때 항상 쓰는 핵심패턴

상대방의 의향이나 생각을 묻고 싶다면
What do you think ~?

강의 및 예문 듣기

~을 어떻게 생각해?

준비단계

핵심패턴 감잡기

핵심패턴이 어떻게 쓰이는지 설명과 예문으로 감을 잡아 보세요.

What do you think (of ~) ?　　너는 (~을) 어떻게 생각해?

What do you think of 다음에 명사를 사용하는 패턴입니다. 명사에 대한 상대방의 생각을 묻는 질문이지요. 오랜 생각과 고민 끝에 떠오르는 답이 아니라 그 명사를 생각하면 직감적으로, 또는 순간적으로 떠오르는 생각을 묻는 질문입니다.

나를 한동안 만나 보았으니 나에 대한 나름대로의 생각이 생겼을 텐데…

What do you think of me?　　너는 나를 어떻게 생각해?

What do you think about ~?　너는 ~에 대해서 어떻게 생각해?

What do you think about 다음에 명사나 명사절을 사용하는 패턴입니다. 명사에 대해서 시간적인 여유를 두고 이런저런 생각을 해 본 후에 결론적으로 어떤 생각에 이르게 되었는지를 묻는 질문입니다.

네가 그 책을 다 읽고 난 후에 생긴 느낌이 있을 텐데. 물어봐도 될까?

What do you think about the book?　그 책 어때?

What do you think (절)?　　　너는 …이 무엇을 ~한다고 생각해?

What do you think 다음에 절이 나오는 패턴입니다. do you think가 삽입구의 형태로 들어가서 '네 생각에는'의 의미를 전합니다. 결국 '네 생각에는 …이 무엇을 ~하는 것 같니?'라는 의미입니다.

너, 지금 생각이 있는 거야, 없는 거야? 네가 생각이 있는 아이라면 그런 행동을 하면 안 되잖아.

What do you think you're doing?
네 생각에는 지금 네가 무슨 짓을 하고 있는 것 같니? 너, 지금 도대체 무슨 짓을 하고 있는 거야?

1단계
핵심패턴 입에 붙이기
해석은 보지 말고 오디오 파일을 듣고 영어를 따라 말해 보세요.
🎧 62-1.mp3

2단계
핵심패턴 말하기
이번에는 우리말 해석을 보면서 영어로 말해 보세요. 3초 안에 영어가 나오면 성공!
🎧 62-2.mp3

What do you think (of ~) ?

What do you think?

What do you think of him?

What do you think of my idea?

What do you think of my plan?

What do you think of the way he talks?

What do you think of the way she looks?

너는 (~을) 어떻게 생각해?

네 생각은 어때?

그를 어떻게 생각해?

내 아이디어 어때?

내 계획 어때?

그가 말하는 태도가 어떤 거 같아?

그녀의 외모는 어떤 거 같아?

What do you think about ~?

What do you think about that?

What do you think about his suggestion?

What do you think about what he said?

What do you think about the picture?

What do you think about the new products?

What do you think about her new business?

너는 ~에 대해서 어떻게 생각해?

네 생각에 그건 어떤 거 같아?

그의 제안이 네가 볼 땐 어떤 거 같아?

그가 한 말에 대해서 너는 어떻게 생각해?

그 그림에 대한 너의 생각은 어때?

그 신제품들에 대한 네 생각은 어때?

그녀의 새로운 사업은 네가 생각할 때 어떤 것 같아?

＊suggestion 제안

What do you think (절) ?

What do you think I have to do?

What do you think he wants to eat?

What do you think we should do?

What do you think I need to buy?

What do you think you need to prepare?

What do you think she likes to choose?

너는 …이 무엇을 ~한다고 생각해?

과연 내가 뭘 해야 될까?

네 생각에는 걔가 뭘 먹고 싶어하는 것 같아?

우리가 뭘 해야 되는 걸까?

내가 뭘 사야 되는 걸까?

네가 뭘 준비해야 된다고 생각해?

그녀가 뭘 선택하고 싶어할까?

반으로 접어 공부하세요!

3단계
핵심패턴 실전 활용

핵심패턴이 쓰인 문장을
직접 해석해 보세요. 해석
이 된다면 오디오 파일을
듣고 따라 말해 보세요.

❶ What do you think (of ~) ?

🎧 62-3.mp3

A **What do you think of the way she looks?** ----------

B I like it. She's beautiful. 난 마음에 들어. 예쁘잖아.

A But her clothes. They're a little loud. 하지만 그녀의 옷 말이야. 좀 야해.

B She has her own taste. 자기 취향이 있는 거니까.

＊loud 야한, 화려한

❷ What do you think about ~?

🎧 62-4.mp3

A **What do you think about his suggestion?** ----------

B I think it's unfair. 부당하다고 생각해.

A I think so, too. 나도 그래.

B It is stupid. 한심해.

❸ What do you think (절)?

🎧 62-5.mp3

A **What do you think we should do?** ----------

B Don't ask me. 그걸 왜 나한테 물어?

A You're the only one we can turn to. 우리가 의지할 수 있는 사람은 너뿐이야.

B Please don't say that. 제발 그런 소리 마.

＊turn to 의지하다

| 정답 |

❶ 그녀의 외모를 어떻게 생각해?

❷ 그의 제안을 어떻게 생각해?

❸ 우리가 뭘 해야 될까?

63 모르는 걸 물어볼 때 항상 쓰는 핵심패턴

상대가 원하는 것을 확인하고 싶다면
Do you want to ~? ~하고 싶어?

강의 및 예문 듣기

Do you want ~?　　　　　　　　너는 ~을 원하니?

Do you want 다음에 명사나 대명사가 나오는 패턴입니다. 상대방이 뭔가를 원하는지 묻는 질문입니다. want는 타동사이기 때문에 명사나 대명사를 목적어로 받게 됩니다.

일을 아주 열심히 하시는군요. 마실 것 좀 마시면서 하시죠. 우유 좋아하시죠?

Do you want some milk?　우유 좀 드릴까요?

Do you want to ~?　　　　　　　　너, ~하고 싶어?

Do you want to 다음에 동사원형이 오는 패턴입니다. to부정사가 want의 목적어로 쓰이는 명사적 용법입니다. 상대방이 뭐 하는 것을 원하는지 묻는 패턴이라서 '~하고 싶어?' 정도의 의미로 말할 때 활용하세요.

네가 공부하는 스타일을 보면 유학을 가더라도 뒤처지지 않고 잘할 수 있을 것 같은데…

Do you want to study abroad?　유학 가고 싶니?

Do you want me to ~?　　　　　　너 내가 ~하기를 원하니?

Do you want me to 다음에 동사원형이 오는 패턴입니다. to부정사는 미래의 행위를 말할 때 사용합니다. 문법상의 형식도 형식이지만 그 의미를 이해하는 것이 더욱 중요합니다.

나는 너희들하고 같이 있고 싶은데, 너희들은 그렇지 않은가 봐.

Do you want me to leave?　너는 내가 떠나는 게 좋겠어?

Do you want ~?

Do you want some coke?

Do you want some help?

Do you want some more?

Do you want some more time?

Do you want some advice?

Do you want something to eat?

너는 ~을 원하니?

콜라 좀 줄까?

도움이 필요해?

더 먹을래?

시간이 더 필요해?

충고해 줄까?

뭐 먹을 걸 좀 줄까?

Do you want to ~?

Do you want to take a shower?

Do you want to come with me?

Do you want to stay for dinner?

Do you want to go to see a movie?

Do you want to take a break?

Do you want to eat out?

너, ~하고 싶어?

샤워하고 싶어?

나하고 같이 갈래?

저녁 먹고 갈래?

영화 보러 갈까?

좀 쉬었다 할래?

외식할까?

Do you want me to ~?

Do you want me to deal with him?

Do you want me to help you?

Do you want me to buy you a drink?

Do you want me to drive you home?

Do you want me to look after her?

Do you want me to quit this job?

넌 내가 ~하기를 원하니?

걔는 내가 처리할까?

내가 도와줄까?

내가 한잔 살까?

집까지 차로 바래다줄까?

내가 그녀를 돌봐 주기를 원해?

내가 이 일을 그만두면 좋겠어?

＊look after ~을 돌보다

▲
반으로 접어 공부하세요!

❶ Do you want ~?

🔊 63-3.mp3

A	I feel a little tired.	나 좀 피곤해.
B	**Do you want some coke?**	------------------------------
A	No, thanks. I don't like soft drinks.	아니, 괜찮아. 난 탄산음료 싫어.
B	Do you want to get some fresh air then?	그러면 바람 좀 쐴래?

❷ Do you want to ~?

🔊 63-4.mp3

A	**Do you want to go to see a movie?**	------------------------------
B	I'd like to, but there's nothing good playing.	그러고는 싶은데, 좋은 영화 상영하는 거 없어.
A	Let me check out the listings in the newspaper.	신문에 나온 영화 코너 확인 좀 해 보자.
B	Okay.	그래.

❸ Do you want me to ~?

🔊 63-5.mp3

A	**Do you want me to deal with him?**	------------------------------
B	No, you don't have to.	아니야. 그럴 필요 없어.
A	But you need some help.	하지만 넌 도움이 필요하잖아.
B	No. I can manage.	아니. 내가 해낼 수 있어.

| 정답 |
❶ 콜라 마실래?

❷ 영화 보러 갈래?

❸ 걔는 내가 알아서 처리할까?

64

모르는 걸 물어볼 때 항상 쓰는 핵심패턴

의향이나 생각을 묻고 싶다면

What do you want to ~?

강의 및 예문 듣기

무엇을 ~하고 싶은 거야?

준비단계

핵심패턴 감잡기

핵심패턴이 어떻게 쓰이는지 설명과 예문으로 감을 잡아 보세요.

What do you want to ~?　　너는 무엇을 ~하고 싶은 거야?

What do you want to 다음에 동사원형이 나오는 패턴입니다. 상대방이 무엇을 하기 원하는지를 묻는 질문입니다.

네가 먹고 싶은 건 다 사 줄 테니까 말해 봐.

What do you want to eat?　무엇을 먹고 싶어?

What do you want me to ~?　너는 내가 무엇을 ~하기 원해?

What do you want me to 다음에 동사원형이 나오는 패턴입니다. '당신은 내가 무엇을 ~하기 원하는'가라는 의미로 묻는 질문입니다.

난 지금 뭘 어떻게 해야 할지 모르겠네. 당신 생각을 듣고 싶어.

What do you want me to do?　당신은 내가 무엇을 하면 좋겠어?

What do you want (사람) to ~?　너는 …이 무엇을 ~하기 원해?

What do you want (사람) to 다음에 동사원형이 나오는 패턴입니다. '당신은 …이 무엇을 ~하기 원하는'가를 묻는 질문입니다.

나는 네가 왜 그를 그렇게 다루는지 모르겠어. 왜 그래?

What do you want him to do?　너는 그가 뭘 하기를 원하는 거야?

🔊 64-1.mp3 · 🔊 64-2.mp3

What do you want to ~?
너는 무엇을 ~하고 싶은 거야?

What do you want to do?
뭘 하고 싶어?

What do you want to ask?
뭘 묻고 싶은데?

What do you want to know?
뭘 알고 싶어?

What do you want to say to me?
나한테 무슨 말을 하고 싶어?

What do you want to see?
뭘 보고 싶어?

What do you want to check out?
뭘 확인하고 싶은 거야?

What do you want me to ~?
너는 내가 무엇을 ~하기 원해?

What do you want me to put on?
내가 무슨 옷을 입으면 좋겠어?

What do you want me to say to him?
내가 그에게 뭐라고 말할까?

What do you want me to bring?
내가 뭘 가져가면 좋을까?

What do you want me to sing?
내가 무슨 노래를 부르면 좋을까?

What do you want me to choose?
내가 뭘 선택하면 좋을까?

What do you want me to cook?
내가 무슨 요리를 하면 좋을까?

＊put on ~을 입다/착용하다

What do you want (사람) to ~?
너는 …이 무엇을 ~하기 원해?

What do you want him **to** bring?
너는 그가 무엇을 가져오기 바라니?

What do you want him **to** show you?
너는 그가 무엇을 보여 주길 바라니?

What do you want her **to** prove?
너는 그녀가 무엇을 증명해 보이길 바라는 거야?

What do you want her **to** suggest?
너는 그녀가 무엇을 제안해 주기를 바라는 거야?

What do you want us **to** do?
우리가 뭘 어떻게 해 줄까?

What do you want us **to** prepare?
우리가 뭘 준비하면 좋을까?

반으로 접어 공부하세요!

❶ What do you want to ~?

🔊 64-3.mp3

A **What do you want to say to me?**

B Forget it.

됐어. 신경쓰지 마.

A Come on. You wanted to talk with me.

왜 그래. 나하고 얘기하고 싶어했잖아.

B Yes, I did, but not now.

그랬지. 하지만 지금은 아니야.

❷ What do you want me to ~?

🔊 64-4.mp3

A **What do you want me to put on?**

B I want you to wear the blue dress.

파란색 드레스 입으면 좋겠어.

A The one you bought me last year?

당신이 작년에 사 준 거?

B That's it.

그래, 그거.

❸ What do you want (사람) to ~?

🔊 64-5.mp3

A **What do you want her to prove?**

B I want her to prove how much she loves me.

나를 얼마나 사랑하는지 보여 주면 좋겠어.

A How do you think she can prove that?

그녀가 그걸 어떻게 증명해?

B I don't know. It's up to her.

나야 모르지. 그녀가 알아서 해야지.

＊prove 증명하다

| 정답 |
❶ 나한테 무슨 말이 하고 싶어?

❷ 내가 뭘 입으면 좋을까?

❸ 그녀가 뭘 증명해 보이면 좋겠어?

65

모르는 걸 물어볼 때 항상 쓰는 핵심패턴

조언을 구하고 싶을 땐

What should I ~?

강의 및 예문 듣기

내가 뭘 ~하면 되는 거야?

준비단계

핵심패턴 감잡기

핵심패턴이 어떻게 쓰이는지 설명과 예문으로 감을 잡아 보세요.

What should I ~? 　　내가 뭘 ~하면 되는 거야?

What should I 다음에 동사원형이 나오는 패턴입니다. 내가 무엇을 하는 게 옳은 것인지를 상대에게 묻는 것입니다. 조동사 should는 '강한 권유'의 의미를 갖습니다.

그게게 이런 상황에서 무슨 말을 해야되는지 정말 모르겠어.

What should I say to him? 　내가 그에게 무슨 말을 해야 돼?

What do you think I should ~? 네 생각에 내가 뭘 ~해야 돼?

What do you think I should 다음에 동사원형이 나오는 패턴입니다. 내가 뭘 해야 하는지 상대방의 생각을 물을 때, '네 생각으로는'을 뜻하는 do you think를 원래 의문문이었던 What should I에서 What과 should I 사이에 삽입구로 넣어 말하는 거죠. 이때 should I는 I should로 순서가 바뀌게 됩니다.

사실 나는 지금 내가 뭘 해야 되는 것인지 잘 모르겠어.

What do you think I should do? 　네 생각에는 내가 무엇을 해야 되겠니?

What am I supposed to ~? 　　내가 뭘 ~해야 돼?

What am I supposed to 다음에 동사원형이 나오는 패턴입니다. be supposed to는 어떤 행위가 전제되어 있다는 속뜻이 있어서 '~을 해야 하다', '~을 하기로 되어 있다' 등의 의미를 나타냅니다.

이런 분위기에서 나는 정말 무슨 말을 해야되고 무슨 질문을 해야되는 건지 모르겠어.

What am I supposed to ask him? 　내가 그에게 무슨 질문을 해야 되는 거야?

1단계	해석은 보지 말고 오디오 파일을	2단계	이번에는 우리말 해석을 보면서
핵심패턴 입에 붙이기	듣고 영어를 따라 말해 보세요.	핵심패턴 말하기	영어로 말해 보세요. 3초 안에 영어가 나오면 성공!

🎧 65-1.mp3   🎧 65-2.mp3

What should I ~?　　내가 뭘 ~하면 되는 거야?

What should I do with it?　　그걸로 내가 뭘 해야 돼?

What should I do to help him?　　그를 돕기 위해 내가 뭘 해야 돼?

What should I pack in my carry-on?　　기내 휴대 가방에 뭘 넣어야 해?

What should I prepare for that?　　그걸 위해서 무슨 준비를 해야 돼?

What should I give to him?　　그에게 뭘 줘야 되는 거야?

What should I send to her?　　그녀에게 뭘 보내야 돼?

＊carry-on 기내 휴대용 수하물

What do you think I should ~?　　네 생각에 내가 뭘 ~해야 돼?

What do you think I should report?　　내가 뭘 보고해야 한다고 생각하니?

What do you think I should attend to?　　내가 뭐에 신경써야 하는 것 같니?

What do you think I should buy for her?　　네 생각에는 내가 그녀에게 뭘 사 주어야 좋겠니?

What do you think I should recommend?　　네 생각에 내가 뭘 추천하는 게 좋겠니?

What do you think I should throw away?　　내가 뭘 버려야 한다고 생각하니?

What do you think I should give up?　　내가 뭘 포기해야 한다고 생각하니?

＊attend to ~을 처리하다/돌보다

What am I supposed to ~?　　내가 뭘 ~해야 돼?

What am I supposed to read?　　내가 뭘 읽어 봐야 되는 거야?

What am I supposed to watch?　　내가 뭘 관찰해야 되는 거야?

What am I supposed to give as a gift?　　내가 선물로 뭘 줘야 돼?

What am I supposed to say?　　내가 뭐라고 말해야 되는 거지?

What am I supposed to talk to him about?　　내가 그와 무슨 이야기를 해야 되는 거야?

What am I supposed to tell her?　　내가 그녀에게 무슨 얘기를 해 줘야 돼?

▲
반으로 접어 공부하세요!

3단계
핵심패턴 실전 활용

핵심패턴이 쓰인 문장을
직접 해석해 보세요. 해석
이 된다면 오디오 파일을
듣고 따라 말해 보세요.

❶ What should I ~?

🔊 65-3.mp3

A **What should I send to her?**	
B These books.	이 책들을 보내.
A And?	그리고요?
B That's all.	그게 다야.

❷ What do you think I should ~?

🔊 65-4.mp3

A **What do you think I should give up?**	
B Give up your job.	네 일을 포기해야지.
A My job?	내 일을?
B You need to study more.	넌 더 공부해야 돼.

❸ What am I supposed to ~?

🔊 65-5.mp3

A **What am I supposed to tell her?**	
B Tell her that you love her.	사랑한다고 해.
A It may confuse her deeply.	그러면 그녀를 아주 혼란스럽게 만들지도 몰라.
B I don't think so.	난 그렇게 생각 안 해.

| 정답 |
❶ 그녀에게 뭘 보내야 돼요?
❷ 내가 뭘 포기해야 한다고 생각하니?
❸ 난 그녀에게 뭐라고 말해야 될까?

242

66

모르는 걸 물어볼 때 항상 쓰는 핵심패턴

계획이나 할 일이 궁금하다면
What are you going to ~?

강의 및 예문 듣기

너는 뭘 ~할 건데?

준비단계

핵심패턴 감잡기

핵심패턴이 어떻게 쓰이는지 설명과 예문으로 감을 잡아 보세요.

What are you going to ~?　　　　너는 뭘 ~할 건데?

What are you going to 다음에 동사원형이 나오는 패턴입니다. 상대가 뭔가를 하기로 마음먹어 둔 것을 묻는 질문입니다. be going to는 '~을 하기로 진작부터 마음먹고 있었다'의 의미입니다.

네 얼굴을 보니까 이미 결심한 바가 있는 것 같은데…

What are you going to do?　 넌 뭘 할 건데?

Are you planning to ~?　　　　　너, ~할 계획이야?

Are you planning to 다음에 동사원형이 나오는 패턴입니다. 동사 plan을 쓰고 있기 때문에 상대의 현재 계획을 묻는 질문입니다. 물론 '너는 ~할 생각이니?'라는 의미를 전할 때도 사용할 수도 있습니다.

너무 성급한 것 같기도 한데, 네 생각이 그렇다면 누가 막겠어?

Are you planning to marry her?　　너, 그녀와 결혼할 계획이야?

Do you have plans for ~?
Have you made plans for ~?　　　너, ~에 약속 있어?

Do you have plans for ~?나 Have you made plans for ~? 다음에 명사가 오는 패턴입니다. 명사를 위한 계획이 있는지를 묻는 것이지요. 계획은 약속을 의미하기도 하기 때문에 '~에 약속 있어?'라는 의미를 나타낼 때 활용해도 좋습니다.

오늘 밤에는 식구들끼리 모여서 저녁 식사를 좀 했으면 좋겠는데…

Do you have plans for tonight?　　오늘 밤에 약속 있어?

1단계
핵심패턴 입에 붙이기

해석은 보지 말고 오디오 파일을 듣고 영어를 따라 말해 보세요.

🔊 66-1.mp3

2단계
핵심패턴 말하기

이번에는 우리말 해석을 보면서 영어로 말해 보세요. 3초 안에 영어가 나오면 성공!

🔊 66-2.mp3

What are you going to ~?

너는 뭘 ~할 건데?

What are you going to do on Christmas?

크리스마스에 뭐 할 거야?

What are you going to sing for her?

그녀를 위해서 무슨 노래를 해 줄 거야?

What are you going to buy for them?

그들에게 뭘 사 주려고?

What are you going to do about her attitude?

그녀의 태도를 어떻게 할 거야, 그냥 넘어가?

What are you going to read?

너는 무슨 책을 읽을래?

What are you going to apply for?

너는 어디에 신청해 볼 생각이야?

Are you planning to ~?

너, ~할 계획이야?

Are you planning to do it?

너, 정말 그럴 생각이야?

Are you planning to leave tomorrow?

내일 떠날 거야?

Are you planning to assist him?

그를 도와줄 생각이야?

Are you planning to study abroad?

유학 갈 계획이야?

Are you planning to go on a business trip?

출장 갈 계획이에요?

Are you planning to throw a party?

파티를 열려고?

Do you have plans for ~?
Have you made plans for ~?

너, ~에 약속 있어?

Do you have plans for tomorrow?

너, 내일 약속 있어?

Do you have plans for this evening?

오늘 저녁에 약속 있니?

Do you have plans for this weekend?

이번 주말에 약속 있어?

Have you made plans for lunch?

점심 약속 있어?

Have you made plans for your birthday?

생일에 약속 있어?

Have you made plans for Valentine's Day?

발렌타인 데이에 약속 있니?

3단계
핵심패턴 실전 활용

핵심패턴이 쓰인 문장을
직접 해석해 보세요. 해석
이 된다면 오디오 파일을
듣고 따라 말해 보세요.

❶ What are you going to ~?

🎧 66-3.mp3

A What are you going to do about her attitude?

B There is nothing I can do.　내가 할 수 있는 건 아무것도 없어.

A Have you given up on her?　걔를 포기한 거야?

B Yes.　그래.

＊attitude 태도　give up on ~에 대한 기대 등을 포기하다

❷ Are you planning to ~?

🎧 66-4.mp3

A Are you planning to leave tomorrow?

B I was, but not anymore.　그랬었는데 지금은 아니야.

A What changed your mind?　왜 생각을 바꿨어?

B I love it here. I'll stay a few more days.　여기가 마음에 들어. 며칠 더 머물 거야.

❸ Do you have plans for ~?
Have you made plans for ~?

🎧 66-5.mp3

A Do you have plans for this evening?

B Yes, I'm planning to meet John.　그래. 존을 만나기로 했어.

A John? Are you still in contact with him?　존? 너 아직도 걔하고 연락해?

B Yes. I love him.　그럼. 나, 걔 사랑해.

| 정답 |
❶ 그녀의 태도를 어떻게 할 거야?
❷ 내일 떠날 생각이야?
❸ 오늘 저녁에 약속 있어?

245

67

모르는 걸 물어볼 때 항상 쓰는 핵심패턴

이유가 궁금하다면 **Why ~?**

왜 ~하는 거야?

강의 및 예문 듣기

준비단계

핵심패턴 감잡기

핵심패턴이 어떻게 쓰이는지 설명과 예문으로 감을 잡아 보세요.

Why are you ~?   너는 왜 ~인 거야?

Why are you 다음에 형용사가 나오는 패턴입니다. 상대가 어떤 상태에 있는 이유를 묻는 것이지요. 이 표현을 활용할 때 형용사 자리에 현재분사(~ing)와 과거분사(~ed)도 사용할 수 있습니다.

아니 평소에 화라고는 내 본 적이 없는 사람인데…
Why are you so angry?   너, 왜 그렇게 화난 거야?

Why do you ~?   너는 왜 ~하는 거야?

Why do you 다음에 동사원형이 나오는 패턴입니다. 시제가 현재라는 사실을 잘 기억하면서 활용해야 합니다. 상태동사일 때는 지금 당장의 이유를 묻는 것이지만 동작동사일 때는 평소에 그러는 이유를 묻는 것입니다.

아무리 생각해도 네가 그 사람을 떠나지 못하는 이유를 모르겠어.
Why do you need him?   너는 그 사람이 왜 필요한데?

Why did you ~?   너, 왜 ~했어?

Why did you 다음에 동사원형이 나오는 패턴입니다. 과거에 왜 그런 행위를 했는지를 묻는 질문이지요. 의문문에 do와 did를 쓰면 주어 다음에 동사원형이 나온다는 사실을 잊어서는 안됩니다.

내가 이해가 안돼서 묻는 거야. 사실대로 말해 주면 좋겠어.
Why did you do that?   너, 왜 그랬던 거야?

1단계
핵심패턴 입에 붙이기

해석은 보지 말고 오디오 파일을 듣고 영어를 따라 말해 보세요.

🎧 67-1.mp3

2단계
핵심패턴 말하기

이번에는 우리말 해석을 보면서 영어로 말해 보세요. 3초 안에 영어가 나오면 성공!

🎧 67-2.mp3

Why are you ~?

Why are you upset?

Why are you so happy?

Why are you so confused?

Why are you saying this?

Why are you so dressed up?

Why are you so interested?

너는 왜 ~인 거야?

너, 왜 속이 상해서 그래?

너, 왜 그렇게 기분이 좋아?

왜 그렇게 혼란스러워해?

네가 지금 이 말을 하고 있는 이유가 뭔데?

너, 왜 그렇게 옷을 차려입었어?

너, 왜 그렇게 관심이 많아?

Why do you ~?

Why do you want to know?

Why do you say that?

Why do you continue to live here?

Why do you keep doing this to me?

Why do you keep asking me that?

Why do you need it?

너는 왜 ~하는 거야?

왜 알고 싶은데?

네가 평소에 그 말을 하고 다니는 이유가 뭐야?

왜 계속 여기에서 사는 거야?

왜 나한테 계속 이러는 건데?

그걸 왜 나한테 계속 묻는 거야?

그게 왜 필요한데?

Why did you ~?

Why did you lie to me?

Why did you think that?

Why did you call me so late?

Why did you tell me the truth?

Why did you break your promises?

Why did you tell on me?

너, 왜 ~했어?

왜 나한테 거짓말을 했어?

그런 생각을 한 이유가 뭐야?

나한테 그렇게 늦은 시간에 전화한 이유가 뭐야?

나한테 진실을 말한 이유가 뭔데?

약속을 어긴 이유가 뭐야?

나를 고자질한 이유가 뭐냐고?

＊tell on ~을 일러바치다

3단계

핵심패턴 실전 활용

핵심패턴이 쓰인 문장을
직접 해석해 보세요. 해석
이 된다면 오디오 파일을
듣고 따라 말해 보세요.

❶ Why are you ~?

🔊 67-3.mp3

A **Why are you so confused?**

B I don't understand why he keeps saying
that to me.

왜 그 사람이 나한테 계속 그런
소리를 하는지 이해가 안 돼.

A He loves you.

그가 너를 사랑하는 거잖아.

B I don't think so. He has a girlfriend.

아니야. 그 사람 애인 있어.

❷ Why do you ~?

🔊 67-4.mp3

A **Why do you want to know?**

B This is important to me.

이건 나한테 중요한 문제야.

A Why is it so important to you?

그게 너한테 왜 그렇게 중요한
건데?

B Don't ask me. Just tell me the truth.

그런 건 묻지 마. 어서 사실대로
말해 줘.

❸ Why did you ~?

🔊 67-5.mp3

A **Why did you lie to me?**

B I thought you would be angry with me.

네가 나한테 화낼까봐.

A You didn't think I would find out the
truth?

내가 사실을 알게 될 거라는 생
각 못했어?

B No, I didn't.

응.

| 정답 |

❶ 왜 그렇게 혼란스러워해?

❷ 너, 왜 알고 싶은데?

❸ 너, 왜 나한테 거짓말했어?

68

모르는 걸 물어볼 때 항상 쓰는 핵심패턴

이유가 궁금하다면
How come you ~? 너는 왜 ~인 거야?

강의 및 예문 듣기

How come you are ~? 너는 왜 ~인 거야?

How come you are 다음에 형용사나 분사가 나오는 패턴입니다. how come 패턴은 why 패턴과 마찬가지로 이유를 묻지만 느낌은 다릅니다. why는 '이유'에 집중된 것이고 how come은 이유에 '놀라움'이 포함됩니다. 전혀 생각하지 못했다가 놀라면서 이유를 묻는 것이지요. why 다음에는 주어와 동사가 도치되지만 how come 다음에는 평서문의 형태가 나온다는 것도 서로 다른 점입니다.

이곳은 네가 있을 자리가 아니라고 생각하는데, 이게 어떻게 된 거야?

How come you are here? 네가 왜 여기에 있어?

How come you (일반동사 현재시제)? 너는 왜 ~하는 거야?

How come you 다음에 일반동사 현재시제가 나오는 패턴입니다. 상대가 왜 평소에 그런 행동을 하는지 몰라서 놀라며 묻는 질문입니다.

가족이 있으면 정기적으로든 간헐적이든 만나서 시간을 같이 보내야 되는 거 아닌가?

How come you don't meet your family?
너는 왜 평소에 식구들을 만나지 않아?

How come you (과거시제)? 너는 왜 ~했던 거야?

How come you 다음에 과거시제가 나오는 패턴입니다. 상대가 과거에 왜 그런 행동을 했는지를 묻는 질문이지요. 의아하고 놀라워하며 던지는 질문임을 기억해야 합니다.

정말 놀랍다. 어떻게 네가 나한테 거짓말을 할 수 있는 거야? 이게 말이나 돼?

How come you lied to me? 네가 도대체 왜 나한테 거짓말을 한 거야?

1단계
핵심패턴 입에 붙이기

해석은 보지 말고 오디오 파일을 듣고 영어를 따라 말해 보세요.

🎧 68-1.mp3

2단계
핵심패턴 말하기

이번에는 우리말 해석을 보면서 영어로 말해 보세요. 3초 안에 영어가 나오면 성공!

🎧 68-2.mp3

How come you are ~?

How come you are so generous?

How come you are so sick?

How come you are asking me that?

How come you are calling me bad names?

How come you are crying?

How come you are so depressed?

너는 왜 ~인 거야?

어쩜 너, 그렇게 너그러울 수가 있어?

네가 왜 이렇게 아픈 건데?

네가 나한테 그런 질문은 왜 해?

도대체 네가 왜 나한테 욕을 해?

왜, 왜 그러는 거야? 왜 울어?

너, 도대체 왜 그렇게 우울한 거야?

＊generous 관대한, 너그러운
call somebody names ~을 욕하다/험담하다

How come you (일반동사 현재시제)?

How come you put lipstick on?

How come you know so much about me?

How come you don't drive?

How come you don't drink coffee?

How come you don't use a cell phone?

How come you don't date?

너는 왜 ~하는 거야?

네가 왜 립스틱을 발라?

도대체 네가 왜 나에 대해서 그렇게 많은 걸 알고 있어?

아니, 왜 운전을 안 해요?

커피를 안 마시는 이유가 뭐예요?

아니, 도대체 핸드폰을 사용하지 않는 이유가 뭐예요?

아니, 데이트를 하지 않는 이유가 뭔데요?

How come you (과거시제)?

How come you bought him dinner?

How come you didn't keep your promises?

How come you didn't return my texts?

How come you ignored me?

How come you accepted his offer?

How come you were angry with her?

너는 왜 ~했던 거야?

네가 왜 걔한테 저녁을 샀어?

넌 왜 약속을 지키지 않았던 거야?

내 문자에 왜 답을 안 했어?

아니, 왜 나를 무시한 거야?

도대체 왜 그의 제안을 받아들였던 거야?

왜 그녀 때문에 화가 났던 거야?

반으로 접어 공부하세요!

3단계
핵심패턴 실전 활용

핵심패턴이 쓰인 문장을
직접 해석해 보세요. 해석
이 된다면 오디오 파일을
듣고 따라 말해 보세요.

❶ How come you are ~?

🎧 68-3.mp3

A	**How come you're so depressed?**	
B	I lost my job.	직장을 잃었어.
A	Did you?	그랬어?
B	I don't want to live.	살고 싶지 않아.

❷ How come you (일반동사 현재시제)?

🎧 68-4.mp3

A	**How come you don't drive?**	
B	I'm scared of driving.	운전이 무서워요.
A	You have a driver's license, don't you?	운전면허는 있는 거죠?
B	No, I don't.	아니, 없어요.

＊driver's license 운전면허

❸ How come you (과거시제)?

🎧 68-5.mp3

A	**How come you didn't keep your promises?**	
B	Sorry. I couldn't help it.	미안해. 어쩔 수 없었어.
A	Why didn't you keep them?	왜 못 지킨 거냐고?
B	I didn't have any money.	돈이 전혀 없었어.

＊can't help it 어쩔 수 없다

| 정답 |
❶ 넌 도대체 왜 그렇게 우울한
건데?

❷ 왜 운전을 안 해요?

❸ 왜 약속을 지키지 못했던
건데?

251

69

모르는 걸 물어볼 때 항상 쓰는 핵심패턴

방법을 묻고 싶다면 **How can/do ~?**

어떻게 ~할 수 있니/하는 거야?

강의 및 예문 듣기

How can I ~?

내가 어떻게 ~할 수 있을까?

How can I 다음에 동사원형이 나오는 패턴입니다. '내가 어떻게 ~을 할 수 있는지', 그 방법을 상대에게 묻는 질문이지요. 조동사 can은 '가능성'의 의미를 전합니다.

어서 오세요. 찾으시는 거나 도움이 필요하신 게 있으면 무엇이든지 질문하세요.

How can I help you? 뭘 어떻게 도와드릴까요?

How do you ~?

너는 어떻게 ~하니?

How do you 다음에 동사원형이 오는 패턴입니다. 의문사 how가 '어떻게'이기 때문에 방법을 물을 때 사용하게 되지요. 현재시제는 '보통', '일반적으로' 등의 의미를 넣어서 이해한다는 사실을 항상 기억하셔야 합니다.

그건 쉽게 알 수 있는 내용이 아닌데, 네가 그걸 알고 있다는 사실이 놀라울 따름이야.

How do you know? 네가 어떻게 알아?

How did you ~?

너는 어떻게 ~했니?

How did you 다음에 동사원형을 사용하는 패턴입니다. 과거시제이기 때문에 과거에 이용했던 방법을 묻는 것입니다.

너, 자동차도 없으면서 여기에 어떻게 온 거야? 차가 없으면 찾아오기 쉽지 않은 곳인데.

How did you get here? 여긴 어떻게 온 거야?

How can I ~?

How can I put it?

How can I get in touch with him?

How can I cope financially?

How can I deal with it?

How can I explain this to him?

How can I take care of the dog?

내가 어떻게 ~할 수 있을까?

그걸 어떻게 표현하면 좋을까?

걔한테 어떻게 연락해?

경제적으로 힘든 이 상황을 어떻게 이겨 나갈 수 있을까?

그 일을 어떻게 처리하지?

이걸 걔한테 어떻게 설명하지?

저 개를 어떻게 보살펴야 되는 거야?

＊put it 말하다, 표현하다　cope 대처하다　financially 재정적으로

How do you ~?

How do you put up with it?

How do you like your coffee?

How do you want it?

How do you handle it?

How do you work under him?

How do you walk such a long distance?

너는 어떻게 ~하니?

넌 그걸 어떻게 참아?

커피 어떻게 타 줄까?

그걸 어떻게 만들어 줄까?

너는 그런 일을 어떻게 처리해?

넌 그 사람 아래에서 어떻게 일해?

넌 평소에 그렇게 먼 거리를 어떻게 걸어 다녀?

＊put up with ~을 참다

How did you ~?

How did you get his permission?

How did you happen to know him?

How did you get her phone number?

How did you know it was me?

How did you beat a ticket?

How did you win him over?

너는 어떻게 ~했니?

그의 허락을 어떻게 받아 냈어?

너는 그를 어떻게 알게 됐어?

넌 그녀의 전화번호를 어떻게 얻었어?

그게 나라는 걸 넌 어떻게 알았어?

너, 어떻게 딱지 안 끊겼어?

너, 어떻게 그의 도움을 얻게 된 거야?

＊beat a ticket (교통 위반) 딱지를 면하다
win over ~을 설득하다, ~을 자기 편으로 만들다

❶ How can I ~?

🎧 69-3.mp3

A **How can I explain this to him?**

B Just speak your mind. 마음 속에 있는 말을 다 털어놔.

A I may hurt him. 걔 마음에 상처를 줄지도 모르는데.

B He must understand the situation correctly. 걔가 상황을 정확하게 이해해야 돼.

＊speak one's mind 생각을 털어놓다

❷ How do you ~?

🎧 69-4.mp3

A **How do you put up with it?**

B I don't put up with it. I just live with it. 참는 거 아니야. 그냥 받아들이는 거지.

A How can you live with it? 그걸 어떻게 받아들일 수 있어?

B Hahaha. I don't know. 하하하. 나도 몰라.

❸ How did you ~?

🎧 69-5.mp3

A **How did you get her phone number?**

B My sister is a friend of hers. 내 여동생이 그녀의 친구야.

A Really? 진짜?

B Yes. So it was easy to get her number. 그래. 그래서 그녀의 번호를 따는 건 쉬웠어.

| 정답 |
❶ 이것을 그에게 어떻게 설명하지?

❷ 넌 그걸 어떻게 참아?

❸ 어떻게 그녀의 전화번호를 땄어?

70

모르는 걸 물어볼 때 항상 쓰는 핵심패턴

시간이 알고 싶다면 When ~?

언제 ~야?

강의 및 예문 듣기

핵심패턴이 어떻게 쓰이는지 설명과 예문으로 감을 잡아 보세요.

When do you[are you] ~?

너는 언제 ~해/~이야?

When do you 다음에는 동사원형이, When are you 다음에는 현재분사가 나오는 패턴입니다. 상대방에게 언제 무엇을 하는가, 즉 '시간'과 '때'를 묻는 질문입니다. When do you는 평소에 정해진 시간을, When are you 다음에는 현재분사가 오면서 '이미 정해진 미래'를 말하게 됩니다.

늘 회사까지 먼 거리를 출퇴근하는 당신. 얼마나 힘들까. 그래도 전혀 피곤한 내색을 하지 않는 당신.

When do you leave home? 보통 몇 시에 집에서 출발하나요?

When did you ~?

너는 언제 ~했니?

When did you 다음에 동사원형이 나오는 패턴입니다. 언제 어떤 일을 했는가를 묻는 질문이지요. 발음할 때 when을 특히 강조하면 좋습니다.

운전하는 솜씨가 보통이 아니네요. 꽤 오랫동안 운전하신 것 같은데.

When did you get your driver's license? 언제 운전면허 땄어요?

When will you[are you going to] ~? 너는 언제 ~을 할 거니?

When will you[are you going to] 다음에 동사원형을 사용하는 패턴입니다. 언제 어떤 행위를 할 것인지를 묻는 질문이지요. will은 확실하지는 않더라도 언제쯤일까를 묻는 것이고 be going to는 확실한 시간을 물을 때 사용합니다.

왜 나 만나는 걸 자꾸 미루는 거야? 이젠 내가 싫어졌어? 요즘 많이 달라진 거 알아?

When will you see me? 날 언제 만나려고?

1단계
핵심패턴 입에 붙이기
해석은 보지 말고 오디오 파일을 듣고 영어를 따라 말해 보세요.
🎧 70-1.mp3

2단계
핵심패턴 말하기
이번에는 우리말 해석을 보면서 영어로 말해 보세요. 3초 안에 영어가 나오면 성공!
🎧 70-2.mp3

When do you[are you] ~?

When do you need these by?

When do you want to start?

When do you get off work?

When are you leaving?

When are you expecting him?

When are you visiting her?

너는 언제 ~해/~이야?

이거 언제까지 필요해요?

넌 언제 시작할 거야?

넌 보통 몇 시에 퇴근해?

넌 언제 떠나?

그 분이 언제쯤 오시나요?

언제 그 분을 방문하시는 건가요?

When did you ~?

When did you hear that?

When did you leave New York?

When did you get that?

When did you make up your mind?

When did you call me?

When did you grow a conscience?

너는 언제 ~했니?

그 소리는 언제 들었어?

뉴욕에서 언제 떠났어?

그건 언제 샀어?

언제 결심한 거야?

나한테 언제 전화했어?

언제부터 그렇게 양심적이었어?

＊make up one's mind 결심하다　conscience 양심

When will you[are you going to] ~?

When will you be home?

When will you call him?

When will you meet her?

When are you going to talk to him?

When are you going to let me buy you dinner?

When are you going to be back?

너는 언제 ~을 할 거니?

집에 언제 들어올 거야?

걔한테 언제 전화하려고?

그녀를 언제 만날 건데?

걔하고 언제 대화하는 거야?

언제나 한번 제가 저녁 대접할 기회를 주시렵니까?

언제 돌아오는 건데?

반으로 접어 공부하세요!

핵심패턴이 쓰인 문장을
직접 해석해 보세요. 해석
이 된다면 오디오 파일을
듣고 따라 말해 보세요.

❶ When do you[are you] ~?

🎧 70-3.mp3

A **When do you need these by?** ----------

B Can I have them today? 오늘 찾아갈 수 있어요?

A We close at 7:00 on Sundays. 일요일에는 7시에 문을 닫아요.

B Then, I can swing by tomorrow. 그러면 내일 들를게요.

＊swing by 잠깐 들르다

❷ When did you ~?

🎧 70-4.mp3

A Why didn't you return my call? 왜 응답전화를 안 해?

B **When did you call me?** ----------

A Two hours ago. 2시간 전에 했잖아.

B Sorry. I was in a meeting. 미안. 회의 중이었어.

❸ When will you[are you going to] ~?

🎧 70-5.mp3

A **When are you going to be back?** ----------

B In an hour. 1시간 후에.

A So soon? 그렇게 금방?

B Yes, it's near here. 그래, 여기에서 가깝거든.

71

기간이 궁금하다면 **How long ~?**

얼마 동안 ~야?

강의 및 예문 듣기

준비단계

핵심패턴 감잡기

핵심패턴이 어떻게 쓰이는지 설명과 예문으로 감을 잡아 보세요.

How long does it take to ~?   ~하는 데 시간이 얼마나 걸려?

How long does it take to 다음에 동사원형이 나오는 패턴입니다. 어떤 것을 하는 데 일반적으로 시간이 얼마나 걸리는지를 묻는 것이지요. 현재시제이기 때문에 일반적으로 정해져 있는 시간을 묻는 것입니다.

나야 어디가 어딘지 전혀 모르니까, 거기 가려면 시간이 얼마나 걸리는지도 전혀 모르지.

How long does it take to get there?   거기 가는 데 시간이 보통 얼마나 걸려?

How long will (주어) ~?   (주어)가 ~하는 데 시간이 얼마나 걸릴까?

How long will (주어) 다음에 동사원형이 나오는 패턴입니다. 조동사 will을 사용하므로 일반적으로 예정된 시간이 아니라 불확실하게 예상하는 시간을 말합니다.

이렇게 교통이 막히면 시간을 예상할 수가 없잖아. 너무 늦으면 안 되는데 어쩌나.

How long will it take to get there?   거기 가는 데 시간이 얼마나 걸릴까?

How long have you[did it] ~?   네가/그것이 얼마나 ~했니?

How long have you 다음에 동사의 과거분사가 나오거나 How long did it 다음에 동사원형이 나오는 패턴입니다. 전자는 과거에 시작한 일이 지금까지 어느 정도의 시간이 흘렀는지를, 후자는 과거에 시작하여 과거에 마무리된 일의 시간이 얼마나 걸렸는지를 묻는 것입니다.

너, 정말 좋은 일 하는구나. 대단해. 난 네가 이 일을 언제 시작한지도 몰랐어.

How long have you been working here?   여기에서 일한 지 얼마나 됐어?

1단계	
핵심패턴 입에 붙이기	해석은 보지 말고 오디오 파일을 듣고 영어를 따라 말해 보세요.

🔊 71-1.mp3

2단계	
핵심패턴 말하기	이번에는 우리말 해석을 보면서 영어로 말해 보세요. 3초 안에 영어가 나오면 성공!

🔊 71-2.mp3

How long does it take to ~?

How long does it take to get it done?

How long does it take to learn it?

How long does it take to finish this course?

How long does it take to figure it out?

How long does it take to fly to L.A.?

How long does it take to cook it?

~하는 데 시간이 얼마나 걸려?

그 일 끝내는 데 시간이 얼마나 걸려?

그걸 배우는 데 시간이 얼마나 걸리는 거야?

이 코스를 끝내는 데 시간이 얼마나 걸립니까?

그 일을 파악하는 데 시간이 얼마나 걸려요?

L.A.까지 비행기로 얼마나 걸려?

그거 요리하는 데 시간이 얼마나 걸려?

How long will (주어) ~?

How long will it take to finish the book?

How long will the battery last?

How long will the meeting last?

How long will you stay here?

How long will you be there?

How long will you shop in the store?

(주어)가 ~하는 데 시간이 얼마나 걸릴까?

그 책 다 읽는 데 시간이 얼마나 걸릴까?

그 배터리가 얼마나 지속될까?

회의가 얼마나 계속될까?

여기에 얼마나 머무실 거예요?

거기에 얼마나 있을 거야?

그 가게에서 얼마 동안 쇼핑할 건데?

How long have you[did it] ~?

How long have you been married?

How long have you been waiting?

How long have you known each other?

How long did the meeting last?

How long did it take to download the movie?

How long did it take to fix the computer?

네가/그것이 얼마나 ~했니?

결혼한 지 얼마나 됐어?

얼마나 기다리고 있는 거야?

서로 알고 지낸 지 얼마나 됐어?

회의를 얼마 동안이나 한 거야?

그 영화를 다운 받는 데 시간 얼마나 걸렸어?

그 컴퓨터 고치는 데 시간 얼마나 걸렸어?

❶ How long does it take to ~?

🎧 71-3.mp3

A How long does it take to figure it out?	
B About three days. But it depends.	3일 정도. 하지만 상황에 따라 다르지.
A On what?	무슨 상황이요?
B Your ability.	네 능력.

＊it depends 사정 나름이다

❷ How long will (주어) ~?

🎧 71-4.mp3

A How long will you stay here?	
B About a week.	1주일 정도요.
A What are you going to do?	뭘 하실 겁니까?
B I'm here to shop.	전 여기 쇼핑 하러 온 거예요.

❸ How long have you[did it] ~?

🎧 71-5.mp3

A How long have you been waiting?	
B Three hours.	3시간이요.
A Three hours?	3시간?
B Don't look so surprised. She's been waiting for five hours.	그렇게 놀란 표정 짓지 마세요. 쟤는 5시간 기다렸어요.

| 정답 |
❶ 그걸 파악하는 데 보통 시간이 얼마나 걸려요?

❷ 여기에는 얼마나 머무실 거예요?

❸ 지금까지 얼마나 기다린 거야?

72

모르는 걸 물어볼 때 항상 쓰는 핵심패턴

장소가 궁금하다면

Where do you ~?

어디에서 ~해?

강의 및 예문 듣기

핵심패턴 감잡기

핵심패턴이 어떻게 쓰이는지 설명과 예문으로 감을 잡아 보세요.

Where do you ~?　　　　　너는 어디에서/어디로/어디를 ~해?

Where do you 다음에 동사원형이 나오는 패턴입니다. 장소를 묻는 질문이지요. 상대가 어느 장소를, 어느 장소에서, 어느 장소로 무엇을 하는가를 묻는 것입니다.

정말 오랜만이다. 어쩜 그렇게 소식을 끊고 살았어?

Where do you live?　지금 어디에 살아?

Where did you ~?　　　　　너는 어디에서/어디로/어디를 ~했어?

Where did you 다음에 동사원형이 나오는 패턴입니다. 상대가 어느 장소를, 어느 장소에서, 어느 장소로 무엇을 했는가를 묻는 질문입니다. did you 다음에는 반드시 동사원형이 나옵니다.

너는 워낙 많은 장소를 알고 있고 그 장소들이 다 좋잖아. 이번에는 그들에게 어디를 추천했는지 궁금해.

Where did you recommend?　어느 장소를 추천했어?

Where are/am/is (주어) ~? (주어)가 어디에서/어디로/어디를 ~하니?

Where are/am/is 다음에 주어로 문장이 마무리되거나 주어 뒤에 형용사, 또는 현재분사나 과거분사가 나오는 패턴입니다.

네가 지금 어디로 움직일 때가 아닌데 또 어디를 가겠다는 건지 모르겠네.

Where are you going?　지금 어디를 가는 거야?

1단계
핵심패턴 입에 붙이기
해석은 보지 말고 오디오 파일을 듣고 영어를 따라 말해 보세요.

🎧 72-1.mp3

2단계
핵심패턴 말하기
이번에는 우리말 해석을 보면서 영어로 말해 보세요. 3초 안에 영어가 나오면 성공!

🎧 72-2.mp3

Where do you ~?

Where do you work?

Where do you suggest eating?

Where do you go to school?

Where do you want to go?

Where do you walk around?

Where do you stay?

너는 어디에서/어디로/어디를 ~해?

어디에서 일해?

어디에서 먹는 게 좋을까?

어느 학교에 다녀?

어디 가고 싶은데?

주로 어디를 걸어 다녀?

보통 어디에서 머무십니까?

Where did you ~?

Where did you stay during the vacation?

Where did you get that?

Where did you pick it up?

Where did you learn that?

Where did you get that information?

Where did you leave it?

너는 어디에서/어디로/어디를 ~했어?

휴가 동안에 어디에서 머물렀어?

그건 어디에서 구했어?

그건 어디에서 샀어?

그 사실은 어디에서 알았어?

그 정보는 어디에서 구했어?

그걸 어디에 두고 온 거야?

Where are/am/is (주어) ~?

Where are you?

Where are you off to?

Where are you calling from?

Where are you staying?

Where am I?

Where is it located?

(주어)가 어디에서/어디로/어디를 ~하니?

너 지금 어디야?

너 지금 어디에 가는 거야?

너 지금 어디에서 전화하는 거야?

지금 어디에서 머물고 계세요?

지금 여기가 어디예요?

그게 어디에 위치해 있어?

❶ Where do you ~?

🎧 72-3.mp3

A **Where do you stay?**

B I stay at the Hilton.　　　　　　　힐튼 호텔에 머물러요.

A Is it good?　　　　　　　거기가 좋아요?

B Fantastic.　　　　　　　환상적이죠.

❷ Where did you ~?

🎧 72-4.mp3

A **Where did you learn that?**

B I learned it from a book.　　　　　　책에서 알았죠.

A What's the title of the book?　　　　그 책 제목이 뭐예요?

B I forgot that.　　　　　　　까먹었어요.

❸ Where are/am/is (주어) ~?

🎧 72-5.mp3

A **Where are you calling from?**

B I'm calling from my car.　　　　　　차에서 거는 거야.

A It's dangerous to talk on the phone while driving.　　　운전 중에 전화 통화 하는 거 위험해.

B I'm using earphones.　　　　　　이어폰 쓰고 있어.

| 정답 |

❶ 평소에 어디에서 머무세요?

❷ 그건 어디에서 알았어요?

❸ 어디에서 전화하는 거야?

73 모르는 걸 물어볼 때 항상 쓰는 핵심패턴

어떤 의견이나 말에 동의하는지 알고 싶다면
Do you agree ~?

~에 동의해?

강의 및 예문 듣기

준비단계

핵심패턴 감잡기

핵심패턴이 어떻게 쓰이는지 설명과 예문으로 감을 잡아 보세요.

Do you agree ~?
너는 ~에 동의하니?

Do you agree 다음에 전치사나 to부정사가 오는 패턴입니다. 뭔가에 동의하는지를 묻는 질문이지요. to 다음에 동사원형이 오면 이는 to부정사로 쓰인 경우이고 to 다음에 명사가 오면 이때 to는 전치사로 쓰인 것입니다.

나는 쟤하고 생각이 좀 달라. 그래서 좋다고 말할 수가 없는데…
Do you agree with him?   너는 쟤 생각에 동의해?

Don't you ~?
너는 ~하지 않아?

Don't you 다음에 동사원형이 나오는 패턴입니다. '너는 ~하지 않아?'의 느낌이라서 역시 상대의 동의를 구하거나 의사를 확인하는 질문입니다.

내가 진심이라고 말하잖아. 다른 사람들은 딴딴 소리를 해도 너는 그러지 말아야지.
Don't you believe me?   넌 지금 내 말을 못 믿는 거야?

Isn't it ~?
그거 ~아니야?

Isn't it 다음에 형용사나 명사가 나오는 패턴입니다. 뒤에 진짜 주어 to부정사가 나올 수도 있지요. '그것이 ~아닌가?'라고 반문하면서 역시 상대의 동의를 구하는 질문입니다.

나는 아무리 봐도 그게 정상 같지 않아. 그런데 다른 사람들은 다 그냥 넘어간단 말이야.
Isn't it a little strange?   그거 좀 이상하지 않아?

1단계
핵심패턴 입에 붙이기

해석은 보지 말고 오디오 파일을 듣고 영어를 따라 말해 보세요.

🎧 73-1.mp3

2단계
핵심패턴 말하기

이번에는 우리말 해석을 보면서 영어로 말해 보세요. 3초 안에 영어가 나오면 성공!

🎧 73-2.mp3

Do you agree ~?

Do you agree?

Do you agree with that?

Do you agree to this?

Do you agree with what he's saying?

Do you agree to meet him?

Do you agree to work with her?

너는 ~에 동의하니?

너는 동의해?

너는 그 생각에 동의해?

너, 이거에 동의하는 거야?

너는 쟤가 지금 하는 말 동의해?

너, 걔 만나 볼 거야?

그녀와 같이 일하는 거 동의해?

Don't you ~?

Don't you agree?

Don't you understand me?

Don't you like him?

Don't you think he's out of control?

Don't you think she's stupid?

Don't you think it's too difficult?

너는 ~하지 않아?

너는 동의 안 해?

너는 내가 이해 안 돼?

넌 걔가 마음에 들지 않아?

걔가 구제불능이라고 생각하지 않아?

걔 좀 바보 같지 않아?

그게 너무 어렵다고 생각하지 않아?

*out of control 통제불능의

Isn't it ~?

Isn't it funny?

Isn't it interesting?

Isn't it a lovely day?

Isn't it your responsibility?

Isn't it illegal to drink and drive?

Isn't it hard to be a doctor?

그거 ~아니야?

그거 재미있지 않아?

그거 흥미롭지 않아?

날씨 정말 좋지 않니?

그건 네가 책임져야 되는 일 아냐?

음주운전 불법 아니야?

의사 되는 거 힘들지 않아?

▲
반으로 접어 공부하세요!

3단계
핵심패턴 실전 활용

핵심패턴이 쓰인 문장을
직접 해석해 보세요. 해석
이 된다면 오디오 파일을
듣고 따라 말해 보세요.

❶ Do you agree ~?

🎧 73-3.mp3

A Do you agree with that?	
B No, I don't. What about you?	아니. 너는?
A Neither do I.	나도 동의 못해.
B It's stupid.	정말 말도 안 되는 얘기지.

❷ Don't you ~?

🎧 73-4.mp3

A Don't you understand me?	
B Yes, I do.	당연히 이해하지.
A Thank you.	고마워.
B Sure.	고맙긴.

❸ Isn't it ~?

🎧 73-5.mp3

A Isn't it illegal to drink and drive?	
B It's illegal.	불법이지.
A Then, why is he getting in his car?	그런데 왜 쟤는 운전대를 잡으려는 거야?
B He's crazy.	미친 거지.

＊illegal 불법인

| 정답 |

❶ 너, 저 말에 동의해?

❷ 넌 나를 이해 못하겠니?

❸ 음주운전은 불법 아니야?

74

모르는 걸 물어볼 때 항상 쓰는 핵심패턴

뭔가 있는지 확인하고 싶다면
Is/Are there ~?

~이 있어?

강의 및 예문 듣기

Is/Are there ~?
~이 있어?

Is/Are there 다음에 주어가 나오는 패턴입니다. 이 표현에서는 there에 '거기'라는 의미가 없다는 점에 주의해야 합니다. 뭔가가 있는 상태를 확인하고 싶을 때 Is there 나 Are there를 이용하는 것입니다.

분위기가 왜 이래? 이제껏 느끼지 못했던 분위기인데. 안 좋은 일이 있는 게 분명해.

Is there a problem?　무슨 문제 있어?

Is there any way to ~?
~할 방법이 있어?

Is there any way to 다음에 동사원형이 나오는 패턴입니다. to부정사가 any way를 꾸며 주기 때문에 형용사적인 용법으로 쓰이고 있는 것입니다. 따라서 '~을 하기 위한 어떤 방법'이라고 이해하면 됩니다.

도대체 어디가 어딘지 알 수가 없어. 점점 두려워지는데. 가도가도 출구가 보이지 않아.

Is there any way to get out of here?　여기서 빠져나갈 수 있는 방법이 있어?

Is there something/anything ~?
~하는 뭔가가 있는 거야?

Is there something/anything 다음에 절이 나오는 패턴입니다. 그 절이 something이나 anything을 꾸며 주는 경우이지요. 그래서 '~하는 뭔가가 있는지'를 묻는 질문입니다.

분위기가 좀 이상한걸. 나는 정확히 모르겠지만, 뭔가 부족한 게 있어서 네가 언짢은 것 같기도 하고…

Is there something you want?　네가 원하는 뭔가가 있는 거야?

Is/Are there ~?

Is there any objection?

Is there any clear evidence?

Is there a different number?

Are there other options?

Are there worse things in life than that?

Are there things you want to talk about?

~이 있어?

반대 의견 있어?

확실한 증거라도 있어?

이거 말고 다른 번호 있어?

다른 선택의 여지가 있는 거야?

살면서 그보다 더 안 좋은 일이 있을 수 있을까?

네가 이야기하고 싶은 사항들이 있어?

Is there any way to ~?

Is there any way to beat him?

Is there any way to help them?

Is there any way to keep it quiet?

Is there any way to get it for free?

Is there any way to get out of this trouble?

Is there any way to borrow money from her?

~할 방법이 있어?

그를 이길 수 있는 방법이 있어?

그들을 도울 수 있는 방법이 있어?

그 사실을 비밀로 할 수 있는 방법이 있어?

그걸 공짜로 구할 수 있는 방법이 있어?

이 문제에서 빠져나갈 수 있는 방법이 있어?

그녀에게서 돈을 빌릴 수 있는 방법이 있어?

Is there something/anything ~?

Is there something here I don't know?

Is there something I should know?

Is there something you want me to do?

Is there anything I can help you with?

Is there anything I can get you?

Is there anything you want to ask me to do?

~하는 뭔가가 있는 거야?

지금 내가 모르는 뭔가가 있는 거야?

내가 꼭 알아야 되는 게 있는 거야?

내가 해 줬으면 하는 뭔가가 있는 거야?

내가 도와줄 일이 있어?

내가 뭘 좀 가져다 줄까?

나한테 부탁하고 싶은 게 있니?

▲
반으로 접어 공부하세요!

268

❶ Is/Are there ~?

🎧 74-3.mp3

A **Is there any objection?**	
B No objection.	반대 없어요.
A Then I'm going to do it the way I just told you.	그러면 방금 말씀드린 대로 진행 하겠습니다.
B No problem. Nobody disagrees with you.	좋습니다. 아무도 반대하는 사람 없습니다.

＊objection 반대

❷ Is there any way to ~?

🎧 74-4.mp3

A **Is there any way to keep it quiet?**	
B Yes, there is.	있지.
A What is it?	뭔데?
B We shouldn't tell Jane.	제인에게 말하지 않는 거야.

❸ Is there something/anything ~?

🎧 74-5.mp3

A **Is there anything I can help you with?**	
B No. Don't worry about anything.	아니. 아무 걱정 마.
A But I'd like to help you even in a small way.	하지만 작게라도 너를 돕고 싶어 서 그러지.
B Thanks, but no thanks.	고맙지만 사양할게.

| 정답 |
❶ 반대 의견 있습니까?

❷ 그걸 비밀로 지킬 수 있는
방법이 있을까?

❸ 내가 도와줄 게 있을까?

다섯째마디

•

행동을 유도할 때
항상 쓰는 핵심패턴

75 정중히 부탁할 일이 있다면 Could you ~? 76 공손하게 부탁할 일이 있다면 Would you ~? 77 허락을 받고 싶다면 Can I ~? 78 권유하고 싶다면 Why don't you ~? 79 누군가에게 일을 시켜야 한다면 Have him/her ~ 80 당연히 해야 하는 일이라면 You need to ~ 81 절대로 허용할 수 없다면 Don't ~

75

행동을 유도할 때 항상 쓰는 핵심패턴

정중히 부탁할 일이 있다면
Could you ~?

~해 주시겠어요?

강의 및 예문 듣기

Could you ~?

~해 주실 수 있겠어요?

Could you 다음에 동사원형이 나오는 패턴입니다. 뭔가를 할 수 있는지 공손하게 묻는 질문이지요. could가 단순히 can의 과거로만 사용되는 것은 아님을 기억해야 합니다.

저가 이 걸 혼자 운반하기가 좀 힘들어서 그런데요.

Could you help me with this? 이거 좀 도와주시겠어요?

Can you ~?

너, ~할 수 있겠어?

Can you 다음에 동사원형이 나오는 패턴입니다. 뭔가를 할 수 있는지 묻는 질문이지요. Could you는 공손한 부탁이지만 Can you는 그저 평범한 부탁입니다. 조동사 can이 '가능성'의 의미를 포함하고 있지요.

이게 좀 급한 일이야. 네 도움이 꼭 좀 필요해서 그러는데…

Can you come quickly? 빨리 좀 와 줄 수 있겠어?

Will you ~?

너, ~해 줄래?

Will you 다음에 동사원형이 나오는 패턴입니다. 뭔가를 해달라고 부탁하는 질문이지요. will이 쓰였기 때문에 상대가 순간적인 판단에 의해서 도와주기를 바라는 마음을 읽을 수 있습니다.

처음엔 혼자 다 처리할 수 있다고 생각했는데 진행하다 보니 혼자서는 무리임을 알게 됐어.

Will you do me a favor? 나 좀 도와주겠어?

1단계
핵심패턴 입에 붙이기
해석은 보지 말고 오디오 파일을 듣고 영어를 따라 말해 보세요.

🔊 75-1.mp3

2단계
핵심패턴 말하기
이번에는 우리말 해석을 보면서 영어로 말해 보세요. 3초 안에 영어가 나오면 성공!

🔊 75-2.mp3

Could you ~?

Could you call her for me?

Could you fax me a copy?

Could you tell me the truth?

Could you be more specific?

Could you explain it to her?

Could you give me some advice on it?

~해 주실 수 있겠어요?

제 대신 그녀에게 전화 좀 해 줄 수 있어요?

복사본을 팩스로 좀 보내 줄 수 있어요?

사실대로 좀 말씀해 주실 수 있나요?

좀 더 자세히 말씀해 주실 수 있어요?

그걸 그녀에게 설명해 주실 수 있어요?

그 일에 대해서 제게 충고를 좀 해 주실 수 있어요?

Can you ~?

Can you hold on a second?

Can you find out anything about her?

Can you spare a few minutes?

Can you come with me?

Can you do it for me?

Can you read me the letter?

너, ~할 수 있겠어?

잠깐 기다려 줄 수 있어?

그녀에 대해서 뭔가 알아낼 수 있겠어?

잠깐 시간 좀 내 줄 수 있어?

나하고 같이 가 줄 수 있겠어?

내 대신 그것 좀 해 줄 수 있겠어?

그 편지 좀 읽어 줄 수 있겠어?

Will you ~?

Will you walk with me a little?

Will you make me a promise?

Will you take it easy?

Will you tell me what's wrong?

Will you be joining me for lunch?

Will you stop it?

너, ~해 줄래?

나하고 같이 좀 걸을래?

약속해 줄래?

서두르지 말고 천천히 좀 해 줄래?

뭐가 잘못된 건지 나한테 좀 얘기해 줄래?

나하고 점심 같이 할래?

그건 좀 그만해 줄래?

핵심패턴이 쓰인 문장을
직접 해석해 보세요. 해석
이 된다면 오디오 파일을
듣고 따라 말해 보세요.

❶ Could you ~?

🎧 75-3.mp3

A **Could you call her for me?**

B No. You should call her yourself.　아니. 네가 직접 걸어야지.

A But I'm scared.　하지만 무서워서요.

B Nothing to be scared of. Just call her.　무섭긴 뭐가 무서워. 그냥 전화해.

❷ Can you ~?

🎧 75-4.mp3

A **Can you spare a few minutes?**

B Sure.　그럼.

A Thank you. Can we talk over some coffee?　고마워. 커피 마시면서 얘기할까?

B Sounds good.　좋지.

❸ Will you ~?

🎧 75-5.mp3

A **Will you tell me what's wrong?**

B I don't want to talk about it.　얘기하고 싶지 않아.

A But you should let me know what's wrong.　하지만 뭐가 잘못된 건지 나한테 알려 줘야 돼.

B Why should I?　내가 왜?

| 정답 |

❶ 제 대신에 그녀에게 전화를
해 줄 수 있어요?

❷ 잠깐 시간 좀 내 줄 수 있어?

❸ 뭐가 잘못된 건지 얘기해
줄래?

76

행동을 유도할 때 항상 쓰는 핵심패턴

공손하게 부탁할 일이 있다면
Would you ~?

~해 주시겠어요?

강의 및 예문 듣기

Would you ~?　　　　　　　　　　　~해 주시겠어요?

Would you 다음에 동사원형이 나오는 패턴입니다. Could you와 마찬가지로 상대에게 공손하게 부탁하는 질문입니다. 하지만 가까운 사이에서도 사용할 수 있는 패턴입니다.

제 차가 나갈 수가 없네요. 제가 운전이 좀 서툴기도 하고요.

Would you move your car?　차를 좀 빼 주시겠어요?

Would you mind ~?　　　　　　　~ 좀 해 주시겠습니까?

Would you mind 다음에 동명사(동사원형 + ~ing)나 if절이 나오는 패턴입니다. 동사 mind는 '꺼리다', '신경쓰다' 등의 의미이지요. 그래서 직접적인 의미는 '~하는 것을 꺼리십니까?'이고, 따라서 '~ 좀 해주시겠습니까?'라는 부탁이나 요청의 의미로 자주 사용합니다.

방안이 너무 답답해서 숨을 못 쉬겠어요.

Would you mind opening the window?　창문을 좀 열어 주시겠어요?

Would you like to ~?　　　　　　　~하시겠어요?

Would you like to 다음에 동사원형이 나오는 패턴입니다. would like to는 '~하고 싶다'는 의미이지요. 그래서 Would you like to ~?는 '~하고 싶으세요?', '~할래요?', '~할래?' 등으로 이해합니다.

이런 기쁜 일이 있을 때는 가만히 있으면 안 돼. 좀 흥에 겨워야지.

Would you like to dance?　춤 출래?

| 1단계 | 해석은 보지 말고 오디오 파일을 |
| 핵심패턴 입에 붙이기 | 듣고 영어를 따라 말해 보세요. |

🎧 76-1.mp3

2단계	이번에는 우리말 해석을 보면서
핵심패턴 말하기	영어로 말해 보세요. 3초 안에 영
	어가 나오면 성공!

🎧 76-2.mp3

Would you ~?

Would you stop complaining?

Would you open this door for me?

Would you get the door for me?

Would you bring me the book?

Would you put it away?

Would you direct me to the bathroom?

~해 주시겠어요?

불평 좀 그만할래?

이 문 좀 열어 주실래요?

이 문을 좀 잡아 줄래?

그 책을 좀 가져다 주시겠어요?

그거 좀 치워 줄래?

화장실이 어딘지 좀 알려 주실래요?

Would you mind ~?

Would you mind keeping your voice down?

Would you mind talking with me for a while?

Would you mind meeting me for dinner?

Would you mind leaving now?

Would you mind if I sat down?

Would you mind if I left now?

~ 좀 해 주시겠습니까?

목소리 좀 낮춰 주실래요?

저하고 잠깐 대화 좀 나누시겠어요?

저와 만나서 저녁 같이 하시겠어요?

지금 떠나도 괜찮으시겠어요?

제가 좀 앉아도 될까요?

제가 지금 좀 가 봐도 될까요?

Would you like to ~?

Would you like to look around?

Would you like to sit down?

Would you like to check things out?

Would you like to drink coffee?

Would you like to go to see a movie?

Would you like to lie down?

~하시겠어요?

좀 둘러보시겠어요?

좀 앉으시겠어요?

상황을 좀 점검해 보시겠어요?

커피 드실래요?

영화 보실래요?

좀 누우실래요?

▲
반으로 접어 공부하세요!

핵심패턴이 쓰인 문장을 직접 해석해 보세요. 해석이 된다면 오디오 파일을 듣고 따라 말해 보세요.

❶ Would you ~?   🎧 76-3.mp3

A Would you get the door for me?	
B Wait a minute.	잠깐만.
A Come on. This is too heavy.	어서. 이거 너무 무거워.-
B I'm coming.	간다, 가.

❷ Would you mind ~?   🎧 76-4.mp3

A Would you mind keeping your voice down?	
B Sorry.	죄송합니다.
A That's okay.	괜찮습니다.
B Wait a minute. Aren't you John?	잠깐. 너, 존 아니야?

❸ Would you like to ~?   🎧 76-5.mp3

A Would you like to drink coffee?	
B Yes, I'd like to.	그래, 좋지.
A What would you like to drink?	뭐 마실래?
B I like cafe latte.	난 카페라테가 좋아.

| 정답 |
❶ 문 좀 잡아 줄래?
❷ 목소리 좀 낮춰 주실래요?
❸ 커피 마실래?

77

행동을 유도할 때 항상 쓰는 핵심패턴

허락을 받고 싶다면 Can I ~?

내가 ~해도 될까?

강의 및 예문 듣기

준비단계

준비단계

핵심패턴 감잡기

핵심패턴이 어떻게 쓰이는지 설명과 예문으로 감을 잡아 보세요.

Can I ~?

내가 ~해도 될까?

Can I 다음에 동사원형이 나오는 패턴입니다. 내가 뭔가를 해도 좋겠냐는 허락을 구하는 질문입니다. 조동사 can이 '허락'의 의미로 쓰이는 경우입니다.

너를 애칭으로 부르고 싶은데. 그래야 금방 가까워질 것 같으니 말이야.

Can I call you Bob? 밥이라고 불러도 돼?

May I ~?

제가 ~해도 될까요?

May I 다음에 동사원형이 나오는 패턴입니다. 내가 뭔가를 해도 좋겠냐는 허락을 구하는 질문입니다. Can I 보다는 정중한 표현입니다. 그래서 상황과 상대에 따라서 적절하게 선택하여 사용해야 합니다.

제가 잠깐 좀 통화할 일이 있어서요. 복도에 잠깐 나갔다 와도 될까요?

May I be excused? 잠깐 좀 실례해도 될까요?

Do you mind if I (동사)?
Do you mind me (동명사)?

제가 ~해도 괜찮을까요?

Do you mind if 다음에 I가 주어인 절이 나오거나 Do you mind me 다음에 동명사가 나오는 패턴입니다. 상대에게 정중하게 내 행위에 대한 허락을 구하는 질문이지요. Would you mind보다는 정중함의 정도가 떨어집니다.

제가 다리가 아파서 앉아서 대화를 좀 했으면 하는데요.

Do you mind if I sit down? 좀 앉아도 될까요?

1단계
핵심패턴 입에 붙이기

해석은 보지 말고 오디오 파일을 듣고 영어를 따라 말해 보세요.

🎧 77-1.mp3

2단계
핵심패턴 말하기

이번에는 우리말 해석을 보면서 영어로 말해 보세요. 3초 안에 영어가 나오면 성공!

🎧 77-2.mp3

Can I ~?

Can I keep this?

Can I refill your glass?

Can I get you some coffee?

Can I have your autograph?

Can I take you home with me?

Can I finish this first?

내가 ~해도 될까?

이거 내가 가져도 돼?

리필해 드릴까요?

커피 갖다 드릴까요?

사인을 좀 해 주시겠어요?

내가 집까지 데려다 줄까?

내가 이거 먼저 좀 끝내도 될까?

＊autograph 사인, 서명

May I ~?

May I ask why?

May I help you?

May I ask your name?

May I open the window?

May I have your permission?

May I come in?

제가 ~해도 될까요?

이유를 좀 물어도 될까요?

도와드릴까요?

성함을 좀 여쭤 봐도 될까요?

창문을 좀 열어도 돼요?

허락을 좀 해 주시겠습니까?

들어가도 되겠습니까?

Do you mind if I (동사)?
Do you mind me (동명사)?

Do you mind if I ask you a question?

Do you mind if I call you Tom?

Do you mind if I say something?

Do you mind me staying here?

Do you mind me taking a picture of you?

Do you mind me being frank?

제가 ~해도 괜찮을까요?

질문을 좀 해도 될까요?

당신을 탐이라고 불러도 될까요?

제가 한마디 해도 될까요?

제가 여기 있어도 괜찮은 건가요?

당신의 사진 한 장 찍어도 되나요?

솔직하게 말씀드려도 될까요?

＊frank 솔직한

▲
반으로 접어 공부하세요!

❶ Can I ~?

🎧 77-3.mp3

A **Can I have your autograph?**	
B Of course. What's your name?	물론이죠. 이름이 뭐예요?
A Grace. My name is Grace Kelly.	그레이스요. 그레이스 켈리에요.
B Oh, you have a nice name.	오, 이름 좋네요.

❷ May I ~?

🎧 77-4.mp3

A **May I ask why?**	
B Sorry. I can't tell you the reason.	죄송합니다. 이유를 말씀드릴 수 없어요.
A Why not?	왜요?
B I'm not supposed to say that.	저는 그걸 말씀드리면 안 돼요.

❸ Do you mind if I (동사)?
Do you mind me (동명사)?

🎧 77-5.mp3

A **Do you mind me staying here?**	
B No, I don't. You're welcome to stay here.	그럼요. 여기 계시는 거 얼마든지 환영이에요.
A Thank you.	고마워요.
B You're welcome.	별 말씀을요.

| 정답 |
❶ 사인 좀 해 주시겠어요?

❷ 이유를 좀 물어도 될까요?

❸ 제가 여기 있어도 괜찮은
건가요?

78

행동을 유도할 때 항상 쓰는 핵심패턴

권유하고 싶다면
Why don't you ~?

~하세요

강의 및 예문 듣기

준비단계

핵심패턴 감잡기

핵심패턴이 어떻게 쓰이는지 설명과 예문으로 감을 잡아 보세요.

Why don't you ~?
~하도록 해, ~하세요

Why don't you 다음에 동사원형이 나오는 패턴입니다. '왜 ~하지 않느냐'가 아니라 무언가를 하라고 적극적으로 권유하는 말이지요. 누구에게나 사용할 수 있습니다.

지금 꾸물거릴 때가 아닌데. 서두르지 않으면 기회 놓쳐.

Why don't you leave now?　지금 떠나지 그래.

How about ~?
~하는 게 어때?

How about 다음에 동명사가 오는 패턴입니다. '뭔가를 하는 것이 어떨까'라고 제안이나 권유하는 의미이지요. 적극성에서는 Why don't you 패턴에 비해 떨어집니다.

오랜만의 데이트네요. 영화를 좋아하는 당신을 위해서 표를 미리 끊어 놓았어요.

How about going to see a movie?　영화 보러 가는 건 어때요?

You'd better ~
너는 ~하는 게 좋겠어

You'd better 다음에 동사원형이 나오는 패턴입니다. 뭔가를 하는 편이 좋겠다고 충고하는 말이지요. 충고이기 때문에 윗사람에게 사용하는 것은 자제해야 합니다.

그 정도로 공부해서는 합격이 불가능하지. 그 시험을 만만하게 보지 마.

You'd better study more.　공부 좀 더 하는 게 좋을 거야.

Why don't you ~?

Why don't you think it over?

Why don't you hurry now?

Why don't you take some rest?

Why don't you sit down and take it easy?

Why don't you join us?

Why don't you go see a doctor?

~하도록 해, ~하세요

잘 한번 생각해 봐.

서둘러야지.

좀 쉬도록 해.

앉아서 좀 쉬어.

우리하고 같이 가지 그래?

병원에 한번 가봐.

＊think over ~을 숙고하다

How about ~?

How about meeting me after lunch?

How about taking a trip to London?

How about exercising together?

How about learning English together?

How about going to the concert?

How about taking the subway?

~하는 게 어때?

점심 시간 끝나고 만날까?

런던에 여행 가는 건 어때?

같이 운동하는 거 어때?

영어 같이 배우는 거 어때?

그 콘서트에 가는 거 어때?

지하철 타는 건 어때?

You'd better ~

You'd better hurry.

You'd better give up.

You'd better take it into consideration.

You'd better stay here.

You'd better stop meeting him.

You'd better listen to your wife.

너는 ~하는 게 좋겠어

너, 서두르는 게 좋아.

넌 포기하는 게 나아.

넌 그걸 고려하는 게 좋을 거야.

넌 여기에서 머무는 게 좋아.

넌 걔 그만 만나는 게 좋아.

자네, 아내의 말을 듣는 게 좋아.

＊take into consideration 고려하다

▲
반으로 접어 공부하세요!

❶ Why don't you ~?

🎧 78-3.mp3

A **Why don't you join us?** ----------

B Where are you going? 어디 가는데?

A We're going out for dinner. 저녁 먹으러 나가려고.

B I don't want to eat anything now. 지금 아무것도 먹고 싶지 않아.

❷ How about ~?

🎧 78-4.mp3

A **How about taking the subway?** ----------

B Good. 좋아.

A We can't be late for the appointment. 약속 시간에 늦으면 안 돼.

B I know. Where's the subway station? 알아. 전철역이 어디야?

❸ You'd better ~

🎧 78-5.mp3

A **You'd better give up.** ----------

B Do you think so? 그렇게 생각해?

A You don't get any profit from it. 그 일 해 봐야 아무런 이익도 얻
지 못해.

B Do you think so? 그렇게 생각해?

| 정답 |
❶ 우리하고 같이 가.
❷ 지하철 타는 게 어떨까?
❸ 넌 포기하는 게 낫겠다.

79

행동을 유도할 때 항상 쓰는 핵심패턴

누군가에게 일을 시켜야 한다면
Make him/her ~

그가/그녀가 ~하도록 시켜

강의 및 예문 듣기

준비단계
핵심패턴 감잡기

핵심패턴이 어떻게 쓰이는지 설명과 예문으로 감을 잡아 보세요.

Make him/her ~   그가/그녀가 ~하도록 시켜

Make him/her 다음에 동사원형이 나오는 패턴입니다. '그가/그녀가 뭔가를 하도록 시킨다'는 의미로, make는 사역동사로 쓰인 것입니다. 사역동사는 지금 당장 뭔가를 하게 하는 동사라는 뜻입니다. 당장 뭔가를 하게 한다는 것은 결국 '명령'에 해당되지요. 명령에는 to부정사가 아닌 동사원형이 쓰이기 때문에 사역동사의 목적보어로는 동사원형이 오게 되는 것입니다. make는 '강제로 시키다'의 의미가 강합니다.

그런 일은 네가 할게 아니라 걔한테 시켜야지. 그런 일 시키려고 그를 고용한 거잖아.

Make him do that.   그 일은 그가 하도록 시켜.

Let him/her ~   그가/그녀가 ~하도록 해

Let him/her 다음에 동사원형이 나오는 패턴입니다. 사역동사 let은 '허락하다', '그냥 두다' 등의 의미가 강하므로, let him/her do를 '그가/그녀가 ~하도록 허락하다', '그가/그녀가 ~하도록 그냥 놔두다' 등의 의미를 전할 때 활용하세요.

그가 하는 걸 보니까 잘하네. 저 정도면 괜찮겠어. 그냥 두고 보자고.

Let him continue.   걔가 계속하도록 내버려 둬.

Have him/her ~   그가/그녀가 ~하도록 시켜

Have him/her 다음에 동사원형이 나오는 패턴입니다. 사역동사 have는 make와 같이 강제로 시킨다는 의미이지만 그 강도는 make보다 현저히 떨어지기 때문에 대화에서 흔히 사용됩니다.

걔 지금 하는 일 없잖아. 걔 시켜.

Have him handle it.   걔더러 그 일 처리하라고 해.

| 1단계 | 해석은 보지 말고 오디오 파일을 | 2단계 | 이번에는 우리말 해석을 보면서 |
| 핵심패턴 입에 붙이기 | 듣고 영어를 따라 말해 보세요. | 핵심패턴 말하기 | 영어로 말해 보세요. 3초 안에 영어가 나오면 성공! |

🎧 79-1.mp3   🎧 79-2.mp3

Make him/her ~   그가/그녀가 ~하도록 시켜

Make him support her.   걔더러 그녀를 도우라고 시켜.

Make him persuade her.   걔더러 그녀를 설득하라고 해.

Make him take over the job.   걔더러 그 일을 맡아서 하라고 시켜.

Make her control everything.   모든 걸 그녀가 통제하도록 시켜라.

Make her bring the book back by three.   그녀더러 그 책을 3시까지 반납하라고 해.

Make her treat them to lunch.   걔더러 그들에게 점심을 대접하라고 해.

＊take over ~을 인수하다

Let him/her ~   그가/그녀가 ~하도록 해

Let him finish the job.   걔가 그 일을 마무리짓도록 놔둬.

Let him stay alone.   걔는 그냥 혼자 있게 내버려 둬.

Let him help her.   걔가 그녀를 도와주게 가만히 내버려 둬.

Don't **let her** bother you.   걔 때문에 괜히 짜증내지 마.

Don't **let her** know your intention.   걔한테 네 의도를 알리지 마.

Don't **let her** get away with it.   걔가 그런 못된 짓을 하는 걸 가만히 내버려 두면 안 돼.

＊intention 의도   get away with 나쁜 짓을 하고도 무사히 넘어가다

Have him/her ~   그가/그녀가 ~하도록 시켜

Have him bring the bag to me.   걔 시켜서 그 가방 나한테 가져오게 해.

Have him drive the car.   걔한테 운전하라고 해.

Have him call her and say sorry.   걔한테 그녀에게 전화해서 사과하라고 해.

Have her check it out.   그건 그녀에게 확인하라고 해라.

Have her cook it.   그녀더러 그 요리 하라고 해.

Have her get us some coffee.   걔더러 커피 좀 사 가지고 오라고 해.

▲
반으로 접어 공부하세요!

❶ Make him/her ~

🎧 79-3.mp3

A	She won't listen to me.	그녀는 내 말을 들으려고 하지 않아.
B	**Make John persuade her.**	------------------------------
A	She won't listen to John, either.	존의 말도 듣지 않을걸.
B	She's so stubborn.	정말 고집이 세구나.

＊stubborn 고집센

❷ Let him/her ~

🎧 79-4.mp3

A	He wants to be alone.	걔, 혼자 있고 싶대.
B	He's old enough to stay alone.	혼자 있어도 될 나이 됐어.
A	I don't think so.	난 그렇게 생각 안 해.
B	**Just let him stay alone.**	------------------------------

❸ Have him/her ~

🎧 79-5.mp3

A	**Have him drive the car.**	------------------------------
B	But he's not good at driving.	하지만 걔 운전 잘 못해.
A	He has to practice anyway.	어쨌든 연습을 해야 하잖아.
B	But…	하지만…

| 정답 |

❶ 존더러 설득해 보라고 해.

❷ 그냥 혼자 있게 내버려 둬.

❸ 걔더러 운전하라고 해.

80

행동을 유도할 때 항상 쓰는 핵심패턴

당연히 해야 하는 일이라면
You need to ~

너는 꼭 ~할 필요가 있어

강의 및 예문 듣기

준비단계
핵심패턴 감잡기

핵심패턴이 어떻게 쓰이는지 설명과 예문으로 감을 잡아 보세요.

You need to ~
너는 꼭 ~할 필요가 있어

You need to 다음에 동사원형이 나오는 패턴입니다. 동사 need는 선택의 여지 없이 꼭 그렇게 할 필요가 있다는 의미입니다. 필수적으로 그래야 된다는 것이지요.

네가 배우고 싶지 않다고 해서 무시할 문제가 아니야. 운전 못하면 회사에서 뽑아 주지를 않아.

You need to learn to drive. 넌 운전 배워야 돼.

You don't need to ~
네가 꼭 ~해야 할 필요가 있는 건 아니야

You don't need to 다음에 동사원형이 나오는 패턴입니다. 동사 need가 꼭 필요로 한다는 의미인데 여기에 not이 붙은 것이므로 꼭 그럴 필요가 있는 것은 아니라고 이해하면 됩니다.

그렇게까지 급한 일은 아니니까 정신 없이 그러지 마. 여유 있게 준비해도 돼.

You don't need to hurry. 네가 서두를 필요 없어.

I want you to ~
나는 네가 ~하기를 원해

I want you to 다음에 동사원형이 나오는 패턴입니다. 동사 want는 need와는 달리 선택의 여지가 있음을 의미합니다. 하면 좋겠지만 안 되면 어쩔 수 없다는 것이지요. 그래서 I want you to는 '그저 네가 뭔가를 하기를 바란다'는 의미입니다.

네가 회사를 그만두더라도 하던 일을 그렇게 중간에 내던지고 나가면 안되잖아.

I want you to finish the job. 나는 네가 그 일을 마무리했으면 좋겠어.

You need to ~

너는 꼭 ~할 필요가 있어

You need to talk to him alone.

너, 꼭 걔하고 단둘이 얘기 좀 해.

You need to take the medicine.

그 약은 반드시 복용하셔야 합니다.

You need to quit smoking and drinking.

금연에 금주하셔야 합니다.

You need to get some help from him.

너, 걔한테 꼭 도움 받아야 돼.

You need to attend the meeting.

너, 그 회의에 꼭 참석해야 돼.

You need to submit it by tomorrow.

너, 그거 내일까지 제출해야 돼.

＊submit 제출하다

You don't need to ~

네가 꼭 ~해야 할 필요가 있는 건 아니야

You don't need to work all night.

네가 밤새 일해야 하는 건 아니야.

You don't need to worry about that.

네가 그걸 걱정할 필요는 없어.

You don't need to talk to her about it.

네가 그녀와 그 문제로 대화할 필요는 없어.

You don't need to take a sleeping pill.

넌 수면제를 복용할 필요는 없어.

You don't need to take the responsibility.

네가 책임질 필요는 없어.

You don't need to get upset that much.

네가 그렇게까지 화낼 필요는 없잖아.

I want you to ~

나는 네가 ~하기를 원해

I want you to do it on your own.

난 네가 그 일을 너 혼자 했으면 좋겠어.

I want you to take my word for it.

난 네가 내 말을 있는 그대로 받아들여 주기를 바래.

I want you to read the book.

난 네가 그 책을 좀 읽었으면 좋겠는데.

I want you to stop coming on to her.

그녀에게 수작 좀 그만 부리지 그래.

I want you to know how I feel.

내 기분이 어떤지 좀 알아줬으면 좋겠는데.

I want you to stop cursing.

욕 좀 그만할 수 없어?

＊come on to ~의 마음을 끌려고 하다

3단계

핵심패턴 실전 활용

핵심패턴이 쓰인 문장을
직접 해석해 보세요. 해석
이 된다면 오디오 파일을
듣고 따라 말해 보세요.

❶ You need to ~

80-3.mp3

A   I hate to take medicine.   난 약 먹는 거 싫어.

B   I know, but **you need to take this.**   알아. 하지만, _____

_____

A   No.   싫어.

B   Listen to me.   내 말 들어.

❷ You don't need to ~

80-4.mp3

A   **You don't need to take the responsibility.**   _____

B   Why not?   왜?

A   The project has been canceled.   그 프로젝트 취소됐어.

B   It has been canceled? When?   취소됐다고? 언제?

＊cancel 취소하다

❸ I want you to ~

80-5.mp3

A   **I want you to stop coming on to her.**   _____

B   What are you talking about?   무슨 소리 하는 거야?

A   I saw you hitting on her.   네가 걔한테 작업 거는 거 봤어.

B   What are you talking about?   지금 무슨 소리 하는 거야?

＊hit on (끌리는 사람에게) 수작을 걸다

| 정답 |

❶ 이건 꼭 먹어야 돼.

❷ 네가 책임질 필요 없어.

❸ 그녀에게 수작 좀 그만 부려.

288

81

행동을 유도할 때 항상 쓰는 핵심패턴

절대로 허용할 수 없다면 **Don't ~**

너 ~하지 마

강의 및 예문 듣기

준비단계

핵심패턴 감잡기

핵심패턴이 어떻게 쓰이는지 설명과 예문으로 감을 잡아 보세요.

Don't ~

너 ~하지 마

Don't 다음에 동사원형이 나오는 패턴입니다. 어떤 행위를 하지 말라고 부탁이나 명령을 하는 것이지요. 그저 하지 말라는 의미 자체에 초점이 맞추어진 표현입니다.

이번은 처음이라 그냥 넘어가지만, 또 이런 일이 생기면 정말 곤란해.

Don't do it again. 다시는 그런 짓 하지 마.

Never ~

절대로 ~하지 마

Never 다음에 동사원형이 나오는 패턴입니다. Don't 패턴보다 명령의 강도가 훨씬 강해진 패턴이지요. 뭔가를 절대 해서는 안 된다고 강조하는 것입니다.

충분히 할 수 있는 것을 나약한 마음 때문에 포기해서는 안 돼.

Never give up. 절대 포기하지 마.

You shouldn't ~

너 ~하지 마

You shouldn't 다음에 동사원형이 나오는 패턴입니다. should로 인해서 '강력한 권유'에 해당되는 말입니다. 그것이 옳지 않은 일이기 때문에 그러지 말라는 것입니다.

그렇게 술 마시지 말라고 경고를 해도 듣지 않네. 너 그러다가 큰 일 생긴단 말이야.

You shouldn't drink. 너는 술 마시면 안 돼.

289

1단계
핵심패턴 입에 붙이기

해석은 보지 말고 오디오 파일을 듣고 영어를 따라 말해 보세요.

🎧 81-1.mp3

2단계
핵심패턴 말하기

이번에는 우리말 해석을 보면서 영어로 말해 보세요. 3초 안에 영어가 나오면 성공!

🎧 81-2.mp3

Don't ~

Don't forgive him.

Don't say that to me.

Don't do anything stupid.

Don't stay up too late.

Don't jump to conclusions.

Don't take me the wrong way.

너 ~하지 마

걔 용서하지 마.

나한테 그런 소리 하지 마.

바보 같은 짓 하지 마.

너무 늦게 자지 마.

속단하지 마.

나를 오해하지 마.

＊jump to a conclusion 성급하게 단정하다

Never ~

Never fear.

Never lie to me.

Never say that to me.

Never go near it.

Never consider the thought.

Never guess.

절대로 ~하지 마

절대 두려워 말아라.

절대 나한테 거짓말하지 마.

절대 나한테 그런 말 하지 마.

절대 거기 가까이 가면 안 돼.

절대 그런 생각은 하지도 마.

절대 짐작하지 마.

You shouldn't ~

You shouldn't do this.

You shouldn't let him upset you.

You shouldn't look at that.

You shouldn't be late for school.

You shouldn't give up on me.

You shouldn't feel disappointed.

너 ~하지 마

너, 이런 짓 하면 안 되지.

걔 때문에 괜히 속상해 하지 마.

그건 보지 마.

학교 지각하지 마.

나를 포기하지 마.

실망하지 않도록 해.

＊give up on (남)을 포기하다

❶ Don't ~

🎧 81-3.mp3

A Don't do anything stupid. ----------------------------------

B I don't think this is so stupid. 이게 그렇게 바보 같은 짓이야?

A Yes, it is. 그래.

B Come on. Why are you always doing this to me? 야. 넌 왜 나한테 항상 이러는 거야?

❷ Never ~

🎧 81-4.mp3

A How about adopting that idea? 그 아이디어를 채택하는 게 어때?

B No. **Never consider the thought.** 안 돼. ----------------------------------

A But I think that's a good idea. 하지만 그거 좋은 아이디어 같은데.

B Are you crazy? 너 미쳤어?

* adopt 채택하다

❸ You shouldn't ~

🎧 81-5.mp3

A You shouldn't give up on me. ----------------------------------

B But you never listen to me. 하지만 넌 내 말 듣지도 않잖아.

A Please give me one more chance. 한 번만 더 기회를 주세요.

B One more chance? I've already given you too many chances. 한 번 더? 이미 너한테 그동안 지나치게 많은 기회를 줬어.

| 정답 |

❶ 바보 같은 짓 좀 하지 마.

❷ 그 생각은 고려하지도 마.

❸ 날 포기하지 말아요.

여섯째마디

●

가볍게 지나가는 말에 항상 쓰는 핵심패턴

82 누군가를 만났을 때 How ~? 83 누군가와 헤어질 때 See you ~ 84 잘 안다고 말할 때 I know ~ 85 모르겠다고 말할 때 I have no idea ~ 86 마음에 들지 않을 때는 I don't like ~ 87 정말 싫다고 말할 때 I'm allergic to ~ 88 오해를 풀고 싶을 때 I don't mean to ~ 89 미안하다고 말할 때 I'm sorry ~ 90 약속하거나 장담할 때 I promise ~ 91 고맙다고 말할 때 Thank you for ~ 92 과거의 경험을 말할 때 I used to ~ 93 과거의 경험을 말할 때 Have you ~? 94 익숙해진 상태를 말할 때 I'm used to ~ 95 전혀 없다고 말할 때 There is nothing ~ 96 가격, 양, 정도를 물을 때 How much ~? 97 개수를 물을 때 How many ~? 98 시간이 얼마나 걸리는지 물을 때 It takes ~ 99 때맞춰 뭔가 할 일을 말할 때 It's time ~ 100 도저히 믿기지 않는 것에 대해 말하고 싶다면 I can't believe ~

82

누군가를 만났을 때 **How ~?**

~이 어때?

강의 및 예문 듣기

How ~?

~이 어때?

누군가를 만나서, 또는 대화 도중에 주어의 상태나 동작을 물을 때 의문사 how가 자주 사용됩니다. 대화에서 가장 일반적으로 활용되는 패턴입니다.

여러 사람에게 소식을 들어서 네 근황을 약간 알기는 해.

How's life?　어떻게 지내?

What's ~?

무엇이 ~이야?

What이 주어로 쓰이는 패턴입니다. 누군가를 만나서, 또는 대화 중에 '무엇이 ~한지' 묻는 질문이지요. 일상 대화에서 자주 사용되는 패턴입니다.

그 사이에 잘 지냈어? 뭔 일 없었고?

What's up?　안녕! 잘 지내? 뭔 일 없어?

Nice/Glad to ~

~해서 반가워

Nice/Glad to 다음에 동사원형이 나오는 패턴입니다. 누군가를 만나서, 또는 대화 중에 '~해서 좋다'는 의미를 전하지요. nice는 아주 좋다는 의미이고 glad는 기쁨이 대단히 크다는 뜻입니다.

결국은 이렇게 만나게 되는군요. 말씀 많이 들었습니다.

Nice to meet you.　만나서 정말 반갑습니다.

1단계
핵심패턴 입에 붙이기
해석은 보지 말고 오디오 파일을 듣고 영어를 따라 말해 보세요.

🔊 82-1.mp3

2단계
핵심패턴 말하기
이번에는 우리말 해석을 보면서 영어로 말해 보세요. 3초 안에 영어가 나오면 성공!

🔊 82-2.mp3

How ~?

How's your new job?

How's your new boss?

How's your newly married life?

How are you getting along with him?

How did it go?

How did you come out?

~이 어때?

새로운 직장 어때?

새 팀장 어때?

신혼 재미 어때?

걔하고는 잘 지내?

그거 어떻게 됐어?

결과는 잘 나왔어?

＊get along with ~와 잘 지내다

What's ~?

What's new?

What's going on?

What's happening?

What's the occasion?

What's so funny?

What's making you so happy?

무엇이 ~이야?

새로운 소식 있어?

잘 지내고 있어?

뭐 새로운 일 있어?

오늘 무슨 특별한 날이야?

뭐가 그리 재미있어?

뭐가 그리 기분 좋아?

Nice/Glad to ~

Nice to see you again.

Nice to hear that.

Nice to talk to you.

Glad to meet you.

Glad to be with you.

Glad to work with you.

~해서 반가워

다시 만나니 좋네.

듣던 중 반가운 소리야.

너하고 대화하니까 기분 좋다.

이렇게 만나게 되어서 정말 기분 좋습니다.

이렇게 함께 있게 되어서 기분 아주 좋아요.

같이 일하게 되어서 기분 아주 좋습니다.

❶ How ~?

🎧 82-3.mp3

A	**How's your new boss?**	--------------------------
B	I like him.	마음에 들어.
A	Happy to hear that.	다행이다.
B	He's fine and dandy.	아주 좋아. 그리고 멋지고.

❷ What's ~?

🎧 82-4.mp3

A	**What's going on?**	--------------------------
B	I had a haircut.	머리 잘랐어.
A	You look different.	달라 보이네.
B	Better or worse?	더 좋다는 거야, 더 나쁘다는 거야?

❸ Nice/Glad to ~

🎧 82-5.mp3

A	He accepted my offer.	그가 내 제안을 받아들였어.
B	**Nice to hear that.**	--------------------------
A	I'm happy.	기분 좋아.
B	I'll buy you a drink to that.	그런 의미에서 내가 한잔 살게.

| 정답 |
❶ 새 팀장 어때?

❷ 잘 지내?

❸ 듣던 중 반가운 소리네.

83 가볍게 지나가는 말에 항상 쓰는 핵심패턴

누군가와 헤어질 때 See you ~

~에 보자

강의 및 예문 듣기

See you ~
~에 보자

See you 다음에 시간을 나타내는 부사가 오는 패턴입니다. 그때 보자는 의미이지요.
헤어질 때 사용하는 대표적인 표현입니다.

내가 잠깐 볼 일이 있어서 다녀올게. 오래 걸리지 않아.
See you in an hour. 1시간 후에 보자.

It was[has been] nice ~
~이 반가웠어

It was[has been] nice 다음에 to부정사나 동명사가 오는 패턴입니다. 헤어지면
서 만남이 즐거웠다고 말하는 표현이지요. It was nice가 완전한 패턴입니다.

오늘 즐거운 만남이었습니다. 다음에 또 만나서 더 즐거운 대화를 나누었으면 좋겠어요.
It was nice meeting you. 만나서 반가웠어요.

(I'll) ~ later
(내가) 나중에 ~할게

later가 문장 끝에 오는 패턴입니다. 나중에 뭔가를 하겠다는 것입니다. 만났다 헤어
지면서 그 다음의 행위에 대해서 전하는 말이지요.

지금은 시간이 없어서 헤어지지만 나중에 만나서 길게 얘기해요.
See you later. 나중에 봐요.

1단계
핵심패턴 입에 붙이기
해석은 보지 말고 오디오 파일을 듣고 영어를 따라 말해 보세요.

🔊 83-1.mp3

2단계
핵심패턴 말하기
이번에는 우리말 해석을 보면서 영어로 말해 보세요. 3초 안에 영어가 나오면 성공!

🔊 83-2.mp3

See you ~

See you.	또 보자.
See you tomorrow.	내일 봐.
See you later.	나중에 봐.
See you soon.	조만간에 또 보자.
See you in a moment.	곧 만나.
See you in a week.	1주일 후에 보자.

~에 보자

It was[has been] nice ~

It was nice meeting you.	만나서 반가웠습니다.
It was nice to meet you.	만나서 반가웠어요.
It's been nice to meet you.	만나서 반가웠어.
It was nice talking to you.	얘기, 즐거웠어요.
It was nice to see you again.	다시 만나 즐거웠어.
It was nice seeing you.	만나서 즐거웠다.

~이 반가웠어

(I'll) ~ later

Talk to you **later**.	나중에 얘기하자.
Catch you **later**.	잘 가.
I'll get in touch with you **later**.	나중에 연락할게.
I'll call you **later**.	내가 나중에 전화할게.
I'll email you **later**.	나중에 이메일 보낼게.
I'll text you **later**.	나중에 문자 보낼게.

(내가) 나중에 ~할게

＊text 문자를 보내다

반으로 접어 공부하세요!

핵심패턴이 쓰인 문장을
직접 해석해 보세요. 해석
이 된다면 오디오 파일을
듣고 따라 말해 보세요.

❶ See you ~

🎧 83-3.mp3

A	I got to go now.	그만 가 봐야겠어.
B	Okay. **See you.**	알았어.
A	**See you tomorrow.**	
B	At three at the same place.	3시에 같은 장소에서.

❷ It was[has been] nice ~

🎧 83-4.mp3

A	**It was nice to meet you.**	
B	You, too.	저도요.
A	I'll text you tomorrow.	내일 문자 드릴게요.
B	Okay.	예.

❸ (I'll) ~ later

🎧 83-5.mp3

A	I'll give you a call tomorrow.	내일 전화할게.
B	Okay. **Catch you later.**	그래.
A	Bye.	안녕.
B	Take care.	잘 가.

| 정답 |

❶ 잘 가. / 내일 봐.

❷ 만나서 반가웠어요.

❸ 잘 가.

84

가볍게 지나가는 말에 항상 쓰는 핵심패턴

잘 안다고 말할 때 **I know ~**

나는 ~을 잘 알아

강의 및 예문 듣기

준비단계
핵심패턴 감잡기

핵심패턴이 어떻게 쓰이는지 설명과 예문으로 감을 잡아 보세요.

I know ~
나는 ~을 잘 알아

I know 다음에 목적어로 명사나 절이 나오는 패턴입니다. 내가 목적어를 아주 잘 알고 있다는 의미입니다. 사람이 목적어로 오면 그 사람을 개인적인 친분으로 잘 알고 있다는 의미가 되지요. 오해가 생기지 않도록 활용에 각별히 신경써야 합니다.

그는 절대로 그럴 사람이 아니니까 염려하지 마. 내가 잘 안다니까.

I know him. 내가 그를 개인적으로 잘 알아.

I don't know ~
나는 ~을 잘 몰라

I don't know 다음에 목적어로 명사나 절이 나오는 패턴입니다. 내가 목적어를 잘 모른다는 의미이지요. know는 목적어를 받는 타동사입니다.

너가 말하는 그 사람이 누군지는 알지만 정작 이름은 모르겠어.

I don't know his name. 난 그의 이름을 몰라.

You (don't) know ~
너는 ~을 잘 아는구나/모르는구나

You (don't) know 다음에 명사나 절이 오는 패턴입니다. '너는 ~을 잘 알고 있다' 내지는 '너는 ~을 잘 모르고 있다'는 의미를 전하지요.

괜히 능청 떨지 마. 알면서 모르는 척 하는 것도 범죄야, 범죄.

You know what I mean. 내가 무슨 말을 하는 건지 잘 알잖아.

1단계
핵심패턴 입에 붙이기
해석은 보지 말고 오디오 파일을 듣고 영어를 따라 말해 보세요.

🔊 84-1.mp3

2단계
핵심패턴 말하기
이번에는 우리말 해석을 보면서 영어로 말해 보세요. 3초 안에 영어가 나오면 성공!

🔊 84-2.mp3

I know ~

I know that.

I know why you're saying that.

I know how you feel.

I know I deserve it.

I know it doesn't make any sense.

I know when it happened.

나는 ~을 잘 알아

그건 이미 알고 있는 사실이야.

네가 왜 그런 말을 하는지 내가 잘 알아.

네 기분 내가 잘 알아.

나는 그런 대접을 받아도 할 말 없어.

그건 말도 안 된다는 사실 내가 잘 알아.

그게 언제 있었던 일인지 내가 잘 알지.

I don't know ~

I don't know him that well.

I don't know if it's possible.

I don't know what to do.

I don't know who has done it.

I don't know why he did it.

I don't know when he came back.

나는 ~을 잘 몰라

난 그를 그렇게까지는 잘 몰라.

그게 가능한 건지 모르겠어.

내가 뭘 해야 할지 모르겠어.

그건 누가 한 짓인지 난 몰라.

걔가 왜 그랬는지는 모르지.

걔가 언제 돌아온 건지는 모르겠어.

You (don't) know ~

You know the truth.

You know I love you.

You know what he said.

You don't know me.

You don't know the half of it.

You don't know what you're talking about.

너는 ~을 잘 아는구나/모르는구나

너 그 사실을 잘 알면서 그래.

내가 너 사랑하는 거 잘 알잖아.

걔가 무슨 말을 했는지는 네가 잘 알잖아.

넌 나를 잘 모르잖아.

너는 그거 반도 몰라. [네가 아는 건 일부에 지나지 않아.]

너, 지금 네가 무슨 소리를 하는 건지 알기나 해?

핵심패턴이 쓰인 문장을 직접 해석해 보세요. 해석이 된다면 오디오 파일을 듣고 따라 말해 보세요.

❶ I know ~

🎧 84-3.mp3

A	I feel terrible.	기분 엉망이야.
B	**I know how you feel.**	
A	What should I do?	뭘 어떻게 해야 되지?
B	Let's wait and see.	두고 보자고.

❷ I don't know ~

🎧 84-4.mp3

A	The windshield is broken.	차 앞 창문이 깨졌어.
B	What?	뭐?
A	**I don't know who has done it.**	
B	What the fxxx…	이런…

＊windshield 바람막이 창

❸ You (don't) know ~

🎧 84-5.mp3

A	I love you.	사랑해요.
B	You love me? **You don't know me.**	저를요?
A	I know a lot of things about you.	당신에 대해서 많은 걸 알고 있어요.
B	But that doesn't mean you know me.	하지만 그렇다고 저를 잘 아는 건 아니죠.

| 정답 |

❶ 네 기분 잘 알아.

❷ 누가 그랬는지 모르겠네.

❸ 저를 모르잖아요.

85

가볍게 지나가는 말에 항상 쓰는 핵심패턴

모르겠다고 말할 때
I have no idea ~
나는 ~을 모르겠어

강의 및 예문 듣기

준비단계
핵심패턴 감잡기

핵심패턴이 어떻게 쓰이는지 설명과 예문으로 감을 잡아 보세요.

I have no idea what ~
나는 무엇이 ~인지 모르겠어

I have no idea what 다음에 to부정사나 절이 나오는 패턴입니다. I have no idea는 '모른다'는 의미이며 구체적으로 무엇을 모르겠다는 것인지 뒤에 덧붙여 말할 수 있습니다.

이런 상황에서 내가 해야할 일이 분명히 있을 텐데…
I have no idea what I should do. 내가 뭘 해야 되는 건지 모르겠어.

I have no idea why ~
나는 왜 ~인지 모르겠어

I have no idea why 다음에 절이 나오는 패턴입니다. why는 '이유'에 해당되기 때문에 왜 그런 일이 있는 건지 이유를 모르겠다는 의미를 전합니다.

내가 너한테 무슨 잘못을 했는지 잘 모르겠어. 너한테 이런 대접받는 거 정말 싫어.
I have no idea why you ignore me. 왜 나를 무시하는 거야?

You have no idea ~
너는 ~을 모르는구나

You have no idea 다음에 전치사나 절이 오는 패턴입니다. 상대방이 뭔가를 잘 모르고 있다는 의미이지요. 뒤에 이어지는 절의 형태는 평서문입니다.

너는 그런 사실에 대해서 전혀 아는 바도 없고 관심도 없잖아.
You have no idea of it. 너는 그거 전혀 몰라.

1단계	해석은 보지 말고 오디오 파일을 듣고 영어를 따라 말해 보세요.	2단계	이번에는 우리말 해석을 보면서 영어로 말해 보세요. 3초 안에 영어가 나오면 성공!
핵심패턴 입에 붙이기		핵심패턴 말하기	

🔊 85-1.mp3   🔊 85-2.mp3

I have no idea what ~

I have no idea what to say.

I have no idea what's going on.

I have no idea what I'm doing.

I have no idea what you're talking about.

I have no idea what they are after.

I have no idea what he told her.

I have no idea why ~

I have no idea why he's angry.

I have no idea why he did it.

I have no idea why she called me.

I have no idea why she came here.

I have no idea why they disappeared.

I have no idea why they stopped supporting us.

You have no idea ~

You have no idea when he showed up.

You have no idea when she's leaving.

You have no idea how much fun this is.

You have no idea how much money she wants.

You have no idea how many people there were.

You have no idea of the pressure that I am under.

나는 무엇이 ~인지 모르겠어

뭐라고 말해야 될지 모르겠어.

뭐가 어떻게 돌아가는 건지 모르겠어.

내가 지금 뭘 하고 있는 건지 모르겠어.

네가 무슨 소리 하는 건지 모르겠어.

그들이 뭘 추구하는 건지 모르겠어.

그가 그녀에게 무슨 얘기를 해 줬는지 모르겠어.

나는 왜 ~인지 모르겠어

걔가 왜 화났는지 모르겠어.

걔가 왜 그랬는지 모르겠어.

걔가 왜 전화했는지 모르겠어.

걔가 왜 여기에 온 거야?

그들이 왜 사라진 건지 모르겠어.

그들이 왜 우리를 후원하던 걸 중단했는지 모르겠어.

너는 ~을 모르는구나

그가 언제 나타났는지 너는 모르잖아.

그녀가 언제 떠나는지 넌 모르지.

넌 이게 얼마나 재미있는지 모르지.

넌 그녀가 얼마를 원하는지 모르지.

넌 얼마나 많은 사람들이 참석했는지 모르지.

넌 내가 지금 얼마나 스트레스 받는지 모르지.

＊pressure 스트레스, 압박

▲
반으로 접어 공부하세요!

3단계

핵심패턴 실전 활용

핵심패턴이 쓰인 문장을
직접 해석해 보세요. 해석
이 된다면 오디오 파일을
듣고 따라 말해 보세요.

❶ I have no idea what ~

🔊 85-3.mp3

A	**I have no idea what they are after.**	
B	Money. They are after money.	돈이야. 그들은 돈을 쫓는 거야.
A	Is that right?	정말?
B	Yeah. Money means everything to them.	그래. 돈이 그들에게는 전부야.

❷ I have no idea why ~

🔊 85-4.mp3

A	**I have no idea why he's angry.**	
B	His mother broke the promise.	걔 엄마가 약속을 어겼대.
A	What was it?	무슨 약속이었는데?
B	She promised to buy him a smartphone, but…	엄마가 스마트폰을 사 주기로 했는데…

❸ You have no idea ~

🔊 85-5.mp3

A	**You have no idea when he showed up.**	
B	I don't know.	모르지.
A	He showed up an hour late.	1시간 늦게 나타났어.
B	What? He must have been out of his mind.	뭐? 미쳤군, 미쳤어.

＊out of one's mind 미친, 정신이 나간

| 정답 |
❶ 그들이 뭘 추구하는지
모르겠어.

❷ 그가 왜 화났는지 모르겠어.

❸ 넌 그가 언제 나타났는지
모르잖아.

304

86

가볍게 지나가는 말에 항상 쓰는 핵심패턴

마음에 들지 않을 때는 **I don't like ~**

나는 ~이 싫어

강의 및 예문 듣기

I don't like (명사/대명사)   나는 ~이 싫어

I don't like 다음에 목적어로 명사나 대명사가 나오는 패턴입니다. 목적어가 마음에
들지 않는다는 의미입니다. 동사 like는 '좋아하다' 이전에 '마음에 들다'의 의미를 갖
습니다.

성격, 외모, 태도 모든 것이 내가 생각하는 것과는 근본적으로 다른 너.

I don't like you.   난 너 싫어. 네가 마음에 안 들어.

I don't like (동명사)   나는 ~이 싫어

I don't like 다음에 목적어로 동명사가 나오는 패턴입니다. 목적어로 온 그 행위 자
체가 마음에 들지 않는다는 의미입니다.

노래방 가고 싶지 않아. 난 다른 건 몰라도 누가 노래하자고 하면 마음이 내키지 않아.

I don't like singing.   나는 노래하는 거 싫어.

I don't like (to부정사)   나는 ~이 싫어

I don't like 다음에 목적어로 to부정사가 나오는 패턴입니다. to부정사의 명사적 용
법입니다. to부정사는 미래와 조건의 의미를 갖습니다. 동명사가 목적어로 왔을 때와
의미상으로 분명한 차이가 있습니다.

자꾸 개하고 나를 엮으려고 하지 마. 이건 억지로 해서 될 일이 아니야.

I don't like to see her.   그녀를 만나고 싶지 않아.

1단계
핵심패턴 입에 붙이기

해석은 보지 말고 오디오 파일을 듣고 영어를 따라 말해 보세요.

🔊 86-1.mp3

2단계
핵심패턴 말하기

이번에는 우리말 해석을 보면서 영어로 말해 보세요. 3초 안에 영어가 나오면 성공!

🔊 86-2.mp3

I don't like (명사/대명사)

I don't like that idea.

I don't like surprises.

I don't like the way you treat me.

I don't like competition.

I don't like sports.

I don't like the book.

나는 ~이 싫어

그 아이디어 별로야.

나는 사람 놀라게 하는 거 싫어.

나는 네가 나를 대하는 태도 마음에 안 들어.

나는 경쟁하는 거 싫어.

나는 운동 싫어.

나는 그 책 별로야.

＊competition 경쟁

I don't like (동명사)

I don't like fighting.

I don't like watching TV.

I don't like walking.

I don't like eating between meals.

I don't like doing sports.

I don't like going shopping.

나는 ~이 싫어

나는 싸우는 거 싫어.

나는 TV 보는 거 싫어.

나는 걷는 거 정말 싫어.

나는 간식 먹는 거 싫더라.

나는 운동하는 거 싫어.

나는 쇼핑 가는 거 싫어.

＊eat between meals 간식을 먹다

I don't like (to부정사)

I don't like to talk to her.

I don't like to talk about it.

I don't like to drive.

I don't like to be involved in it.

I don't like to drink tea.

I don't like to exercise.

나는 ~이 싫어

그녀와 대화하는 거 싫어.

그거에 대해서 얘기하고 싶지 않아.

나는 운전하는 거 싫어.

나는 그 일에 연루되고 싶지 않아.

나는 차 마시는 거 별로야.

나는 운동하는 거 싫더라.

▲
반으로 접어 공부하세요!

❶ I don't like (명사/대명사)

🎧 86-3.mp3

A	We're giving him a surprise party.	걔한테 깜짝 파티 해 줄 거야.
B	**I don't like surprises.**	-------------------------------
A	But surprise parties are fun.	하지만 깜짝 파티는 재미있잖아.
B	I don't think so.	난 별로.

❷ I don't like (동명사)

🎧 86-4.mp3

A	**I don't like walking.**	-------------------------------
B	But it's good for health.	하지만 걷는 건 건강에 좋은데.
A	I know, but it's boring.	알아. 하지만 지겨워.
B	I know what you mean.	무슨 말인지 알아.

❸ I don't like (to부정사)

🎧 86-5.mp3

A	You look like you've gained some weight.	너, 살이 좀 붙은 거 같아.
B	Yes, I've gained weight.	그래, 체중이 늘었어.
A	Why don't you work out?	운동 좀 하지 그래?
B	**I don't like to exercise.**	-------------------------------

＊work out 운동하다

| 정답 |
❶ 나는 사람 놀라게 하는 거
싫던데.

❷ 나는 걷는 거 싫어.

❸ 난 운동하는 거 싫어.

87 가볍게 지나가는 말에 항상 쓰는 핵심패턴

정말 싫다고 말할 때
I'm allergic to ~

나는 ~이 정말 싫어

강의 및 예문 듣기

I'm allergic to (사물)　　　나는 ~이 정말 싫어

I'm allergic to 다음에 전치사의 목적어로 명사나 대명사가 나오는 패턴입니다. 목
적어가 내 몸에 알레르기 반응을 일으킨다는 것이므로 싫어도 참 싫다는 의미를 전합
니다.

나는 초콜릿을 먹으면 몸에 이상 반응이 생겨. 너는 어떤 음식이 그래?
I'm allergic to chocolate.　난 초콜릿 싫어.

I'm allergic to (사람)　　　나는 ~이 정말 싫어

I'm allergic to 다음에 전치사의 목적어로 사람이 나오는 패턴입니다. 그 사람을 보
면 몸에 두드러기가 생기고 몸이 아플 정도라는 뜻입니다.

난 그런 타입은 정말 아니야. 그런 사람하고 같은 자리에 앉아 있기만 해도 소름 돋아.
I'm allergic to him.　난 걔 정말 싫어. 두드러기가 생겨.

I have an allergy to ~　　　나는 ~이 정말 싫어

I have an allergy to 다음에 전치사의 목적어로 명사나 대명사가 나오는 패턴입
니다. 형용사 allergic과 비교하여 명사 allergy는 문어적이고 점잖은 느낌을 전합
니다.

나는 오렌지 정말 먹고 싶은데, 먹기만 하면 알레르기 반응이 생겨서 미치겠어.
I have an allergy to oranges.　나는 오렌지 알레르기 있어.

308

I'm allergic to (사물)

I'm allergic to peanuts.

I'm allergic to cockroaches.

I'm allergic to housework.

I'm allergic to rock music.

I'm allergic to jeans.

I'm allergic to that type of man.

나는 ~이 정말 싫어

나는 땅콩 알레르기야.

나는 바퀴벌레 정말 싫어.

나는 집안일 하는 것 정말 싫어.

나는 록 음악 정말 싫어.

나는 청바지 정말 싫던데.

나는 그런 타입의 남자 너무 싫어.

＊cockroach 바퀴벌레

I'm allergic to (사람)

I'm allergic to rude people.

I'm allergic to a woman like her.

I'm allergic to women who smoke.

I'm allergic to people who lie to me.

I'm allergic to men who cheat.

I'm allergic to careless drivers.

나는 ~이 정말 싫어

나는 무례한 사람들 정말 싫어.

나는 그녀 같은 여자 정말 싫어.

나는 담배 피우는 여자 싫어.

나는 나한테 거짓말하는 사람 정말 싫어.

나는 바람피우는 남자들 정말 혐오스러워.

나는 부주의한 운전자들 정말 싫어.

＊cheat 바람피우다

I have an allergy to ~

I have an allergy to sunlight.

I have an allergy to cats.

I have an allergy to parties.

I have an allergy to people who belittle others.

I have an allergy to listening to him.

I have an allergy to talking to women.

나는 ~이 정말 싫어

나는 햇빛 알레르기 있어.

나는 고양이 알레르기 있어.

나는 파티 혐오 증세가 있어.

나는 남을 무시하는 사람 정말 싫어.

난 그가 하는 말 듣는 거 정말 싫어.

나는 여자들과 대화하는 거 싫어.

＊belittle 무시하다, 얕잡아 보다

반으로 접어 공부하세요!

❶ I'm allergic to (사물)

🎧 87-3.mp3

A I'm allergic to housework.

B But you need to help your wife.

A I'm helping my wife in other ways.

B What are the other ways?

하지만 아내를 도와야지.

다른 방법으로 아내를 돕고 있지.

다른 방법이란 게 뭐야?

❷ I'm allergic to (사람)

🎧 87-4.mp3

A I'm allergic to women who smoke.

B You smoke, too.

A But I'm a man.

B Come on. That's sex discrimination.

너도 담배 피우잖아.

하지만 나는 남자잖아.

왜 이래. 그게 바로 성차별이야.

＊discrimination 차별

❸ I have an allergy to ~

🎧 87-5.mp3

A I have an allergy to cats.

B Do you?

A Yes. I can't stand just watching cats.

B I like cats a lot.

그래?

어. 그냥 고양이 보는 것도 싫어.

나는 고양이 무척 좋아하는데.

| 정답 |

❶ 나는 집안일 정말 싫어.

❷ 나는 담배 피우는 여성 싫어.

❸ 난 고양이 정말 싫어.

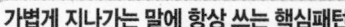

88

가볍게 지나가는 말에 항상 쓰는 핵심패턴

오해를 풀고 싶을 때
I don't mean to ~ ~할 의도는 아니야

강의 및 예문 듣기

준비단계
핵심패턴 감잡기

핵심패턴이 어떻게 쓰이는지 설명과 예문으로 감을 잡아 보세요.

I don't mean to ~ 내가 ~할 의도는 아니야

I don't mean to 다음에 동사원형이 나오는 패턴입니다. 뭔가를 할 의도는 전혀 없다는 뜻이지요. 동사 mean에 '의도하다', '일부러 ~하다' 등의 의미가 포함되어 있습니다.

내가 왜 네 마음을 다치게 하겠어. 그런 건 아니라는 걸 네가 더 잘 알잖아.

I don't mean to hurt you. 네 마음을 일부러 상하게 하려는 건 아니야.

I didn't mean to ~ 내가 ~하려던 건 아니었어

I didn't mean to 다음에 동사원형이 나오는 패턴입니다. 뭔가를 할 의도는 전혀 없었다는 뜻이지요. 어떤 일이 일어난 이후에 상대의 오해를 풀고 싶어서 던지는 말입니다.

어쩌다 보니 그렇게 된 거야. 내가 왜 그런 짓을 고의로 하겠어.

I didn't mean to do it. 내가 일부러 그런 게 아니었어.

I didn't intend to ~ 내가 ~할 의도는 아니었어

I didn't intend to 다음에 동사원형이 나오는 패턴입니다. 뭔가를 할 의도는 전혀 없었다는 뜻이지요. 동사 intend가 '의도하다', '작정하다' 등의 의미를 갖습니다.

일이라는 게 그렇다. 그 사람의 의도와는 전혀 다르게 상대가 오해할 수 있는 거야.

I didn't intend to harm you. 내가 너를 해칠 의도는 전혀 아니었단 말이지.

1단계
핵심패턴 입에 붙이기
해석은 보지 말고 오디오 파일을 듣고 영어를 따라 말해 보세요.

🔊 88-1.mp3

2단계
핵심패턴 말하기
이번에는 우리말 해석을 보면서 영어로 말해 보세요. 3초 안에 영어가 나오면 성공!

🔊 88-2.mp3

I don't mean to ~

I **don't mean to** lecture.

I **don't mean to** pry.

I **don't mean to** be nosy.

I **don't mean to** steal the show.

I **don't mean to** take it out on you.

I **don't mean to** put you in trouble.

내가 ~할 의도는 아니야

너에게 설교할 의도는 아니야.

내가 엿보려고 한 건 전혀 아니야.

내가 참견할 생각은 전혀 없어.

내가 관심을 독차지하려고 이러는 건 아니야.

내가 일부러 너에게 분풀이할 의도는 아니야.

내가 의도적으로 널 곤경에 빠뜨리려는 건 아니야.

＊pry 엿보다   steal the show 관심을 독차지하다
take it out on ~에게 화풀이를 하다

I didn't mean to ~

I **didn't mean to** interrupt.

I **didn't mean to** call you.

I **didn't mean to** sound rude.

I **didn't mean to** offend you.

I **didn't mean to** deceive you.

I **didn't mean to** hit you.

내가 ~하려던 건 아니었어

너를 방해할 생각은 아니었어.

너한테 전화할 생각은 아니었는데.

내가 무례하게 말할 의도는 아니었는데.

네 기분을 상하게 하려던 건 아니었어.

너를 일부러 속이려고 했던 건 아니야.

너를 때리려고 일부러 그런 건 아니었어.

I didn't intend to ~

I **didn't intend to** disappoint you.

I **didn't intend to** bore you.

I **didn't intend to** treat him that way.

I **didn't intend to** tell on you.

I **didn't intend to** speak badly of you.

I **didn't intend to** intimidate him.

내가 ~할 의도는 아니었어

너를 내가 일부러 실망시켰겠어?

내가 너를 일부러 지루하게 만들었겠어?

그를 그런 식으로 대할 의도는 아니었지.

너를 고자질할 생각은 아니었어.

내가 너를 나쁘게 말할 의도는 아니었는데.

내가 그를 겁줄 의도는 전혀 없었어.

＊tell on ~을 고자질하다   speak badly of ~을 나쁘게 말하다
intimidate 겁을 주다

▲
반으로 접어 공부하세요!

핵심패턴이 쓰인 문장을 직접 해석해 보세요. 해석이 된다면 오디오 파일을 듣고 따라 말해 보세요.

❶ I don't mean to ~

🎧 88-3.mp3

A I don't mean to lecture.

B Then, don't.   그러면 하지 마세요.

A I just want you to listen to me.   그저 내 말을 들어 줬으면 해서 그러지.

B Now you're lecturing.   지금 설교하고 계시잖아요.

❷ I didn't mean to ~

🎧 88-4.mp3

A I didn't mean to offend you.

B I'm okay.   괜찮아.

A Sorry.   미안해.

B That's okay.   괜찮다니까.

❸ I didn't intend to ~

🎧 88-5.mp3

A I didn't intend to tell on you.

B But you did.   하지만 고자질했잖아.

A Sorry.   미안해.

B Too late.   너무 늦었어.

| 정답 |

❶ 내가 지금 설교하려는 게 아니야.

❷ 네 기분 상하게 할 의도는 아니었어.

❸ 일부러 너를 고자질하려던 건 아니었어.

89

미안하다고 말할 때 I'm sorry ~

~해서 미안해

강의 및 예문 듣기

핵심패턴이 어떻게 쓰이는지 설명과 예문으로 감을 잡아 보세요.

I'm sorry to ~
내가 ~해서 미안해

I'm sorry to 다음에 동사원형이 나오는 패턴입니다. 앞으로 뭔가를 하게 될 것 같아서 그것을 미안하고 유감스럽게 생각한다는 의미입니다. '~해서 미안하다'라는 의미를 전할 때 사용하지요.

내가 이런 말을 너에게 하게 될 줄은 정말 몰랐어. 그런데 어쩌다 보니 상황이 그렇게 됐네.

I'm sorry to say this. 내가 이런 말을 하게 되어서 정말 미안해.

I'm sorry about ~
난 ~에 대해서 미안하게 생각해

I'm sorry about 다음에 명사가 나오는 패턴입니다. 명사의 자리에 동명사나, 명사절이 올 수도 있지요. 보통은 이미 과거에 일어난 일이 전치사 about의 목적어로 등장합니다.

어제는 내가 어쩔 수 없었어. 너한테 정말 할 말이 없어. 미안하다는 말밖에는.

I'm sorry about yesterday. 어제 있었던 일 정말 미안해.

I'm sorry (절)
난 ~을 미안하게 생각해

I'm sorry 다음에 절이 나오는 패턴입니다. 이미 일어난 일에 대해서 지금 미안한 마음을 전하는 것이지요.

내가 매번 이렇게 늦게 되네. 다시는 늦지 않으려고 했는데…

I'm sorry I'm late. 늦어서 미안해.

1단계
핵심패턴 입에 붙이기
해석은 보지 말고 오디오 파일을 듣고 영어를 따라 말해 보세요.

🔊 89-1.mp3

2단계
핵심패턴 말하기
이번에는 우리말 해석을 보면서 영어로 말해 보세요. 3초 안에 영어가 나오면 성공!

🔊 89-2.mp3

I'm sorry to ~

I'm sorry to interrupt.

I'm sorry to wake you.

I'm sorry to disturb you.

I'm sorry to keep you waiting.

I'm sorry to give you a headache.

I'm sorry to make a fuss.

내가 ~해서 미안해

말씀 중에 끼어들어서 미안해요.

깨워서 미안해.

내가 방해해서 미안.

계속 기다리게 해서 미안해.

머리 아프게 해서 미안해.

내가 소란 피우게 되어서 미안해.

＊make a fuss 소란 피우다

I'm sorry about ~

I'm sorry about last night.

I'm sorry about all this.

I'm sorry about this morning.

I'm sorry about calling you at night.

I'm sorry about what happened at work.

I'm sorry about our not being able to get together.

난 ~에 대해서 미안하게 생각해

어젯밤 있었던 일 정말 미안해.

이 모든 일 정말 미안하기만 하네.

오늘 아침에 있었던 일은 미안해.

밤에 전화해서 미안해.

회사에서 있었던 일 미안해.

같이 만나야 되는데 우리가 못 가서 미안.

I'm sorry (절)

I'm sorry I lost my temper.

I'm sorry I took so long.

I'm sorry I woke you up.

I'm sorry I took up so much of your time.

I'm sorry I surprised you.

I'm sorry I didn't tell you the truth.

난 ~을 미안하게 생각해

성질 내서 미안해.

시간 너무 오래 끌어서 미안.

내가 깨워서 미안해.

네 시간을 많이 빼앗아서 미안해.

내가 놀라게 해서 미안해.

사실대로 말하지 못해서 미안해.

＊lose one's temper 화를 내다

3단계
핵심패턴 실전 활용

핵심패턴이 쓰인 문장을
직접 해석해 보세요. 해석
이 된다면 오디오 파일을
듣고 따라 말해 보세요.

❶ I'm sorry to ~

🎧 89-3.mp3

A **I'm sorry to interrupt.**

B Anything urgent? — 뭐 급한 일이야?

A I thought you all should know this. — 너희들이 다 이 사실을 알고 있어야 될 것 같아서.

B What is it? — 그게 뭔데?

＊urgent 긴급한

❷ I'm sorry about ~

🎧 89-4.mp3

A **I'm sorry about calling you at night.**

B No problem. What's up? — 괜찮아. 어쩐 일이야?

A I have something I need to talk over with you. — 너하고 얘기할 게 좀 있어서.

B Okay. Go ahead. What is it? — 그래. 말해 봐. 뭔데?

❸ I'm sorry (절)

🎧 89-5.mp3

A **I'm sorry I took so long.**

B What took you so long? — 왜 그렇게 오래 걸렸어?

A I had to talk to Jane on the phone. — 제인하고 통화를 좀 해야 했어.

B Oh, I see. — 그랬구나.

| 정답 |

❶ 끼어들어서 미안해.

❷ 밤에 전화해서 미안.

❸ 시간을 너무 오래 끌어서
미안.

90

가볍게 지나가는 말에 항상 쓰는 핵심패턴

약속하거나 장담할 때 **I promise ~**

~을 약속해

강의 및 예문 듣기

핵심패턴 감잡기

핵심패턴이 어떻게 쓰이는지 설명과 예문으로 감을 잡아 보세요.

I promise I'll ~

내가 ~할 것을 약속해

I promise I'll 다음에 동사원형이 나오는 패턴입니다. 내가 뭔가 할 것을 약속한다는 의미이지요. 동사 promise는 구두 서약에 해당됩니다. 뭔가를 하겠다는 다짐에서 나오는 약속인 것입니다.

그냥 하는 말이 아냐. 이 일은 내가 어떻게든 해결해 보도록 노력할게. 걱정 붙들어 매.

I promise I'll work it out. 약속해. 그 일은 내가 해결하겠다고.

I promised I'd ~

내가 ~하겠다고 약속했어

I promised I'd 다음에 동사원형이 나오는 패턴입니다. 내가 뭔가를 하겠다고 약속했다는 의미입니다. I promised처럼 과거시제로 바꿔 말하면 will도 would로 바꾸어 써야 합니다.

난 절대 일에 소홀할 사람이 아냐. 언제든 최선을 다하지. 내가 뭐랬어…

I promised I would do my best. 내가 최선을 다하겠다고 약속했잖아.

I promise to ~

내가 ~할 것을 약속해

I promise to 다음에 동사원형이 나오는 패턴입니다. to부정사에는 미래의 의미가 포함되어 있기 때문에 내가 앞으로 뭔가를 하기로 약속하겠다는 의미를 전합니다.

이렇게까지 신경을 써 주니 얼마나 고마운지 몰라. 내가 보답해야지.

I promise to buy you dinner some day. 내가 날 잡아서 저녁 살게. 약속해.

1단계
핵심패턴 입에 붙이기

해석은 보지 말고 오디오 파일을 듣고 영어를 따라 말해 보세요.

🎧 90-1.mp3

2단계
핵심패턴 말하기

이번에는 우리말 해석을 보면서 영어로 말해 보세요. 3초 안에 영어가 나오면 성공!

🎧 90-2.mp3

I promise I'll ~

I promise I'll reach you later.

I promise I'll buy you a drink.

I promise I'll buy you the book.

I promise I'll go to see the movie with you.

I promise I'll take good care of him.

I promise I'll find you somebody amazing.

내가 ~할 것을 약속해

내가 너한테 나중에 꼭 전화 연락 할게.

내가 너한테 꼭 한잔 살게.

내가 네게 그 책 꼭 사 줄게.

그 영화는 꼭 너하고 같이 보러 갈게.

그는 내가 잘 돌볼게.

내가 멋진 사람 꼭 찾아 줄게.

I promised I'd ~

I promised I'd be home for dinner.

I promised I'd do that for him.

I promised I'd finish it by tomorrow.

I promised I'd never talk to her.

I promised I'd go to have a check-up.

I promised I'd take a trip to New York with her.

내가 ~하겠다고 약속했어

집에서 저녁 먹기로 약속했어.

내가 그 대신에 그 일을 하기로 약속했어.

그 일은 내일까지 끝내기로 했던 거야.

그녀와는 절대 말하지 않겠다고 약속했어.

건강검진 받으러 가기로 약속했어.

그녀와 뉴욕 여행 가기로 약속했어.

I promise to ~

I promise to call you after seven.

I promise to wake you up at six.

I promise to bring him to the party.

I promise to keep it to myself.

I promise to deal with it right away.

I promise to pay you back later.

내가 ~할 것을 약속해

7시 이후에 너한테 전화할게.

6시에 꼭 너 깨워 줄게.

내가 꼭 그를 파티에 데려갈게.

그건 절대 비밀로 지킬게.

내가 그 일은 지금 당장 처리할게.

나중에 꼭 네게 갚을게.

핵심패턴이 쓰인 문장을 직접 해석해 보세요. 해석이 된다면 오디오 파일을 듣고 따라 말해 보세요.

❶ I promise I'll ~

🎧 90-3.mp3

A **I promise I'll buy you a drink.** ----------------

B You have broken that promise too many times. 약속을 너무 많이 깨서 믿음이 가야지.

A I'm dead serious this time. 이번에는 정말 진심이야.

B Are you really? 진짜야?

＊dead 완전히, 몹시

❷ I promised I'd ~

🎧 90-4.mp3

A How about a drink after work? 퇴근 후에 한잔할까?

B Sorry. **I promised I'd be home for dinner.** 미안해. ----------------
----

A Please keep me company after work. 제발 퇴근 후에 나하고 같이 있어 줘.

B Maybe another time. 그냥 다음에 하자.

＊keep somebody company ~의 곁에 있어 주다

❸ I promise to ~

🎧 90-5.mp3

A Tell me. 나한테 말해 줘.

B No. This is a secret. 안 돼. 이건 비밀이야.

A **I promise to keep it to myself.** ----------------

B I don't believe you. 난 네 말 안 믿어.

| 정답 |

❶ 내가 한잔 살게. 약속할게.

❷ 저녁을 집에서 먹기로 약속했어.

❸ 정말 나만 알고 있을게.

91

가볍게 지나가는 말에 항상 쓰는 핵심패턴

고맙다고 말할 때 Thank you for ~
~ 해 줘서 고마워

강의 및 예문 듣기

핵심패턴이 어떻게 쓰이는지 설명과 예문으로 감을 잡아 보세요.

Thank you for (명사)　　　　　~ 해 줘서 고마워

Thank you for 다음에 명사가 오는 패턴입니다. 그 명사에 해당되는 일을 해 줘서 고맙다는 것이지요. 간단하지만 활용도가 대단히 높은 패턴입니다.

네가 차를 태워 줘서 편안하게 올 수 있었어. 나중에 내가 점심 한번 살게.

Thank you for the ride.　태워 줘서 고마워.

Thank you for (동명사)　　　　　~ 해서 고마워

Thank you for 다음에 동명사가 오는 패턴입니다. 동명사의 행위가 고맙다는 의미이지요. 단순명사가 오는 것보다 적극적이고 역동적인 느낌을 줍니다.

네가 와서 자리를 빛내 주니 얼마나 고마운지 몰라. 너로 인해서 분위기 업이다, 업.

Thank you for coming.　와 줘서 고마워.

I appreciate ~　　　　　~ 해 줘서 정말 고맙습니다

I appreciate 다음에 명사가 나오는 패턴입니다. 상대가 해 준 일이나 행동에 대해서 공손하고 정중하게 고맙다는 의사를 전달하는 패턴입니다.

나서서 이렇게 도움을 주시니 얼마나 감사한지 모르겠습니다. 다시 한번 말씀 드리는데…

I really **appreciate** it.　그렇게 해 주셔서 정말 고맙습니다.

1단계	해석은 보지 말고 오디오 파일을 듣고 영어를 따라 말해 보세요.	2단계	이번에는 우리말 해석을 보면서 영어로 말해 보세요. 3초 안에 영어가 나오면 성공!
핵심패턴 입에 붙이기		핵심패턴 말하기	

🔊 91-1.mp3   🔊 91-2.mp3

Thank you for (명사)   ~ 해 줘서 고마워

Thank you for tonight.	오늘 밤 고마웠어요.
Thank you for everything.	두루두루 다 고마웠어.
Thank you for dinner.	오늘 저녁 고마웠어.
Thank you for the tip.	좋은 정보 알려 줘서 고마워.
Thank you for your time.	시간 내 줘서 고마워.
Thank you for your help.	도와줘서 고마워.

Thank you for (동명사)   ~ 해서 고마워

Thank you for being so nice.	그렇게 친절하게 대해 줘서 정말 고마워.
Thank you for seeing me so quickly.	나를 빨리 만나 줘서 고마워.
Thank you for keeping me company.	나하고 계속 같이 있어 줘서 고마워.
Thank you for throwing this awesome party.	이렇게 멋진 파티를 열어 줘서 고마워.
Thank you for giving me a chance.	나한테 기회를 줘서 고마워.
Thank you for taking time to speak with me.	시간 내서 나하고 대화를 해 줘서 고마워.

I appreciate ~   ~ 해 줘서 정말 고맙습니다

I appreciate all this.	이 모든 것이 다 고마워요.
I appreciate your concern.	관심 가져 줘서 고마워요.
I appreciate your taking the time.	시간 내 주셔서 고맙습니다.
I appreciate you coming.	와 줘서 고마워요.
I appreciate you seeing me.	만나 주셔서 정말 감사합니다.
I appreciate your efforts.	노력해 줘서 정말 감사해요.

반으로 접어 공부하세요!

핵심패턴이 쓰인 문장을
직접 해석해 보세요. 해석
이 된다면 오디오 파일을
듣고 따라 말해 보세요.

❶ Thank you for (명사)

🎧 91-3.mp3

> **A** **Thank you for dinner tonight.**
>
> **B** You're welcome.   천만에요.
>
> **A** I will treat you next time.   다음에는 제가 대접할게요.
>
> **B** I'll look forward to it.   기다리겠습니다.

＊treat 대접하다, 한턱내다

❷ Thank you for (동명사)

🎧 91-4.mp3

> **A** **Thank you for keeping me company.**
>
> **B** I had a great time, too.   나도 아주 즐거웠어.
>
> **A** How about meeting me for dinner next week?   다음 주에 만나서 저녁 같이 할까?
>
> **B** Sounds good.   좋지.

❸ I appreciate ~

🎧 91-5.mp3

> **A** **I appreciate you coming.**
>
> **B** Thank you for inviting me.   초대해 주셔서 고맙습니다.
>
> **A** You're welcome.   무슨 말씀을.
>
> **B** I'm happy to be here.   여기에 참석하게 되어 정말 좋아요.

| 정답 |

❶ 오늘 밤 저녁 식사 고마웠어요.

❷ 같이 있어 줘서 고마워.

❸ 와 줘서 고마워요.

92

가볍게 지나가는 말에 항상 쓰는 핵심패턴

과거의 경험을 말할 때 I used to ~

한때 ~했었지

강의 및 예문 듣기

준비단계

핵심패턴 감잡기

핵심패턴이 어떻게 쓰이는지 설명과 예문으로 감을 잡아 보세요.

I used to ~
난 한때 ~했었지

I used to 다음에 동사원형이 오는 패턴입니다. 과거 한때 무언가를 했었다는 의미이지요. 과거의 규칙적인 습관을 말할 때 사용합니다.

지금은 그녀가 다른 남자를 만나서 살고 있지만, 옛날에는 나하고 많은 시간을 보냈었지.

I used to go out with her. 난 과거에 그녀와 데이트를 했었지.

We/He/She used to ~
우리는/그는/그녀는 한때 ~했었지

We/He/She used to 다음에 동사원형이 오는 패턴입니다. '우리는/그는/그녀는 한때 뭔가를 했었음'을 뜻하는 표현입니다.

그가 도중에 유학을 가서 떨어지게 되었지만, 그 전까지는 같이 학교를 다니면서 즐거웠어.

We used to go to school together. 우리는 같이 학교를 다녔었지.

I/She/He/We/It would ~
나는/그녀는/그는/우리는/그것은 한때 ~했었지

I/She/He/We/It would 다음에 동사원형이 오는 패턴입니다. would 역시 과거의 습관을 말하는 것이지만 불규칙적인 습관에 해당됩니다. used to와 차이를 두어 활용해야 합니다.

내가 꾸준히 그랬던 건 아니지만 상황이 되면 가끔 그들과 어울리곤 했었어.

I would hang around with them. 난 그들과 어울려 다니곤 했었어.

1단계	해석은 보지 말고 오디오 파일을	2단계	이번에는 우리말 해석을 보면서
핵심패턴 입에 붙이기	듣고 영어를 따라 말해 보세요.	핵심패턴 말하기	영어로 말해 보세요. 3초 안에 영어가 나오면 성공!

🎧 92-1.mp3   🎧 92-2.mp3

I used to ~

난 한때 ~했었지

I used to be a teacher.

난 전에 선생이었어.

I used to drink like a fish.

한때 술을 무척 마셨지.

I used to be scared of the dark.

예전엔 어두운 게 아주 무서웠어.

I used to be good at this.

전에는 이런 거 참 잘했었는데.

I used to cook well.

난 예전에는 요리를 잘했었어.

I used to take on more work than I could handle.

옛날에는 처리하지도 못할 많은 일들을 떠맡곤 했었어.

＊drink like a fish 술고래이다

We/He/She used to ~

우리는/그는/그녀는 한때 ~했었지

We used to live together.

우리는 한때 같이 살았어.

We used to be friends.

우리는 한때 친구였지.

We used to talk about everything.

우리는 한때 모든 얘기를 함께 나누었었지.

He used to live around here.

그는 이 근처에 살았어.

He used to say that to me.

그는 내게 그 말을 하곤 했었어.

She used to sing in the church choir.

그녀는 교회 성가대에서 노래했었어.

＊choir 성가대, 합창단

I/She/He/We/It would ~

나는/그녀는/그는/우리는/그것은 한때 ~했었지

I would do an hour of weight training.

난 1시간 동안 웨이트 트레이닝을 했었지.

I would ask him to help me.

그에게 도와달라고 부탁을 하곤 했었지.

She would cry while drinking.

그녀는 술을 마시면서 울곤 했어.

He would get in fights at school.

그는 학교에서 싸움을 하곤 했었지.

We would sit in a circle and sing.

우린 둘러앉아서 노래하곤 했어.

Sometimes at night, **the phone would** ring.

때때로 한밤중에 전화벨이 울리곤 했지.

3단계
핵심패턴 실전 활용

핵심패턴이 쓰인 문장을
직접 해석해 보세요. 해석
이 된다면 오디오 파일을
듣고 따라 말해 보세요.

❶ I used to ~

🎧 92-3.mp3

A	**I used to drink like a fish.**	
B	Is that right?	정말?
A	But I stopped drinking last year.	하지만 작년에 끊었어.
B	For your health?	건강을 위해서?

❷ We/He/She used to ~

🎧 92-4.mp3

A	**We used to live together.**	
B	Why did you break up with her?	그녀와 왜 헤어졌어?
A	She broke up with me.	그녀가 나를 찼어.
B	Really?	정말?

＊break up 헤어지다

❸ I/She/He/We/It would ~

🎧 92-5.mp3

A	**He would get in fights at school.**	
B	Would he?	걔가?
A	Yes. He was tough at that time.	그래. 그때는 터프했었어.
B	I can't believe it.	믿을 수 없어.

| 정답 |

❶ 한때 술을 무척 마셨어.

❷ 우리는 한때 같이 살았어.

❸ 그는 학교에서 싸움을 하곤
했었지.

93

과거의 경험을 말할 때 **Have you ~?**

~해 본 적 있어?

강의 및 예문 듣기

핵심패턴이 어떻게 쓰이는지 설명과 예문으로 감을 잡아 보세요.

Have you ~?   너는 ~했어?

Have you 다음에 동사의 과거분사형이 나오는 패턴입니다. 현재완료시제의 구문이지요. 과거에 있었던 사실이 현재까지 계속되거나 영향을 미치고 있음을 의미합니다.

그 일은 그녀가 해답을 쥐고 있어. 가서 상의해 봐. 도움을 요청해 보라고.

Have you talked to her?   그녀와 대화했어?

I have ~   나는 ~했어

I have 다음에 동사의 과거분사형이 나오는 패턴입니다. 현재완료는 정확하지 않은 과거의 시점에 일어난 사실이 현재까지 유효하게 적용됨을 말합니다.

그동안 살이 쪄서 건강이 안 좋았는데, 지금은 많이 좋아졌어.

I have lost weight.   나 살 빠졌어.

I haven't ~   나는 ~하지 않았어

I haven't 다음에 동사의 과거분사형이 나오는 패턴입니다. 과거에 어떤 일을 하지 않았고 그 경험이 현재까지도 유효한 것입니다.

그녀와는 연락이 안 되네. 잘 지내나 모르겠어.

I haven't seen her in years.   그녀를 본 지 몇 년 됐어.

1단계
핵심패턴 입에 붙이기
해석은 보지 말고 오디오 파일을 듣고 영어를 따라 말해 보세요.

🔊 93-1.mp3

2단계
핵심패턴 말하기
이번에는 우리말 해석을 보면서 영어로 말해 보세요. 3초 안에 영어가 나오면 성공!

🔊 93-2.mp3

Have you ~?

Have you met him before?

Have you started painting?

Have you talked to him much since then?

Have you prepared for the party?

Have you had breakfast yet?

Have you ever fallen in love so quickly?

너는 ~했어?

전에 그를 만난 적 있어?

그림 시작했어?

그때 이후로 그와 대화 많이 했어?

파티 준비는 했어?

아침 먹었어?

그렇게 빨리 사랑에 빠져 본 적 있어?

I have ~

I have seen a lot of him lately.

I have heard from him.

I have talked to him on the phone.

I have done it before.

I have gained some weight.

I have been treated unfairly.

나는 ~했어

나, 요즘 걔 자주 만났어.

걔한테 직접 연락이 왔어.

난 그와 전화 통화 했어.

난 그거 전에 해 본 적 있어.

나 살쪘어.

나는 그 동안 부당하게 대접받았어.

＊gain weight 살찌다

I haven't ~

I haven't seen you around lately.

I haven't been looking.

I haven't had a chance to say that.

I haven't decided yet.

I haven't thought about it yet.

I haven't been sleeping well.

나는 ~하지 않았어

너를 요즘 못 만났네.

그 동안 난 신경써서 찾아보지를 않았지.

난 그 동안 그 말을 할 기회가 없었어.

난 아직 결정 안 했어.

난 그건 아직 생각해 보지 않았어.

나, 그 동안 잠을 잘 못 잤어.

▲
반으로 접어 공부하세요!

3단계
핵심패턴 실전 활용

핵심패턴이 쓰인 문장을
직접 해석해 보세요. 해석
이 된다면 오디오 파일을
듣고 따라 말해 보세요.

❶ Have you ~?

🔊 93-3.mp3

> **A Have you met him before?**
>
> B No. He's a complete stranger.　　　　　아니. 완전 처음 보는 얼굴이야.
>
> A I haven't met him before, either.　　　나도 한 번도 본 적 없어.
>
> B He looks strange, doesn't he?　　　　생긴 게 좀 이상하지 않아?

❷ I have ~

🔊 93-4.mp3

> **A I have heard from him.**
>
> B Did he text you?　　　　　　　　　　문자 받았어?
>
> A No. He sent me an email.　　　　　　아니. 이메일을 보냈더라고.
>
> B How is he?　　　　　　　　　　　　어떻게 지낸대?

❸ I haven't ~

🔊 93-5.mp3

> A You should have already said that to him.　그걸 진작에 그에게 말해 줬어야지.
>
> **B I haven't had a chance to say that.**
>
> A So what are you going to do?　　　　그래서 앞으로 뭘 할 거야?
>
> B I haven't decided yet.　　　　　　　아직 결정하지 못했어.

| 정답 |

❶ 전에 저 사람 본 적 있어?

❷ 걔한테 소식 들었어.

❸ 말할 기회가 없었어.

94

익숙해진 상태를 말할 때 **I'm used to ~**

~에 익숙해졌어

강의 및 예문 듣기

준비단계

핵심패턴 감잡기

핵심패턴이 어떻게 쓰이는지 설명과 예문으로 감을 잡아 보세요.

I'm used to (명사/대명사)   나는 ~에 익숙해졌어

I'm used to 다음에 명사나 대명사가 나오는 패턴입니다. 나는 이미 뭔가에 정신과 육체가 사용되었다는 것이 직역입니다. 그래서 익숙하다는 것이지요. to는 부정사가 아니라 전치사입니다.

나는 전혀 생소하지 않아. 이미 경험했으니까.

I'm used to it.   나는 이미 그것에 익숙해졌어.

I'm used to (동명사)   나는 ~에 익숙해졌어

I'm used to 다음에 동명사가 나오는 패턴입니다. to가 전치사이기 때문에 이어지는 동사는 명사의 형태를 띠어야 합니다. 그래서 동명사가 나오는 것입니다.

처음에는 버거를 밥으로 먹는 게 정말 이상했어. 먹고 난 후에는 꼭 라면을 먹곤 했었지.

I'm used to eating burgers.   지금은 버거 먹는 게 익숙해졌어.

---

get used to ~   ~에 익숙해지다

get used to 다음에 명사나 대명사, 그리고 동명사가 나오는 패턴입니다. 동사 get에 동작의 느낌이 있어서 '익숙해지고 있다'는 느낌이 강합니다.

처음엔 다 어색하고 일이 손에 잡히지 않는 거야. 그런 건 시간이 해결해 주지.

You'll **get used to** it.   넌 그 일에 익숙해질 거야.

1단계
핵심패턴 입에 붙이기

해석은 보지 말고 오디오 파일을 듣고 영어를 따라 말해 보세요.

🎧 94-1.mp3

2단계
핵심패턴 말하기

이번에는 우리말 해석을 보면서 영어로 말해 보세요. 3초 안에 영어가 나오면 성공!

🎧 94-2.mp3

I'm used to (명사/대명사)

I'm used to married life now.

I'm used to my new job.

I'm used to strange sounds in the night.

I'm used to a short summer vacation.

I'm used to his complaints.

I'm used to my company's new system.

나는 ~에 익숙해졌어

난 이제 신혼 생활에 익숙해졌어.

난 새로운 직업에 익숙해졌어.

난 밤에 들리는 이상한 소리에 익숙해졌어.

난 짧은 여름방학에 익숙해졌어.

난 걔가 불평하는 거에 익숙해졌어.

난 우리 회사의 새로운 시스템에 익숙해졌어.

＊complaint 불평, 불만

I'm used to (동명사)

I'm used to looking after her.

I'm used to taking the subway.

I'm used to speaking English.

I'm used to hanging out with them.

I'm used to hearing him complaining.

I'm used to being scolded.

나는 ~에 익숙해졌어

난 그녀를 돌보는 일에 익숙해졌어.

난 지하철 타는 것에 익숙해졌어.

난 영어로 이야기하는 것에 익숙해졌어.

난 그들과 어울려 다니는 것도 익숙해졌어.

난 그의 불평 소리 듣는 것도 익숙해졌네.

난 꾸중 듣는 것도 익숙해졌어.

＊scold 꾸짖다, 야단치다

get used to ~

I **got used to** it.

Get used to it.

I'm **getting used to** it.

You can **get used to** him.

I can't **get used to** her behavior.

You'll **get used to** the rain.

~에 익숙해지다

그 일에 익숙해졌어.

그 일에 좀 익숙해져 봐.

그 일에 점점 익숙해지고 있어.

넌 걔한테 익숙해질 거야.

난 그녀의 행동에 익숙해지지를 않네.

넌 비에 익숙해질 거야.

3단계
핵심패턴 실전 활용

핵심패턴이 쓰인 문장을 직접 해석해 보세요. 해석이 된다면 오디오 파일을 듣고 따라 말해 보세요.

❶ I'm used to (명사/대명사)

🔊 94-3.mp3

A	How do you deal with him?	너는 그에게 어떻게 대응하는데?
B	I don't take anything personal.	걔가 나한테 뭐라 해도 그걸 내 인신공격으로 받아들이지 않는 거야.
A	But he is always complaining about how you do this or that.	하지만 그는 항상 네가 하는 것을 이래저래 불평하잖아.
B	I know. But **I'm used to his complaints.**	알아. 하지만 _____

❷ I'm used to (동명사)

🔊 94-4.mp3

A	How did you get here?	여기에는 뭘 타고 왔어?
B	I took the subway.	지하철 탔어.
A	Is that right?	정말?
B	Yes. **I'm used to taking the subway.**	응. _____

❸ get used to ~

🔊 94-5.mp3

A	Look outside. It's raining again.	밖을 좀 봐. 또 비가 오네.
B	Don't you like rain?	비 안 좋아해?
A	No. It makes me depressed.	전혀. 비가 오면 심하게 우울해져.
B	**You'll get used to the rain here.**	_____

＊depressed 우울한

| 정답 |
❶ 걔 불평에 이제는 익숙해졌어.

❷ 지하철 타는 거 익숙해졌어.

❸ 여기 비에 익숙해질 거야.

95

가볍게 지나가는 말에 항상 쓰는 핵심패턴

전혀 없다고 말할 때
There is nothing ~ ~은 전혀 없어

강의 및 예문 듣기

준비단계
핵심패턴 감잡기

핵심패턴이 어떻게 쓰이
는지 설명과 예문으로 감
을 잡아 보세요.

There is nothing (to부정사) ~할 것은 전혀 없어

There is nothing 다음에 to부정사가 오는 패턴입니다. to부정사가 nothing을
꾸며 주며 형용사 역할을 하는 것이지요. 그래서 '~할 것은 아무 것도 없다'는 의미를
전하는 것입니다.

지금 상황에서는 뭐라고 말하는 게 아무런 의미가 없겠어. 그저 지켜보는 수밖에.

There is nothing to say. 할 말이 없다.

There is nothing (절) ~이 하나도 없어

There is nothing 다음에 절이 나오는 패턴입니다. 그 절의 의미에 해당되는 것은
하나도 없다는 의미이지요. 활용도가 대단히 높은 패턴입니다.

다 네 잘못이니까 변명할 것도 없고 그냥 인정할 수밖에.

There is nothing you can say. 네가 할 수 있는 말은 하나도 없어.

There is nothing (형용사) ~인 것은 전혀 없어

There is nothing 다음에 형용사가 나오는 패턴입니다. nothing은 형용사가 뒤
에서 수식하게 되는 대명사입니다.

컴퓨터를 하처해서 다 훑어봤는데 멀정하네요.

There is nothing wrong with the computer.
그 컴퓨터에는 아무런 이상 없어요.

There is nothing (to부정사)

There is nothing to lose.

There is nothing to be scared of.

There is nothing to consider.

There is nothing to be ashamed of.

There is nothing to donate.

There is nothing to eat in the fridge.

~할 것은 전혀 없어

잃을 게 하나도 없어. [밑져야 본전이야.]

두려워할 건 하나도 없어.

고려해 볼 게 하나도 없어.

창피할 건 하나도 없어.

기부할 게 하나도 없어.

냉장고에 먹을 게 하나도 없어.

＊ashamed 창피한, 부끄러운

There is nothing (절)

There is nothing I can do about it.

There is nothing I can tell you right now.

There is nothing I want from you.

There is nothing I like more than that.

There is nothing I wouldn't do for you.

There is nothing I will die for.

~이 하나도 없어

나로서는 그것을 어떻게 할 방법이 없어.

지금 당장 너한테 뭐라고 해 줄 말이 없어.

너한테 원하는 건 하나도 없어.

지금 내가 그것보다 좋아하는 건 없어.

널 위해서 내가 못할 게 뭐가 있겠어.

내가 죽어라 하고 싶은 게 하나도 없어.

There is nothing (형용사)

There is nothing wrong with him.

There is nothing wrong with kindness.

There is nothing good playing.

There is nothing different about that.

There is nothing worse than that.

There is nothing more important than that.

~인 것은 전혀 없어

걔 아무 이상 없어.

친절해서 나쁠 건 없지.

좋은 영화 상영하는 거 없어.

달라진 건 하나도 없어.

그보다 더 나쁜 건 없어.

그보다 더 중요한 건 없어.

▲
반으로 접어 공부하세요!

❶ There is nothing (to부정사)

🎧 95-3.mp3

A	Why don't you try it?	한번 해 보지 그래?
B	I'm scared.	무서워.
A	**There's nothing to lose.**	....
B	But I'm scared.	하지만 무서워.

❷ There is nothing (절)

🎧 95-4.mp3

A	Can you help her?	그녀를 도울 수 있겠어?
B	I'd like to, but…	그러고는 싶은데…
A	But what?	싶은데, 뭐?
B	**There's nothing I can do about it.**	....

❸ There is nothing (형용사)

🎧 95-5.mp3

A	How did the test come out?	검사결과가 어떻게 나왔어?
B	**There is nothing wrong with me.**	....
A	Happy to hear that.	다행이다.
B	How about a drink tonight?	오늘 밤 한잔 어때?

| 정답 |

❶ 밑져야 본전인데.

❷ 내가 할 수 있는 게 하나도 없어.

❸ 나 아무 이상 없어.

96

가격, 양, 정도를 물을 때
How much ~?

얼마나 ~하니?

강의 및 예문 듣기

준비단계

핵심패턴 감잡기

핵심패턴이 어떻게 쓰이는지 설명과 예문으로 감을 잡아 보세요.

How much (현재시제의 절)?　　　　　얼마나 ~하니?

How much 다음에 현재시제의 절이 나오는 경우입니다. 셀 수 없는 양이나 정도를 물을 때 사용하는 패턴이지요. 그래서 how much가 '얼마나', '어느 정도' 등의 의미입니다. money는 불가산명사이기 때문에 금액을 묻는 '얼마나'의 의미를 나타낼 때 how much를 사용하는 거죠.

내가 너를 도울 수만 있다면 얼마든지 돕겠어. 지금은 당연히 돈이 필요하겠지.

How much do you need?　얼마나 필요한데?

How much (명사) ~?　　　　　얼마나 많은 …이 ~하니?

How much 다음에 명사가 이어지는 패턴입니다. 그래서 '얼마나 많은 명사가/명사를 ~하는가'를 묻는 문장이지요. how much가 명사를 꾸며 주며 '얼마나 많은'의 의미를 전합니다.

이것은 시간을 다투는 일이야. 시간을 조금이라도 낭비하면 안 된다고.

How much time is left?　시간이 얼마나 남았어?

How much (과거시제의 절)?　　　　　얼마나 ~했어?

How much 다음에 과거시제의 절이 나오는 경우입니다. 의문문이기 때문에 당연히 주어와 동사가 도치되어 나온다는 사실을 잊어서는 안 됩니다.

그거 정말 예쁘네. 그런 건 처음 봐. 비쌀 거 같은데.

How much did you pay for that?　그거 얼마 주고 산 거야?

335

How much (현재시제의 절)?

How much do you want?

How much do you love me?

How much do you get paid?

How much do you owe her?

How much do you want her?

How much do you know about him?

얼마나 ~하니?

얼마나 원하는데?

네가 나를 얼마나 사랑하는데?

얼마나 받아?

그녀에게 얼마를 빚진 거야?

너는 그녀를 얼마나 원하는 거야?

그에 대해서 얼마나 알아?

＊owe 빚지고 있다

How much (명사) ~?

How much fun is it?

How much fuel is left?

How much money do they want?

How much detail do you want?

How much water do you need?

How much damage did they do?

얼마나 많은 …이 ~하니?

그게 얼마나 재미있는데?

연료가 얼마나 남았어?

그들이 돈을 얼마나 요구하는데?

어느 정도 자세히 말씀드릴까요?

물이 얼마나 필요한데?

그들이 얼마나 많은 손해를 입힌 거야?

＊fuel 연료

How much (과거시제의 절)?

How much did you say to him?

How much did you pay?

How much did he raise the rent?

How much did he ask for?

How much did she want?

How much did it cost?

얼마나 ~했어?

그에게 얼마를 말했어?

얼마를 지불한 거야?

그가 집세를 얼마나 올렸는데?

그가 얼마를 요구했어?

그녀가 얼마나 원했어?

그거 얼마였어?

▲
반으로 접어 공부하세요!

❶ How much (현재시제의 절)?

🔊 96-3.mp3

A **How much do you want her?**

B Very much. I love her. — 무지하게 원하지. 그녀를 사랑해.

A But she doesn't love you at all. — 하지만 그녀가 너를 전혀 사랑하지 않잖아.

B I can't accept that. — 그 사실을 받아들일 수가 없단 말이야.

❷ How much (명사) ~?

🔊 96-4.mp3

A This game is fun. — 이 게임 재미있어.

B **How much fun is it?** —

A Just play it. — 그냥 해 봐.

B I'm not good at playing games. — 난 게임 잘 못해.

❸ How much (과거시제의 절)?

🔊 96-5.mp3

A **How much did he raise the rent?** —

B I don't want to talk about it. — 얘기하고 싶지 않아.

A You look upset. — 언짢아 보인다, 너.

B The landlord must be crazy. — 집주인 미쳤어, 정말.

＊landlord 집주인

| 정답 |
❶ 그녀를 얼마나 원하는데?
❷ 얼마나 재미있는데 그래?
❸ 그 사람이 집세를 얼마나 올렸어?

337

97 가볍게 지나가는 말에 항상 쓰는 핵심패턴

개수를 물을 때 **How many ~?**

몇 개나 ~하니?

강의 및 예문 듣기

How many (현재시제의 절)?   몇 개나 ~하니?

How many 다음에 현재시제의 절이 나오는 경우입니다. 셀 수 있는 것의 양을 물을 때 사용하는 패턴이지요. 그래서 how many가 '몇 개나', '얼마나' 등의 의미를 갖습니다.

이번에 내가 추천하는 콘서트가 있어. 표를 좀 주고 싶은데.

How many do you want?   몇 장이나 원해?

How many (명사) ~?   얼마나 많은 …이 ~하니?

How many 다음에 명사가 이어지는 패턴입니다. 그래서 '셀 수 있는 얼마나 많은 명사가/명사를 ~하는가'를 묻는 문장이지요. how many가 명사를 꾸며 주며 '몇 개나 되는', '몇 명이나 되는' 등의 의미를 전합니다.

그 콘서트에 나도 갔어야했는데. 바빠서 꼼짝 못했어.

How many people were there?   얼마나 많은 사람들이 왔어?

How many hours/times ~?   몇 시간을/번을 ~하니?

How many hours/times 다음에 절이 나오는 경우입니다. how many hours는 '몇 시간', how many times는 '몇 번'을 의미합니다.

너 보면 정말 일 많이 하는데 그러다가 쓰러지겠다.

How many hours do you work a day?   하루에 몇 시간 일해?

1단계	해석은 보지 말고 오디오 파일을 듣고 영어를 따라 말해 보세요.	2단계	이번에는 우리말 해석을 보면서 영어로 말해 보세요. 3초 안에 영어가 나오면 성공!
핵심패턴 입에 붙이기		**핵심패턴 말하기**	

🎧 97-1.mp3　　　　　　　　　🎧 97-2.mp3

How many (현재시제의 절)?

How many do you smoke a day?

How many do you have in your pocket?

How many do you want to take?

How many do you handle a week?

How many do you buy a month?

How many do you import from China?

몇 개나 ~하니?

하루에 담배 몇 대나 피우는 거야?

주머니에 몇 개나 갖고 있어?

몇 개나 가져가려고?

일 주일에 몇 개나 처리하는 겁니까?

한 달에 몇 개나 구입하는 거야?

중국에서 몇 개나 수입해?

How many (명사) ~?

How many people do you need?

How many girls have you dated?

How many cars have you driven?

How many brothers and sisters do you have?

How many prints do you need of these?

How many books did you buy?

얼마나 많은 …이 ~하니?

몇 명이나 필요한 거야?

그 동안 몇 명하고 데이트해 봤어?

그 동안 차는 몇 대나 운전해 봤어?

형제가 몇 명이나 있어요?

이거 프린트 몇 부 필요하세요?

책을 몇 권이나 산 거야?

How many hours/times ~?

How many hours do you watch TV a day?

How many hours did you study yesterday?

How many hours have you been waiting?

How many times do I have to tell you?

How many times do I have to warn you?

How many times do I have to explain it to you?

몇 시간을/번을 ~하니?

하루에 TV를 몇 시간 봐?

넌 어제 몇 시간 공부했니?

너, 몇 시간 기다렸어?

도대체 몇 번이나 말해 줘야 돼?

너한테 몇 번이나 경고해야 되는데?

그걸 너한테 몇 번이나 설명해야 돼?

▲
반으로 접어 공부하세요!

❶ How many (현재시제의 절)? 🔊 97-3.mp3

> A I make candy bars.   저는 사탕 만드는 일을 해요.
>
> B Do you?   그래요?
>
> A Yes. It's fun.   예. 재미있어요.
>
> B **How many do you make a day?** ....

❷ How many (명사) ~? 🔊 97-4.mp3

> A Of course, I like driving. I'm a chauffeur.   나야 당연히 운전하는 거 좋아하지. 내 직업이 기사잖아.
>
> B And you've been doing it a long time.   게다가 오랫동안 그 일을 해오고 있잖아.
>
> A 25 years! I've driven a lot of different cars.   25년 됐지! 그 동안 많은 다른 차들을 운전해왔어.
>
> B **How many cars have you driven?** ....

＊chauffeur 운전사, 기사

❸ How many hours/times ~? 🔊 97-5.mp3

> A **How many hours did you study yesterday?** ....
>
> B About ten hours.   10시간 정도.
>
> A **How many hours did you sleep?** ....
>
> B About three hours.   3시간 정도.

| 정답 |
❶ 하루에 몇 개나 만들어요?

❷ 차는 몇 대나 운전해 봤어?

❸ 어제 몇 시간 공부했어? / 잠은 몇 시간 잤어?

98

가볍게 지나가는 말에 항상 쓰는 핵심패턴

시간이 얼마나 걸리는지 물을 때 **It takes ~**

시간이 ~ 걸려

강의 및 예문 듣기

준비단계

핵심패턴 감잡기

핵심패턴이 어떻게 쓰이는지 설명과 예문으로 감을 잡아 보세요.

It takes ~   시간이 ~ 걸려

It takes 다음에 시간을 나타내는 명사(구)가 목적어로 오는 패턴입니다. 동사 take가 '시간이 ~ 걸리다'의 의미를 전합니다. 현재시제일 때는 '보통 어느 정도의 시간이 걸린다'의 의미를 나타냅니다.

그 일을 처리하는 데 걸리는 시간이 궁금해. 보통 얼마나 걸릴까?

It takes an hour.   그거 보통 1시간 걸려.

It takes (시간) to ~   ~하는 데 시간이 … 걸려

It takes 다음에 시간을 나타내는 명사(구)가 오고 to 다음에 어떤 행위가 오는 패턴입니다. 바로 가주어(It), 진주어(to부정사) 구문을 사용하는 겁니다. 뭔가를 하는 데 걸리는 시간을 말할 때 활용하세요.

내가 지금 급히 심부름을 가야 되는데, 거기까지 시간이 얼마나 걸리는지 알 수가 없네.

It takes an hour **to** get there.   거기 도착하는 데 시간이 보통 1시간 걸려.

It took (사람) (시간) to ~   (사람)이 ~을 하는 데 시간이 … 걸렸어

It took 다음에 사람이 오고 바로 시간을 나타내는 명사(구)가 오며 뒤이어 to부정사가 등장하는 패턴입니다. 사람이 뭔가를 하는 데 시간이 어느 정도 걸렸다는 의미이지요.

나니까 그 정도지, 보통 사람이면 반나절은 걸렸을 거야.

It took me an hour **to** get ready.   내가 준비하는 데 1시간 걸렸어.

341

| 1단계 | 해석은 보지 말고 오디오 파일을 | 2단계 | 이번에는 우리말 해석을 보면서 |
| 핵심패턴 입에 붙이기 | 듣고 영어를 따라 말해 보세요. | 핵심패턴 말하기 | 영어로 말해 보세요. 3초 안에 영어가 나오면 성공! |

🔊 98-1.mp3   🔊 98-2.mp3

It takes ~

It takes time.

It takes more time.

It takes a lot of time.

It takes an hour and a half.

It takes more than an hour.

It takes more than you think.

시간이 ~ 걸려

시간이 좀 걸려.

그건 시간이 더 걸리는 일입니다.

그건 정말 시간 많이 걸리는 일인데.

그거 보통 1시간 반 걸려.

그거 1시간 이상 걸리지.

그거 네 생각보다 시간 더 걸려.

It takes (시간) to ~

It takes two hours **to** get it done.

It takes about 30 minutes **to** get an answer.

It takes a day **to** get permission.

It takes at least two days **to** get the results.

It takes about an hour **to** memorize them.

It takes ten minutes **to** repair it.

~하는 데 시간이 … 걸려

그 일 끝내는 데 2시간 걸립니다.

답을 구하는 데 보통 30분 정도 걸려.

허가를 받는 데 하루 걸려.

결과를 받는 데 적어도 이틀은 걸려.

그것들을 암기하는 데 1시간 정도 걸리지.

그거 고치는 데는 10분이면 됩니다.

It took (사람) (시간) to ~

It took me three hours **to** finish it.

It took me thirty minutes **to** get the information.

It took me years **to** get over it.

It took him a long time **to** accept her death.

It took him a week **to** understand what's going on.

It took her weeks **to** talk him round.

(사람)이 ~을 하는 데 시간이 … 걸렸어

내가 그 일을 끝내는 데는 3시간 걸렸어.

내가 그 정보 구하는 데 30분 걸렸어.

내가 그 충격에서 벗어나는 데 몇 년이 걸렸어.

그가 그녀의 죽음을 받아들이는 데 오랜 시간이 걸렸어.

그가 상황 이해하는 데만 1주일 걸렸어.

그녀가 그를 설득하는 데 몇 주가 걸렸어.

＊talk somebody round ~을 설득하다

❶ It takes ~

🎧 98-3.mp3

A	How long does it take to finish it?	그거 끝내는 데 시간이 얼마나 걸려요?
B	**It takes more than an hour.**	--------------------------------
A	Then I'll be back in two hours.	그러면 2시간 후에 올게요.
B	Okay.	그러세요.

❷ It takes (시간) to ~

🎧 98-4.mp3

A	**It takes at least two days to get the results.**	--------------------------------
B	I see.	알겠습니다.
A	You can come back on Tuesday.	화요일에 오시면 되겠어요.
B	I will. See you then.	그럴게요. 화요일에 봐요.

❸ It took (사람) (시간) to ~

🎧 98-5.mp3

A	**It took me years to get over it.**	--------------------------------
B	I understand.	이해 돼.
A	I didn't want to live at all.	전혀 살고 싶지 않았으니까.
B	I understand.	이해 돼.

＊ get over ~을 극복하다

| 정답 |

❶ 1시간 이상 걸리죠.

❷ 결과가 나오는 데 적어도 이틀은 걸려요.

❸ 그 충격에서 벗어나는 데 몇 년 걸렸어.

99

가볍게 지나가는 말에 항상 쓰는 핵심패턴

때맞춰 뭔가 할 일을 말할 때 It's time ~

~할 시간이야

강의 및 예문 듣기

준비단계

핵심패턴 감잡기

핵심패턴이 어떻게 쓰이는지 설명과 예문으로 감을 잡아 보세요.

It's time to ~

~할 시간이야

It's time to 다음에 동사원형이 오는 패턴입니다. It... to ~ 용법이 아니라 to부정사가 time을 꾸며 주는 형용사적 용법으로 쓰이는 것입니다. 그래서 '~할 시간이다'로 이해해야 합니다.

새벽에 하는 축구를 보겠다고? 제 정신이야? 내일 출 근해야 되잖아.

It's time to go to bed. 지금 잠잘 시간이야.

It's time for ~

지금 ~할 시간이야

It's time for 다음에 명사가 오는 패턴입니다. 그 명사를 위한 시간이거나 그 명사에 해당되는 행위를 해야 하는 시간이라는 의미이지요.

게임 그만하고 어서 자. 매일 잠이 모자라다면서 그렇게 늦게까지 게임만 하면 어떻게 해.

It's time for bed. 잠잘 시간이다.

It's (about) time (과거시제의 절)

~해야 할 시간이야

It's (about) time 다음에 절이 나오는 패턴입니다. 그 절에는 과거동사를 사용함으로써 이미 그 시간이 지났음을 의미합니다. 이미 늦었으니 서둘러서 그 행위를 해야 된다는 것이지요.

아이구, 언제 시간이 이렇게 됐어? 우리 개, 배고 프겠다.

It's time I fed the dog. 개 밥 줄 시간인데.

| 1단계 | 해석은 보지 말고 오디오 파일을 | 2단계 | 이번에는 우리말 해석을 보면서 |
| 핵심패턴 입에 붙이기 | 듣고 영어를 따라 말해 보세요. | 핵심패턴 말하기 | 영어로 말해 보세요. 3초 안에 영어가 나오면 성공! |

🎧 99-1.mp3   🎧 99-2.mp3

It's time to ~

It's time to leave.

It's time to say goodbye.

It's time to get off work.

It's time to eat lunch.

It's time to brief him on the project.

It's time to get busy.

~할 시간이야

떠날 시간인데.

작별인사를 할 시간이네.

퇴근할 시간이네.

점심 시간이야.

그에게 그 프로젝트에 대해서 브리핑할 시간이야.

이제 바빠질 시간이야.

It's time for ~

It's time for sleep.

It's time for lunch.

It's time for a frank talk.

It's time for preparations.

It's time for the meeting.

It's time for investigation.

지금 ~할 시간이야

잘 시간이야.

점심 시간이야.

솔직하게 대화할 시간입니다.

이제 준비할 시간이야.

회의 시간이야.

이제 조사할 시간이야.

＊investigation 조사

It's (about) time (과거시제의 절)

It's time you went to bed.

It's time you answered that question.

It's time you handed in your report.

It's time we took a break.

It's time we discussed the problem.

It's time we left.

~해야 할 시간이야

너, 잘 시간이야.

질문에 대한 대답을 해야지.

보고서를 제출할 시간입니다.

쉴 시간인데요.

그 문제를 토의할 시간입니다만.

우리 떠날 시간이에요.

＊hand in ~을 제출하다

반으로 접어 공부하세요!

핵심패턴이 쓰인 문장을 직접 해석해 보세요. 해석이 된다면 오디오 파일을 듣고 따라 말해 보세요.

❶ It's time to ~

🎧 99-3.mp3

A **It's time to get off work.**

B I'm not finished with this.　　　　　　이 일 안 끝났어.

A You can do it tomorrow.　　　　　　내일 하면 되잖아.

B No. I have to finish this today.　　　　안 돼. 오늘 끝내야 돼.

❷ It's time for ~

🎧 99-4.mp3

A **It's time for lunch.**

B I'm not hungry.　　　　　　　　　　난 배고프지 않아.

A But you still have to eat something.　　그래도 뭘 먹어야지.

B Okay, let's go out.　　　　　　　　　알았어. 나가자.

❸ It's (about) time (과거시제의 절)

🎧 99-5.mp3

A **It's time we took a break.**

B Let's finish this first.　　　　　　　이거 먼저 끝내자.

A No. We need a break right now.　　　안 돼. 지금 당장 쉬어야 돼.

B Then you take a break alone.　　　　그러면 너 혼자 쉬어.

| 정답 |
❶ 퇴근할 시간이야.
❷ 점심시간이다.
❸ 우리 쉴 시간인데.

100 가볍게 지나가는 말에 항상 쓰는 핵심패턴

도저히 믿기지 않는 것에 대해 말하고 싶다면
I can't believe ~ ~을 믿을 수가 없어

강의 및 예문 듣기

I can't believe (명사(절)/대명사) ~을 믿을 수가 없어

I can't believe 다음에 명사나 대명사, 명사절이 오는 패턴입니다. 나는 그것을 믿을 수 없다는 것은 그 사실이 믿어지지 않는다는 의미입니다. 놀라움의 표현입니다.

어떻게 그런 일이 있을 수 있어? 지금 너가 한 이야기가 사실이란 말이야?

I can't believe the story. 그 얘기를 믿을 수가 없어.

I can't believe ((사람) + 동사) ~을 믿을 수 없어

I can't believe 다음에 사람이 주어인 명사절이 나오는 패턴입니다. 그 사람의 행위나 상태를 믿을 수가 없다는 의미입니다.

무슨 소리야. 어제까지 멀쩡하던 사람이 세상을 떠났다니.

I can't believe he's dead. 그가 죽었다니 정말 믿어지지 않아.

I can't believe ((사물/상황) + 동사) ~을 믿을 수가 없어

I can't believe 다음에 사물이나 상황이 주어인 명사절이 나오는 패턴입니다. 그것의 상태를 믿을 수 없다는 의미를 전합니다.

그 드라마가 끝나다니. 난 앞으로 어떻게 살아야 돼? 난 정말 그거 보는 재미로 살았는데.

I can't believe the TV drama is over. 그 드라마가 끝났다는 게 믿어지지 않아.

1단계	해석은 보지 말고 오디오 파일을
핵심패턴 입에 붙이기	듣고 영어를 따라 말해 보세요.

🎧 100-1.mp3

2단계	이번에는 우리말 해석을 보면서
핵심패턴 말하기	영어로 말해 보세요. 3초 안에 영어가 나오면 성공!

🎧 100-2.mp3

I can't believe (명사(절)/대명사)

I can't believe men.

I can't believe this.

I can't believe what he said.

I can't believe his confession.

I can't believe my ears.

I can't believe his words.

~을 믿을 수가 없어

남자들을 믿을 수가 없어.

나더러 이걸 믿으라고? 절대 못 믿어.

그가 한 말을 믿을 수가 없어.

그의 고백을 믿을 수가 없어.

내 두 귀를 믿을 수가 없어.

난 걔 말을 믿을 수 없어.

＊confession 고백

I can't believe ((사람) + 동사)

I can't believe you said that.

I can't believe you made such mistakes.

I can't believe she's your mother.

I can't believe she's so difficult.

I can't believe he paid you that much.

I can't believe he turned his back on us.

~을 믿을 수 없어

네가 그 말을 했다는 게 믿어지지 않아.

네가 그런 실수들을 저지르다니 믿을 수 없어.

저 분이 네 어머니시라니 믿어지지 않아.

그녀가 그렇게 까다롭다는 게 믿어지지 않아.

그가 네게 그 정도의 돈을 지불했다는 게 믿어지지 않아.

그가 우리를 배신했다는데 그게 믿어져?

＊turn one's back on ~을 배신하다

I can't believe ((사물/상황) + 동사)

I can't believe it's my fault.

I can't believe it's broken again.

I can't believe the game is canceled.

I can't believe the promise was broken.

I can't believe the bag is so expensive.

I can't believe the book's selling like crazy.

~을 믿을 수가 없어

그게 내 잘못이라니 믿을 수 없어.

그게 또 고장이라니 믿을 수 없어.

그 게임이 취소되었다니 말도 안 돼.

그 약속이 깨졌다는 게 정말 믿어지지 않아.

그 가방이 그렇게 비싸? 말도 안 돼.

그 책이 날개 돋친 듯이 팔리고 있다니 믿을 수 없어.

＊sell like crazy 날개 돋친 듯이 팔리다

3단계
핵심패턴 실전 활용

핵심패턴이 쓰인 문장을
직접 해석해 보세요. 해석
이 된다면 오디오 파일을
듣고 따라 말해 보세요.

❶ I can't believe (명사(절)/대명사) 🔊 100-3.mp3

A I can't believe men.	----------------------------------
B How come you say that?	왜 그래?
A John cheated on me.	존이 바람피웠어.
B Did he?	정말?

❷ I can't believe ((사람) + 동사) 🔊 100-4.mp3

A How much did he pay you?	그가 얼마 줬어?
B Over one million won.	백 만원 넘게.
A I can't believe he paid you that much.	----------------------------------
B Yes, he did.	어, 그래.

❸ I can't believe ((사물/상황) + 동사) 🔊 100-5.mp3

A This doesn't work.	이거 고장이야.
B Again?	또?
A Yes. **I can't believe it's broken again.**	그래. -------------------
B Throw it away.	갖다 버려.

＊throw away ~을 버리다

| 정답 |
❶ 난 남자 못 믿어.

❷ 걔가 그만큼이나 줬다고?

❸ 또 고장 난다는 게 말이 돼?

영어 리딩 무작정 따라하기

부록
가지치기
확인용 워크북

특별 서비스
음성강의
무료 제공

이선욱 지음 | 276쪽 | 15,000원

아무리 긴 문장도 핵심만 보인다!

핵심만 보이는 '가지치기 독해법'으로
독해 속도가 2배 빨라진다!

난이도	첫걸음 초급 중급 고급	기간	20일

대상	원서를 끝까지 읽고 싶은 영어 학습자, 늘 시험 시간이 부족한 수험생	목표	아무리 긴 문장도 빠르고 정확하게 핵심 내용을 파악할 수 있다.

Q3 > **Do you like action movies?** 액션 영화 좋아하세요?

YES > Of course. Action movies are my thing. I can't live a day without action movies. They're exciting and thrilling. I'd like to be a movie director someday and make lots of action movies. How about going to the movies this weekend with me?

물론이죠. 전 액션 영화를 너무 좋아해요. 액션 영화 없이는 단 하루도 못 살 정도죠. 재미있고 스릴 있잖아요. 전 나중에 영화감독이 되고 싶어요. 그래서 액션 영화를 마구 만들고 싶어요. 이번 주말에 저하고 영화 보러 가실래요?

NO > NO. I don't like action movies. They're too artificial and frightening. Why do I have to get frightened and scared while watching movies? I hate action movies.

아니요. 전 액션 영화 별로예요. 너무 인위적이고 겁나잖아요. 왜 영화를 보면서 무서워하고 겁을 내야 하나요? 그래서 저는 액션 영화가 싫어요.

SO SO > Yes, but not much. I'd rather enjoy drama and romance a lot. Have you seen the movie, *The Notebook*? It's one of my favorite movies. It's based on a novel by Nicholas Sparks. I couldn't stop crying after the movie.

예, 하지만 많이 좋아하지는 않아요. 그보다는 드라마와 애정영화를 훨씬 더 좋아하죠. 영화 〈노트북〉 보셨어요? 제가 좋아하는 영화예요. 니콜라스 스팍스의 소설을 영화로 각색한 작품이지요. 전 영화가 끝난 뒤에도 울음을 멈출 수가 없었답니다.

---

thrilling 오싹하게 하는, 스릴 있는   director 감독   artificial 인공적인, 인위적인   frightening 겁을 주는, 깜짝 놀라게 하는
be based on ~에 바탕을 두다

Q4 > **Have you seen the movie, *The Lord of the Rings*?**
영화 〈반지의 제왕〉 보셨어요?

YES > Of course. That's one of my favorite movies. The plot and the scenery stole my heart. I saw *The Lord of the Rings* a bunch of times.

물론이죠. 제가 좋아하는 영화예요. 줄거리와 경치에 완전히 넋을 잃었었죠. 〈반지의 제왕〉은 정말 수도 없이 봤습니다.

5

YES I don't like adventure and fantasy, but the series of *The Lord of the Rings* were the exception. Everything from the movies was beyond my imagination. I couldn't believe it. And I liked the director, Peter Jackson. He was awesome. And the character, Gollum, became very famous in Korea.

저는 모험물이나 판타지는 좋아하지 않는데, 〈반지의 제왕〉 시리즈는 예외예요. 영화 속 모든 것이 제 상상을 초월했어요. 정말 믿을 수가 없었죠. 그리고 피터 잭슨 감독 너무 좋아요. 정말 대단했죠. 그리고 등장인물 중 '골룸'은 우리나라에서 대단히 유명해졌답니다.

NO No, I haven't. In fact, I've bought the DVD of *The Lord of the Rings*, but I couldn't find some time to watch it. I know someday I'm going to see it. 아니요, 못 봤어요. 사실, 〈반지의 제왕〉 DVD를 샀어요. 하지만 볼 시간이 없었죠. 분명 언젠가 볼 겁니다.

plot 줄거리, 구상　scenery 경치, 풍경　steal one's heart 마음을 빼앗다, 한눈에 반하다　bunch 다량 exception 예외 beyond one's imagination 상상을 초월하는　character 등장인물

Q5 **Who're your favorite actors or actresses?** 좋아하는 배우는 누구예요?

I like Korean movie stars. Jang Dong-gun and Lee Byung-hun are my favorites. They're so handsome and charismatic. Watching them in movies just blows me away.

저는 한국 영화배우를 좋아해요. 장동건과 이병헌을 좋아하죠. 정말 잘생겼고 카리스마가 넘치잖아요. 영화 속에서 그들을 보면 정말 너무 좋아서 어쩔 줄을 모르겠어요.

I love Richard Gere. I like the way he acts. His face tells many things. He's multi-faced. Recently I've seen *Unfaithful*. I had never expected him to play that kind of character. He was deserted. He was betrayed. By his wife. He ended up as a killer. He killed his wife's lover. He went crazy.

저는 리차드 기어를 아주 좋아해요. 그의 연기를 좋아하죠. 그의 얼굴은 많은 걸 말해 줍니다. 천의 얼굴을 가진 배우예요. 최근에 영화 〈언페이스풀〉을 봤어요. 리차드 기어가 그런 인물을 연기할 줄은 정말 몰랐어요. 버림을 받죠. 배신을 당해요. 아내에게 말입니다. 결국 그는 살인자가 되죠. 아내의 정부를 살인하는 겁니다. 완전히 미친 거죠.

There are no actors and actresses that I like. People, I mean, characters in movies are so unrealistic. So I can't find any reason that I have to like actors and actresses.

좋아하는 배우는 없어요. 사람들, 그러니까, 영화 속 등장인물들은 너무 비현실적이에요. 그래서 전 제가 배우들을 좋아해야 할 아무런 이유를 찾지 못하는 거죠.

charismatic 카리스마 있는 **blow away** 전율을 느끼다, 날려 버리다 **deserted** 버림받은 **betrayed** 배신당한 **unrealistic** 비현실적인 **reason** 이유

Q6 Do you like Tom Cruise? 톰 크루즈 좋아해요?

YES Yes. He's so attractive. I don't think he's easily satisfied with where he is now. He's very adventuresome. He knows how to control his life. I like the way he leads his life. He rules.

예. 정말 매력적이에요. 그는 자신의 현재 위치에 쉽게 만족하지 않는 것 같아요. 모험심이 무척 강하죠. 그는 자기 삶을 컨트롤할 줄 아는 사람이에요. 그가 삶을 꾸려 나가는 모습이 정말 마음에 들어요. 최고예요.

NO No. I don't like him at all. I don't like his style. I don't like his weird behavior on TV. And I hated him when he broke up with Nicole Kidman. I'm a huge fan of Nocole's.

아니요. 전혀 좋아하지 않아요. 저는 그런 스타일을 싫어하거든요. TV에서 그가 하는 이상한 행동도 싫고요. 그리고 그가 니콜 키드먼과 헤어졌을 때 너무 싫었어요. 저는 니콜의 열렬한 팬이거든요.

SO SO Tom Cruise? Yes and no. He's a good actor. No doubt about that. I like him because he knows what he's supposed to do as an actor in movies. I believe he needs to be modest as getting bigger and bigger. I don't like him in that way.

톰 크루즈요? 좋기도 하고 안 좋기도 하고 그래요. 좋은 배우죠. 그건 의심의 여지가 없어요. 제가 그를 좋아하는 건 배우로서 영화에서 뭘 어떻게 해야 되는지 잘 알고 있다는 거예요. 하지만 좀 겸손할 필요가 있다고 봐요. 더욱 영향력 있는 존재가 되어 갈수록 말이죠. 그런 면에서는 별로 마음에 들지 않아요.

attractive 매력적인 **adventuresome** 모험을 좋아하는, 모험적인(= adventurous) **weird** 이상한 **no doubt about that** 두말하면 잔소리, 의심의 여지가 없다 **modest** 겸손한

Why do you think people like seeing movies?
왜 사람들은 영화 보는 걸 좋아할까요?

I think it's a good pastime. I don't think there are many things we can do when we have some free time. Going to see a movie is one of the good ways to spend time.

영화 보는 건 아주 좋은 오락이라고 생각해요. 시간 있을 때 우리가 할 수 있는 게 많지 않잖아요. 영화 보는 건 시간 보내기에 아주 좋은 방법이에요.

I don't know why people enjoy movies. But for me, seeing movies is the good way to release stress. When I'm under pressure, I don't hesitate to go to the movies.

사람들이 왜 영화를 즐기는지는 모르겠어요. 하지만 저의 경우에는 영화를 보는 게 스트레스 푸는 데 아주 좋은 방법이거든요. 그래서 스트레스가 쌓이면 저는 망설이지 않고 영화관으로 향하죠.

We're not able to experience various lives in real life. But life's not like it is in the movies. So while seeing movies, we can experience many different lives indirectly. That's why, I think, people seem to love seeing movies.

우리의 실제 생활에서는 다양한 삶을 경험할 수 없잖아요. 하지만 영화 속에서의 삶은 실제와 다르죠. 그래서 영화를 보는 동안 우리는 여러 가지 다른 삶을 간접 체험할 수 있지요. 제 생각에는 그래서 사람들이 영화 보는 걸 좋아하는 것 같아요.

pastime 심심풀이, 오락 release 풀다, 발산하다 hesitate 주저하다, 망설이다 experience 경험하다 indirectly 간접적으로

❶ Hollywood blockbusters draw a lot of people in Korea.
할리우드 히트작들은 한국에서 관객이 많이 들어요.

❷ I saw the movie a bunch of times. 그 영화 정말 수도 없이 봤지요.

❸ The movie's actually based on the book. 사실 그 영화는 책을 각색해서 만든 거랍니다.

❹ Do you want to go to a movie? How about a movie? 영화 보러 갈래요? 영화 어때요?

❺ There's nothing good playing. 요즘은 좋은 영화가 없어요.

❻ I haven't been to the movies in ages. 영화 보러 간 지 정말 오래됐네요.

❼ I love to see movies. Especially at the drive-in.
전 영화 보는 걸 좋아해요. 특히 자동차 전용 극장에서 말이죠.

❽ Let's check out the movie. 그 영화 보러 가요.

❾ I was out with Hannah at the movies. 한나와 극장에서 영화 보면서 데이트했어요.

❿ I was late for the movie. 영화 시간에 늦게 도착했어요.

⓫ I went to the movies with my friends. 친구들과 영화 보러 갔었지요.

⓬ I saw that movie in high school. 그 영화 고등학교 때 봤어요.

⓭ Can we go see a movie sometime? 우리 언제 한번 영화 보러 갈까요?

⓮ A lot of movies are filmed there. 많은 영화들이 거기에서 촬영되잖아요.

⓯ His last two movies didn't do as well as expected, critically or financially.
그의 최근 두 영화는 예상만큼 잘 안됐어요. 영화에 대한 반응도 그렇고 돈도 별로 못 벌었지요.

🎧 03-2.mp3

 Do you like music? 음악을 좋아하세요?

YES Yes. I like music very much. All kinds of music, but especially classical music. I collect CDs. About 3,000 I have got. My MP3 player doesn't leave my ears.

그럼요. 아주 좋아하죠. 모든 종류의 음악을 좋아하는데 특히 클래식을 좋아합니다. 전 CD를 수집하고 있어요. 3,000장 정도 가지고 있지요. 제 MP3 플레이어는 귀에서 떠나질 않는답니다.

YES Yes. I like pop music. Pop music is a genre of popular music. It involves soft rock and pop/rock. Pop music relaxes me. That's why I like it.

예. 전 팝 음악을 좋아해요. 팝 음악이란 대중음악의 한 장르잖아요. 소프트 록과 팝/록을 포함하죠. 팝 음악을 들으면 편안해 져요. 그래서 좋아해요.

SO SO Yes and no. I love ballads, but I hate rock. Rock is a headache to me. Actually whenever I listen to rock, I have a bad headache.

그렇다고 볼 수도 있고 그렇지 않다고 볼 수도 있겠네요. 저는 발라드는 좋아하지만 록은 싫어하거든요. 록은 정말 머리 아파 요. 실제로 록을 들을 때마다 심한 두통이 생긴다니까요.

genre 장르 **relax** 편하게 하다, 쉬게 하다

Q2 **Who's your favorite singer?** 가장 좋아하는 가수는 누구예요?

Too many favorites. I like Michael Bolton, Mariah Carey, Celine Dion, Blue, Kelly Clarkson, wow, too many. I like singers who have a great singing voice. That's natural, isn't it?

좋아하는 가수가 너무 많아요. 마이클 볼튼, 머라이어 캐리, 셀린느 디옹, 블루, 켈리 클락슨, 와, 정말 너무 많네요. 저는 노래 를 정말 잘하는 가수들을 좋아해요. 당연한 거죠?

SG Wannabe is my favorite. They have good singing voices. SG stands for Simon & Garfunkel. They wanted to be a great singing group just like Simon & Garfunkel, so named themselves SG Wannabe. Interesting, isn't it? You will like them once you listen to their songs.

SG워너비요. 노래 정말 잘해요. SG는 사이먼&가펑클을 의미하죠. 사이먼&가펑클처럼 훌륭한 그룹이 되고 싶어서 그룹 이름을 SG워너비라고 지었대요. 재밌죠? 그들의 음악을 일단 들어 보면 좋아하게 될 거예요.

I like Westlife. They're the quiet superstars of the mainstream UK music scene. A blend of big ballads, mid-tempo tunes, and the occasional up-tempo songs is the trait of Westlife. Their songs are about love. So romantic. I'm deeply into them.

웨스트라이프 좋아해요. 영국 주류 음악계의 조용한 슈퍼스타 그룹이지요. 멋진 발라드, 미드템포의 곡들, 그리고 가끔 업 템포 곡들을 혼합시켜 놓은 것이 그들의 특징입니다. 그들의 노래는 모두 사랑을 주제로 해요. 얼마나 로맨틱한지 몰라요. 전 그들에게 푹 빠져 있어요.

stand for 나타내다, 의미하다 once 일단 ~하면 mainstream 주류, 대세 scene 정세, 정황 blend 혼합 occasional 가끔의, 때때로의 trait 특성, 특색 be into ~에 열중하다

Q3 > Do you go to concerts? 콘서트에는 가세요?

YES ▶ Yes. I go to every concert. You look surprised. Yes, I'm not joking. I'm serious. I love going to concerts. Seeing stars in the flesh is really exciting and makes me so happy. Do you want to come with me some day?

예. 모든 콘서트에 다 가요. 놀라시는군요. 그래요. 농담 아니에요. 진짜예요. 전 콘서트 가는 걸 정말 좋아하거든요. 스타들을 직접 보는 게 얼마나 흥분되고 행복한 일인데요. 나중에 저하고 같이 한번 가실래요?

NO ▶ No. I've never been to concerts. Nobody has asked me to go and I haven't got any urge to go. As a matter of fact, my life has been hectic. No, I'm not an alien. Please.

아니요. 콘서트에 한 번도 가 본 적 없어요. 그동안 아무도 저한테 콘서트에 가자고 했던 사람이 없었어요. 제 스스로가 가고 싶다는 충동을 느낀 적도 없고요. 사실은, 제 생활이 너무나 정신없고 바빴거든요. 아니, 저 외계인 아니에요. 제발 그렇게 보지 말아요.

SO SO When I get a chance. I enjoy going to concerts, but it's not possible to go to every concert that I like. I don't have enough time and money. I went to a concert three months ago and I'm going to another one at the end of this month.

시간이 되면요. 저는 콘서트 가는 걸 즐겨요. 하지만 제가 원하는 콘서트마다 다 찾아다니는 건 좀 힘들죠. 시간도 없고 돈도 없고요. 3개월 전에 콘서트 갔었어요. 그리고 이번 달 말에 또 갈 겁니다.

---

in the flesh 실물로, 직접 **urge** 충동, 압박 **hectic** 바쁜, 정신없는 **alien** 외계인

Q4 > **Do you play instruments?** 악기 다룰 줄 알아요?

YES Yes. I play the piano. Not well, though. Actually, Koreans usually learn to play the piano when they are young. It is not required, but parents habitually make their children learn to play it.

예. 피아노를 칩니다. 물론 잘 치지는 못하고요. 사실, 한국인들은 대개 어릴 때 피아노를 배웁니다. 꼭 해야 되는 건 아니지만 부모들이 으레 아이들에게 피아노를 가르쳐요.

NO Used to play the guitar, but not now. I haven't picked up a guitar in bloody ages. People say it comes back, but I don't think so. I'm even afraid of picking it up.

예전에는 기타를 쳤었는데 지금은 아니에요. 기타 잡아 본 지 정말 오래 됐네요. 사람들은 원래 실력이 돌아온다고 하지만 전 그렇게 생각하지 않아요. 전 아예 기타 잡는 게 무섭기까지 하니까요.

NO No. I've never learned to play any instruments. I haven't got any interest. My parents tried to make me learn to play them, but I hated it. I just wanted to play with friends outside.

아니요. 저는 악기 다루는 걸 배워 본 적이 없어요. 그런 것에 별로 관심이 없었어요. 부모님께서는 절 배우게 하려고 애를 쓰셨지만 전 그게 너무 싫었지요. 저는 그저 친구들과 밖에서 놀고 싶었습니다.

---

instrument 악기, 기구 **required** 필수의 **habitually** 평소에, 상습적으로

YES Yes. Very often. I like singing. So after eating dinner with my friends, I go to karaoke. They like singing, too. You know what? While singing, you can take your stress off your mind.

그럼요. 아주 자주 가요. 제가 노래하는 걸 좋아하거든요. 그래서 친구들과 저녁을 먹고 난 후엔 노래방에 갑니다. 친구들도 노래를 좋아하거든요. 그거 아세요? 노래하는 중에 스트레스가 사라진다는 사실 말이에요.

NO No. Never. I hate to sing. In fact, I'm tone deaf. When someone asks me to sing, I'd like to kill myself. Going to karaoke is a headache to me.

아니요. 절대 안 가요. 전 노래하는 거 싫어하거든요. 사실은 음치예요. 그래서 누가 저한테 노래를 하라고 하면 그냥 죽고 싶어요. 노래방 가는 게 저한테는 두통거리일 뿐이죠.

SO SO When possible. I like singing, so I'd like to go to karaoke as often as possible, but I can't find any free time these days. They say singing is good for health. I'll go to karaoke tonight. Can you come with me?

시간 나면요. 노래하는 걸 좋아해서 노래방에 자주 가고는 싶은데 요즘 시간이 없어요. 노래하는 게 건강에 좋다고 하잖아요. 오늘밤엔 노래방에 가야겠어요. 같이 가실래요?

tone deaf 음치

음악에 관한 대화를 나눌 때 쓸 수 있는 유용한 표현

❶ I'm listening to the music. 지금 그 음악 듣고 있는 중이에요.

❷ Turn that music down. 그 음악 좀 줄여 봐요.

❸ I'm making music for a living. 제 직업은 작곡가예요.

❹ He's the top-selling performer in the music business today.
그는 음악계에서 최고로 잘 나가는 연주자입니다.

❺ Make sure you're prepared for the trip with plenty of music.
여행 준비 하면서 음악 많이 챙겨야 돼.

❻ I don't dance to slow music. 저는 느린 곡에 맞추어서는 춤을 못 춰요.

❼ All I've done since I was 5 years old is play music.
다섯 살 때부터 제가 한 거라고는 음악을 연주하는 것밖에 없었어요.

❽ I teach music and voice. 전 음악과 보컬을 지도합니다.

❾ Is that music all right with you? 그 음악 괜찮아요?

❿ I have a weakness for American music. 전 미국 음악만 들으면 너무 좋아 미치겠어요.

⓫ It's unfair that we can't listen to our music.
우리가 좋아하는 음악을 듣지 못한다는 건 정말 불공평한 거라고요.

⓬ I don't really know anything about popular music.
저는 대중음악에 대해서는 정말 아무것도 몰라요.

⓭ Put some music on. 음악 좀 틀어 봐.

⓮ I have some sheet music. 저한테 악보가 좀 있어요.

⓯ I'm looking for a music store. I want to buy some CDs.
음반가게를 찾고 있어요. CD를 좀 사게요.

⓰ When I was a child, I used to sleep with my instrument.
저는 어렸을 때 악기를 가지고 자곤 했어요.

⓱ Let's dance to the music. 음악에 맞춰서 춤을 춥시다.

🎧 03-3.mp3

Q1 **Do you like traveling?** 여행 좋아해요?

YES Yes. I try to hit the road when I have time. But these days it's not easy to find any free time. We have many tourist attractions in Korea, but we keep failing to let foreigners know the fact. I feel sorry for that.

좋아하죠. 시간 날 때마다 여행 가려고 애를 쓰는 편이지요. 하지만 요즘엔 시간 내기가 쉽지 않아요. 한국에는 많은 관광명소들이 있어요. 외국인들에게 그런 사실을 알려야 되는데 잘 안 되네요. 그게 안타깝지요.

YES I'm sure nobody hates traveling. But people can't travel as often as they want. That's the same case with me. The problems are money and time. Some people even try to loan money to travel. But I have no guts like that. Traveling isn't as easy as it sounds.

여행을 싫어하는 사람은 아무도 없을 거예요. 하지만 사람들은 본인이 원하는 만큼 자주 여행을 할 수는 없어요. 저도 마찬가지고요. 문제는 돈과 시간이지요. 어떤 사람들은 심지어 돈을 빌려서까지 여행을 갑니다. 하지만 저는 그런 용기가 없네요. 여행하는 건 말처럼 쉬운 일은 아닌 것 같아요.

NO No. I don't think I like traveling. Traveling makes me exhausted. Some people say they learn a lot from traveling. I agree with them in a way, but just learning some things doesn't change my daily life. I mean when traveling doesn't affect my life, why should I waste my precious time and money and make myself feel exhausted?

아니요. 전 여행 별로예요. 여행하면 너무 피곤해요. 사람들은 여행을 통해서 많은 것을 배운다고 하죠. 어떤 면에서는 그 말에 동의합니다. 하지만 그저 뭔가를 배운다고 해서 내 매일매일의 생활이 바뀌는 건 아니잖아요. 제 말은 여행이 제 삶에 영향을 주지 못할 바에는 왜 소중한 시간과 돈을 낭비하며 사서 피곤해지느냐는 겁니다.

---

tourist attraction 관광명소 **loan** 빌려 주다 **guts** 용기, 배짱 **daily** 일상의 **affect** 영향을 주다 **precious** 귀중한, 소중한

YES

Many times. I like traveling a lot. Two years ago, I traveled all over Europe. It was kind of a backpack tour. Yes, it was a great experience. I made a lot of foreign friends then and still keep in touch with them. Just thinking of them and the travel makes me happy.

많지요. 저는 여행하는 거 정말 좋아합니다. 2년 전에는 유럽을 여행했어요. 배낭여행 같은 거였죠. 정말 멋진 경험이었습니다. 그때 외국 친구들을 많이 사귀었고 아직도 연락하면서 지내요. 그 친구들과 그 여행을 생각하는 것만으로도 기분이 좋아진다니까요.

YES

Yes. I took a trip to New York three years ago. I stayed there for about a month. I would never forget the brisk atmosphere in Manhattan. It was winter. The snow, the frosty weather and the wind in Manhattan were completely different from them in Korea. I'd really like to go back there again.

예. 3년 전에는 뉴욕에 갔었어요. 약 한 달간 머물렀지요. 맨해튼의 활기찬 분위기를 잊을 수 없습니다. 겨울이었어요. 맨해튼의 눈, 매서운 날씨, 그리고 바람은 한국의 그것들과는 너무나 달랐어요. 다시 한 번 가 보고 싶네요.

NO

No. In fact, I didn't dare to think of traveling abroad. I'm not sure why it was so inconceivable. I have enough money to travel with. I can spare time to travel. But I haven't had the very thought of traveling abroad. Poor me!

아니요. 사실은, 외국 여행 갈 생각조차 못했습니다. 그게 왜 그렇게 엄두도 못 낼 일이었는지 모르겠어요. 여행할 돈도 충분히 있어요. 여행갈 시간도 낼 수 있지요. 하지만 이제껏 외국 여행을 할 생각조차 못해 봤습니다. 불쌍하기도 하지!

---

brisk 활기찬, 기운찬 **atmosphere** 분위기 **frosty** 추위가 매서운 **dare to** 감히 ~하다 **inconceivable** 상상할 수 없는 **spare** 할애하다, 내주다

Do you plan out the travel, or just play it by ear?
계획을 치밀하게 짜서 여행하는 편이세요? 아니면 그냥 그때그때 상황 봐 가면서 여행하시는 편인가요?

Without planning, I couldn't do anything. Playing it by ear? No. It's kind of dangerous. Just once I have traveled without planning. And the results? Horrible. I had a horrible time. Since then, I've never traveled without planning.

저는 계획 없이는 아무것도 못한답니다. 즉흥적으로 한다고요? 그건 아니죠. 위험해요. 딱 한 번 계획 없이 여행을 했었어요. 결과요? 끔찍했죠. 정말 너무나 힘들었어요. 그때 이후로 저는 절대 계획 없는 여행은 생각지도 않습니다.

Planning out isn't my thing. I don't want to know where I'm going. I play it by ear. It's so thrilling, isn't it? Traveling without thrill doesn't mean anything to me.

계획 짜는 건 제 스타일이 아니에요. 어딜 가겠다고 정해 놓는 건 싫습니다. 즉흥적이지요. 스릴 넘치지 않아요? 스릴 없는 여행은 제게는 의미가 없어요.

It depends. When I travel abroad, I make the most elaborate preparations. But when I travel here in Korea, I enjoy playing it by ear. Driving, stopping, and sleeping happen without earlier planning.

상황에 따라 다르죠. 외국 여행을 할 땐 대단히 철저하게 준비합니다. 하지만 한국 안에서 여행할 때에는 준비 없는 여행을 즐기죠. 운전하다가 멈추고, 자고, 그렇게 사전 준비 없이 다녀요.

---

play it by ear 일이 되어 가는 대로 처신하다, 임기응변으로 하다   horrible 끔찍한, 소름끼치는   elaborate 정교한, 면밀한

Q4 — Are there any countries that you want to go to?
가고 싶은 나라가 있습니까?

YES Yes. I'd like to go to Brazil. I like soccer very much. As you know, Brazil is tops in soccer. I'd like to see the country, Brazil, with my own eyes. Just thinking of Brazil makes me excited.

있습니다. 브라질에 가보고 싶어요. 제가 축구를 굉장히 좋아하거든요. 아시다시피 브라질은 축구 최강입니다. 브라질이란 나라를 제 두 눈으로 똑바로 보고 싶어요. 브라질을 생각하는 것만으로도 정말 흥분됩니다.

YES Yes, I DO. Canada and America. A lot of people who have been to Canada say, "Canada is the best." Whenever I hear them say that, my heart says, "Come on. What are you waiting for? Go pack and leave!" America? As a person who's studying English, I think it's natural to be eager to go to America.

물론이에요. 저는 캐나다와 미국에 가고 싶어요. 캐나다에 가 본 많은 사람들이 캐나다가 최고라고 말해요. 그들이 하는 말을 들을 때마다 제 마음은 외칩니다." 뭐야 지금. 뭘 망설이냐고. 가서 짐을 싸. 그리고 떠나란 말이야!"미국이요? 영어를 공부하는 사람으로서 미국에 가고 싶은 건 당연한 거라고 생각합니다.

NO Well, I've never thought about visiting foreign countries. In fact, there are many good places where I've never been in Korea. I know it's a completely different story, but I'd like to think about going to foreign countries after I visit a lot of Korean tourist attractions.

저는 외국 가는 걸 한 번도 생각해 본 적이 없어요. 사실, 한국에도 제가 가 보지 못한 좋은 장소들이 정말 많거든요. 제가 지금 앞뒤 맞지 않는 이야기를 하고 있다는 거 알아요. 하지만 저는 외국에 가는 문제는 한국의 관광명소들을 많이 찾아가 본 이후에 생각해 보고 싶어요.

---

eager to 간절히 ~하고 싶어 하는

❶ I've just been traveling around. 그냥 계속 여기저기 여행 다니는 거지요.

❷ I've been working as a travel agent. 저, 여행사에서 일하고 있어요.

❸ I'm a traveler by nature. 저는 천성적으로 여행을 좋아해요.

❹ I'm taking the road less traveled. 저는 사람들이 가지 않은 길로 갈 거예요.

❺ I've been doing a lot of traveling. 그 동안 여행 많이 했죠.

❻ I'd never dream of traveling anywhere like this alone.
꿈도 못 꾸지요. 어떻게 혼자서 이렇게 여기저기 여행을 다닐 수 있어요?

❼ It's a long trip this time. 이번에는 여행이 길어요.

❽ She has a business trip. 그녀는 지금 출장 중이에요.

❾ I've been looking forward to this trip. 이 여행을 무척 기다렸어요.

❿ How was your trip? 여행 어땠어요?

⓫ Will you take me on a trip? 저를 데리고 여행 가 주실래요?

⓬ This whole trip was your idea. 이 여행은 온전히 당신 생각에서 출발한 거잖아요.

⓭ This is my third trip to the city. 저는 이번이 그 도시를 세 번째 여행하는 거예요.

⓮ I'd like to postpone my trip. 여행을 좀 연기하고 싶은데요.

⓯ She has to go on an important trip. 그녀는 중요한 여행을 떠나야 해요.

⓰ She may be extending her trip. 그녀가 여행 기간을 연장할지도 모르겠어요.

🎧 03-4.mp3

Q1 > **Do you drive?** 운전하세요?

YES Yes, I do. I got a driver's license three years ago. But I began to drive last year. Driving is very tiring in Korea, but I like driving.

예, 하죠. 3년 전에 면허 받았어요. 하지만 작년에 운전을 시작했죠. 한국에서 운전하는 건 정말 피곤하지만, 전 운전하는 걸 좋아해요.

NO No, I don't. I don't have a driver's license. As a matter of fact, I've failed the written test three times already. But I don't give up. I'm going to try again next month.

아니요, 안 해요. 면허가 없거든요. 사실, 필기시험에서 벌써 세 번이나 떨어졌어요. 하지만 전 포기하지 않습니다. 다음 달에 다시 해 볼 거예요.

SO SO I got a license, but I don't drive. I'm scared of driving. I used to drive until last year, but I had a car accident at the end of last year. After that I don't drive.

면허는 있는데 운전은 하지 않아요. 운전하는 게 무섭거든요. 작년까지는 운전을 했었는데, 작년 말에 사고가 났었죠. 그 이후로는 운전을 하지 않아요.

driver's license 운전 면허증   scared of ~이 두려운   accident 사고

Q2 > **Do you have a car?** 자동차 있어요?

YES Yes. But I don't drive to work. The parking fee is so expensive that I can't afford it. I have a small car. Someday I'll give you a ride.

예. 하지만 자동차로 출근하지는 않습니다. 주차비가 너무 비싸서 감당할 수가 없거든요. 제 차는 작아요. 언제 한번 태워 드릴게요.

NO No, but I'd like to buy a car. I don't think I need a big one. Just a small one is good enough for me. Small cars are much more economical.

아니요. 하지만 사고 싶어요. 큰 차는 필요 없고요. 작은 차면 저에게 충분하죠. 작은 차가 훨씬 경제적이잖아요.

NO No. I can't afford to buy a car right now. But someday I'd like to buy one. In fact, I've been saving money to buy a big car. Big cars seem to be much safer.

아니요. 지금 당장은 차 살 돈이 없어요. 하지만 언젠가는 사야죠. 사실, 큰 차를 사려고 돈을 모으고 있는 중이에요. 큰 차가 훨씬 안전한 것 같아서요.

parking fee 주차비 (fee: 요금)   economical 경제적인, 절약이 되는   save 모으다, 저축하다

Q3 > Do you wash your car yourself? 직접 세차하나요?

YES Yes. I wash my car myself. Almost once a week. As you know, having your car washed is expensive. If you wash your car yourself, you can save money and feel happy.

예. 직접 해요. 거의 일주일에 한 번 하지요. 아시겠지만 세차하는 게 비싸잖아요. 직접 세차하면 돈을 절약할 수도 있고 기분도 좋지요.

NO Never. I've never thought about washing my car myself. Why should I when car washes are there? It's a waste of time and energy.

절대 아니죠. 직접 세차하는 건 생각해 본 적도 없어요. 자동 세차장이 있는데 왜 제가 세차를 해요? 시간 낭비에, 힘 낭비죠.

SO SO Used to, but not now. Washing a car's kind of a hard work. It needs a lot of energy. After 30 minutes of washing my car, I always found myself exhausted. So I gave up.

예전에는 했었는데, 지금은 아니에요. 세차하는 건 정말 힘든 일이에요. 엄청난 에너지가 필요하지요. 30분 세차하고 나면 늘 녹초가 되곤 했거든요. 그래서 포기했어요.

21

Twice a month, I guess. But sometimes dirt is still there for about two months. Right after the moment I think it's time to wash my car, I forget, completely, to drive to a car wash. I gave up on myself.

한 달에 두 번 정도 하는 것 같아요. 하지만 때때로 먼지가 두 달씩 계속 있어요. 세차해야겠다고 생각했다가도 어느새 세차장 가는 걸 까먹고 잊고 말거든요. 저도 포기했다니까요.

Once a month. Yes, I never skip a month. That's a promise between my car and me. I don't want to break the promise. You know what? I think of my car as a date.

한 달에 한 번 해요. 예, 절대로 거르지 않지요. 그건 제 차와 저 사이의 약속이거든요. 저는 그 약속을 깨고 싶지 않습니다. 아세요? 저는 제 차를 제 애인이라고 생각한답니다.

Never. Why should I wash my car? I can't find any reason. As a matter of fact, my car has too many dents and scratches, so washing it means nothing. Nobody can tell the difference between before and after my car goes through a car wash.

절대 안 하죠. 뭐 하러 세차를 해요? 저는 세차하는 이유를 전혀 모르겠어요. 사실, 제 차는 아주 많이 찌그러졌지요. 긁히기도 많이 했고요. 그래서 세차를 해 봐야 소용이 없어요. 세차를 해 봐야 아무도 하기 전과 구별하지 못하거든요.

dirt 흙, 먼지 **completely** 완전히, 완벽하게 **skip** 건너뛰다, 빼먹다

Q5 These days we can find a lot of imported cars on the street. Do you think you're buying a car from foreign countries if it's possible? 요즘 거리에 수입차들이 정말 많잖아요. 상황이 된다면 외제차를 사시겠어요?

YES Of course. It's one of my dreams to buy an imported car. I know it's not going to be easy to save enough money to buy one. But I'm going to make my dream come true.

물론이죠. 외제차를 사는 게 제 꿈인 걸요. 외제차를 살 만큼의 돈을 모은다는 것이 쉽지 않다는 건 잘 알아요. 하지만 제 꿈을 꼭 실현시킬 겁니다.

NO I don't think so. I know imported cars are better in many ways. But that doesn't mean that all of us have to buy them. And they're too expensive. As you may know, Korean cars are good enough.

아니요. 여러 면에서 외제차가 좋다는 건 알고 있어요. 하지만 그렇다고 우리 모두가 외제차를 사야 되는 건 아니잖아요. 그리고 너무 비싸요. 아시겠지만, 한국 차들도 아주 좋아요.

NO No. You said, 'if it's possible,' but even though it's possible for me, I don't want to buy imported cars. When good Korean cars are all around, why should I buy imported ones? No. It's a waste of money.

안 살 거예요. '가능하면'이라고 말씀하셨지만. 설사 가능하다 하더라도 외제차를 사고 싶지는 않습니다. 좋은 국산차가 이렇게 많은데 외제차를 뭐 하러 삽니까? 아닙니다. 그건 돈 낭비예요.

imported 수입된 come true 실현되다

자동차와 관련된 대화를 나눌 때 쓸 수 있는 유용한 표현

❶ Have you ever driven the car? 저 자동차 운전해 본 적 있어요?

❷ He wants to drive you to and from work. 그 사람이 당신을 자기 차로 출퇴근 시켜 주고 싶어하는 걸요.

❸ Who's going to drive? 누가 운전할 거예요?

❹ I'm going to call Hudson and have him drive me.
허드슨에게 전화해서 운전을 좀 해달라고 할 거예요.

❺ It doesn't take an hour to drive ten blocks. 10개 블록을 운전하는 데 한 시간 안 걸려요.

❻ I promise to drive you first thing in the morning. 약속할게요. 아침에 눈뜨자마자 운전해 준다고요.

❼ She was killed by a drunk driver. It was really tragic.
그녀는 음주운전자가 운전하는 차에 치여 죽었습니다. 정말 비극이었지요.

❽ Let's go for a drive, shall we? 드라이브 하러 가요. 네?

❾ It is a ten-hour drive. 차로 10시간은 가야 합니다.

❿ Get in. I'll drive you home. 어서 타요. 집까지 데려다 줄게요.

⓫ My car is buried back there. 제 차는 저기 안쪽에 있네요.

⓬ This is a hot car. 이 자동차 정말 인기 있는 차라니까.

⓭ Whose car is it? 그거 누구 차예요?

⓮ Can I walk you to your car? 자동차까지 바래다 드릴까요?

⓯ I was eating in my car. 차 안에서 뭘 먹고 있었어요.

⓰ The car is gas-guzzling. 그 차는 기름을 엄청 먹어요.

⓱ He was killed in a car wreck in 1977. 그는 1977년에 자동차 사고로 죽었습니다.

🎧 03-5.mp3

> **Q1** **What do you do when you have some spare time?**
> 시간 나면 주로 뭘 하세요?

I like listening to music. Recently, I've bought a brand new MP3 player.
I love it. It's so cool. In fact, I listen to music 24 hours a day. I'd like to be
a musician.

전 음악 듣는 걸 좋아해요. 최근에 새 MP3 플레이어를 샀지요. 정말 마음에 들어요. 너무나 좋은 거 있죠. 사실, 저는 하루에
24시간 음악을 듣거든요. 전 뮤지션이 되는 게 꿈이에요.

I watch TV at home when I have some free time. I don't like meeting
friends outside. When meeting friends, all I'm supposed to do is throw
money away. I hate it. I love being alone with TV.

저는 시간이 나면 집에서 TV를 봐요. 저는 밖에서 친구들 만나는 걸 싫어하거든요. 친구를 만나면 그저 돈밖에 쓰는 게 없잖
아요. 그게 싫어요. 저는 TV와 단 둘이 있는 게 너무 좋아요.

I'm into computer games. I usually sit at the computer for about 8
hours a day. I know it's too much, but I can't help it. Someday I might
be a computer gamer.

저는 컴퓨터 게임에 빠져 있어요. 보통 하루에 8시간 정도씩 컴퓨터 앞에 앉아 있죠. 너무 심하다는 건 알지만 어쩔 수가 없
습니다. 어느 날 제가 컴퓨터 게이머가 되어 있을지도 모를 일이잖아요.

I like reading. I usually find myself buried in books in leisure time. And
when I go to and from work, I read books on the subway.

저는 독서를 좋아해요. 여가 시간에는 보통 책에 파묻혀 지냅니다. 그리고 출퇴근 시간에는 지하철에서 늘 책을 읽지요.

I go fishing on weekends. With some of my friends. While fishing, I feel
like a different person. Pulling myself away from the desk and going
fishing is my all-time favorite thing.

저는 주말에 보통 낚시를 갑니다. 친구들과 함께 말이지요. 낚시를 하는 동안에는 완전히 다른 사람처럼 느껴져요. 책상에서
빠져나와 낚시하러 가는 게 제가 가장 좋아하는 일입니다.

---

brand new 아주 새로운, 신품의   musician 음악가, 연주가   bury oneself in ~에 골몰하다, 몰두하다   leisure 여가
all-time 영원한, 불변의

What you do in your free time may affect you in affirmative or negative ways. What are they? 시간이 있을 때 늘 하는 취미생활이 당신에게 긍정적인, 혹은 부정적인 면으로 영향을 줄 수 있습니다. 그런 영향들에는 어떤 것들이 있을 수 있을까요?

I enjoy going to PC rooms. Doing computer games is a lot of fun to me. But everybody smokes in there, so the air is disgusting. I know it's terrible for my health.

전 PC 방에 가는 걸 좋아해요. 컴퓨터 게임을 하다 보면 그렇게 재밌을 수가 없죠. 하지만 PC방 안에서는 모든 사람들이 담배를 피워요. 그래서 공기가 정말 역겹죠. 그게 제 건강에 아주 좋지 않다는 것을 잘 알고 있습니다.

I like walking in the park when I have some free time. In everyday life, I can hardly breathe: I have to be in a hurry under a lot of pressure. While walking in the park, I can get some fresh air and move slowly as I want to.

전 시간이 나면 공원 걷는 걸 좋아해요. 매일의 생활 속에서 사실 숨을 쉬기가 거의 힘들어요: 엄청난 스트레스 속에서 늘 급하게 서둘러야 하니까요. 공원에서 걷다 보면 맑은 공기를 마실 수 있고 제가 원하는 대로 천천히 움직일 수도 있어서 좋아요.

I like reading self-help books. And those books have changed me a lot. I am much more positive than I used to be. Those books are really worth reading.

저는 자기개발서 읽는 걸 좋아해요. 그리고 그런 책들이 저를 무척 많이 변화시켰죠. 지금의 저는 예전과 비교해서 훨씬 긍정적이에요. 그런 책들은 정말 읽을 만한 값어치가 있답니다.

I go to the movies in my free time. After watching movies, I become a completely different person. I become understanding, nice, and generous, not permanently, though. Hahaha.

저는 시간이 날 때면 영화를 보러 갑니다. 영화를 보고 나면 저는 완전히 다른 사람이 되죠. 이해심이 많고 착하고, 아주 너그러운 사람이 되어 있어요. 비록 영원히 바뀌는 건 아니지만요. 하하하.

---

affirmative 긍정적인 **negative** 부정적인 **disgusting** 역겨운, 정말로 싫은 **breathe** 숨쉬다, 호흡하다 **self-help** 자립, 자기 수양 **positive** 긍정적인 **generous** 너그러운, 후한 **permanently** 영구히, 불변으로

Q3 **Do you like going to see art galleries?** 미술관에 가는 걸 좋아하나요?

YES Yes, I DO. I go to art exhibitions when possible. There are many great exhibitions going on these days. So I'm really happy. I'm going to a gallery this weekend. Can you come along with me?

그럼요. 저는 시간이 날 때면 미술 전시회에 갑니다. 요즘에는 좋은 전시회가 너무 많아요. 그래서 진짜 기분 좋습니다. 이번 주말에는 갤러리에 갈 거예요. 같이 가실래요?

YES Yes. I'm very interested in arts. I go to Seoul Arts Center every Saturday to take some Arts Academy classes. The classes are very interesting.

예. 전 미술에 관심이 많아요. 매주 토요일에 예술의 전당에 가서 미술 수업을 듣지요. 얼마나 재미있는지 몰라요.

YES Very much. I tour galleries twice a month in Korea and even travel to Italy and France to see art galleries and museums once a year.

아주 즐겨요. 저는 국내에서 한 달에 두 번 갤러리 투어를 합니다. 그리고 심지어는 이탈리아와 프랑스에 가서 미술관과 박물관을 방문하지요. 1년에 한 번은 한답니다.

NO No, I don't. I'm not interested in arts. When people say something about arts, it sounds too difficult to me. I've never been to art galleries. I like music.

아니요, 전혀요. 전 미술에 관심이 없어요. 사람들이 미술에 대해서 얘기할 때면 제겐 그게 너무 어렵게 들려요. 전 미술관에 한 번도 가 본 적이 없습니다. 음악을 좋아하죠.

gallery 미술관, 화랑   **exhibition** 전시회, 전시

❶ What do you do when you have some free time? 여유 시간이 있을 때 주로 뭘 하세요?

❷ What do you do in your free time? 시간이 날 때 주로 뭘 하시나요?

❸ Working out is my favorite thing to do. 운동하는 것이 제가 가장 좋아하는 겁니다.

❹ I like going to see museums when I have some free time.
난 시간이 좀 나면 박물관에 가는 걸 좋아해.

❺ I go fishing in my free time. 저는 자유시간이 생기면 낚시를 하러 갑니다.

❻ Browsing in the department stores is my favorite pastime.
백화점에서 구경하는 게 제 가장 즐거운 심심풀이예요.

❼ Collecting stamps is one of my hobbies. 우표 수집이 제 취미 중 하나입니다.

❽ I usually go to the movies when I have some leisure time.
저는 여가 시간이 나면 보통 영화를 보러 가요.

❾ I enjoy driving alone when I can spare myself some time.
전 시간을 좀 낼 수 있을 때에는 혼자서 드라이브하는 걸 즐기죠.

❿ She's always got her head buried in some book. 그녀는 항상 책에 푹 빠져서 지내요.

⓫ I put the books first. 저는 책을 가장 중요하게 생각합니다.

⓬ I draw pictures whenever I can find some free time. 전 시간이 날 때마다 그림을 그려요.

🎧 03-6.mp3

Q1 **Do you like eating?** 먹는 거 좋아해요?

YES Of course. Eating means everything to me. I have a sweet tooth and like to have a chocolate bar or a cookie here and there.

물론이지요. 먹는 건 제 인생의 전부인 걸요. 전 단것을 좋아해요. 그래서 초콜릿 바나 쿠키를 입에 물고 여기저기 돌아다닙니다.

NO No. I don't enjoy eating. People say when they're eating, they feel happy, but I don't understand it. I eat just because I feel hungry. That's all. 아니요. 저는 먹는 걸 즐기지 않아요. 사람들은 먹을 때 행복을 느낀다고 하는데 저는 그걸 이해하지 못하겠어요. 저는 그저 배가 고파서 먹는 것뿐이거든요. 그게 다예요.

SO SO It depends. I usually like eating, but when I'm tired, eating itself is bothering. When I'm exhausted, I go to sleep.

상황에 따라 다르지요. 보통은 먹는 걸 좋아합니다. 하지만 피곤할 때는 먹는 것 자체가 성가시죠. 피곤할 때에는 잡니다.

have a sweet tooth 단것을 좋아하다   bother 성가시게 하다, 괴롭히다

Q2 **What did you eat for lunch today?** 오늘 점심에는 뭘 먹었어요?

It's a little nippy out, so I ate kalgugsu. When it's cold, eating hot noodles makes me feel good. When you want to eat noodles, let me know. I have a good restaurant in mind.

밖이 좀 추워서 칼국수 먹었어요. 날씨가 추울 때에는 뜨거운 국수를 먹는 게 기분 좋아요. 국수 드시고 싶으면 저한테 말씀하세요. 제가 좋은 식당을 알고 있거든요.

I ate bean sprouts soup. I had too much to drink last night. Bean sprouts soup helps after you drink a lot.

콩나물국 먹었어요. 지난밤에 술을 너무 많이 마셨거든요. 콩나물국은 술을 많이 마시고 난 후에 도움이 돼요.

I had some burgers. I was so busy that I couldn't find enough time to eat rice or noodles. But I like burgers a lot.

햄버거를 먹었어요. 너무 바빠서 밥이나 국수를 먹을 시간이 없었거든요. 하지만 전 햄버거를 무척 좋아해요.

I couldn't eat lunch today. I had no time to eat. I know skipping meals is not so good for health, but I couldn't help it. I'm starving.

오늘은 점심을 못 먹었어요. 먹을 시간이 전혀 없었거든요. 식사를 건너뛰면 건강에 좋지 않다는 거 알죠. 하지만 어쩔 수 없었어요. 지금 배고파 죽겠네요.

nippy 살을 에는 듯한, 호된   sprout (식물의) 눈, 싹   can't help it 어쩔 수 없다

Q3 ▷ **What is your favorite food?** 좋아하는 음식이 뭐예요?

I like kimchichige. That's my favorite. I can't say the reasons clearly, but I like it very much. I'm kimchi-addicted. That can be kind of a proper reason. 저는 김치찌개를 좋아해요. 제가 가장 좋아하는 음식이지요. 이유는 분명하게 말할 수 없지만 너무 좋아해요. 제가 김치 중독이거든요. 그게 적절한 이유가 될 수도 있겠군요.

I like spaghetti very much. The taste of spaghetti depends on the quality of noodles. I can't forget the time when I first tasted spaghetti. 저는 스파게티를 무척 좋아해요. 스파게티의 맛은 국수의 질에 달려 있지요. 저는 그때를 잊을 수가 없어요. 제가 처음 스파게티를 먹던 날 말입니다.

I like eating meat. I eat meat every other day. Meat gives me power and energy. 저는 고기를 좋아해요. 고기를 이틀에 한 번은 먹죠. 고기는 저에게 힘과 에너지를 줍니다.

I love bread. I couldn't live a day without bread. Bread must be within my reach all the time.

전 빵을 정말 좋아해요. 저더러 빵 없이 살라고 하면 못 살 거예요. 빵은 항상 제 손이 닿을 곳에 있어야 한답니다.

addicted 중독된   proper 적당한   taste 맛, 맛보다   quality 질, 특성   every other 한 번 걸러   within one's reach 손이 미치는 곳에

Q4 > **Is there any food you don't like?** 싫어하는 음식 있어요?

YES I don't like naengmyeon. I like the taste of naengmyeon, but after I eat it, I still feel hungry. That's why I don't like naengmyeon.

전 냉면을 별로 좋아하지 않아요. 냉면 맛은 좋아요. 하지만 냉면을 먹고 나면 여전히 배가 고파요. 그래서 냉면을 좋아하지 않죠.

YES I don't like meat. It doesn't mean that I don't touch meat at all. I eat meat, but not often and not much. I don't think meat agrees with me.

전 고기를 싫어해요. 그렇다고 고기에 손도 대지 않는 건 아니에요. 고기를 먹긴 하는데 자주 먹진 않고 또 많이 먹지 않는 다는 거죠. 고기가 제 몸에 맞지 않는 것 같거든요.

YES I'm allergic to Chinese food. I used to like it a lot, but last year after I ate chajangmyeon, I couldn't digest it. I took some medicine, but it didn't work. After that, I began to have an allergy to Chinese food.

전 중국 음식에 알레르기가 있어요. 예전에는 아주 좋아했었는데, 작년에 자장면을 먹고 체한 적이 있어요. 약을 먹었는데 소용이 없었죠. 그후부터 중국음식 알레르기가 생기기 시작했습니다.

digest 소화하다

Q5 > **Do you drink?** 술 마실 줄 알아요?

YES Yes. I like drinking. I drink soju almost every day. But I don't get drunk. I know it's bad for my health, but drinking makes me so happy. I'm trying to cut down.

예. 전 술 마시는 거 좋아해요. 거의 매일 소주를 마시죠. 하지만 취하지는 않아요. 건강에 좋지 않은 줄은 알지만 술을 마시면 기분이 참 좋아져요. 요즘은 줄이려고 애쓰고 있습니다.

YES Yes, but not much. They say drinking moderately does you no harm. And I like drinking wine. Wine is very good for health.

예. 하지만 많이는 못 먹어요. 적당히만 마시면 해가 되지 않는다잖아요. 그리고 저는 와인 마시는 걸 좋아해요. 와인은 건강에 아주 좋지요.

31

YES Of course. Getting drunk is my thing. Once you drink, you have to get drunk. You drink in order to get drunk, don't you?

물론이죠. 술 취하는 게 제 전공이지요. 일단 마시면 당연히 취해야지요. 술은 취하기 위해 마시는 거 아닌가요?

NO I don't drink. I've never touched alcohol at all. Just smelling alcohol makes me get drunk. I hate people to force me to drink.

저는 술 못 마셔요. 지금까지 한 번도 술을 입에 대 본 적이 없어요. 술 냄새만 맡아도 취하죠. 저는 사람들이 제게 억지로 술을 권하는 거 너무 싫어요.

cut down ~을 줄이다 moderately 알맞게, 적당히 do A harm A에게 해를 주다, A를 해치다 force 억지로 하게 하다

음식에 관한 대화를 나눌 때 쓸 수 있는 유용한 표현

❶ I'd like to eat out tonight. 오늘 밤 외식하고 싶어요.

❷ I'll bring along something to eat. 제가 먹을 것 좀 가지고 올게요.

❸ Would you like something to eat? 뭘 드시겠어요?

❹ Let's go eat. 우리 먹으러 갑시다.

❺ Why don't you join us for a bite to eat? 우리하고 간단하게 뭘 좀 먹읍시다.

❻ Do you want to grab a bite to eat? 간단하게 뭐 좀 드실래요?

❼ What did you eat for lunch? 점심에 뭘 드셨어요?

❽ Can you meet me for lunch tomorrow? 내일 만나서 점심 같이 할까요?

❾ He's a big eater. 걔는 정말 많이 먹어.

❿ I just wanted to invite you to eat dinner tonight. 오늘 밤 당신을 저녁 식사에 초대하려고 했지요.

⓫ You're not eating? 안 먹어요?

⓬ You shouldn't be eating in here. 이 안에서는 음식을 먹으면 안 됩니다.

⓭ Help yourself anything to eat. 뭐든 마음껏 드세요.

⓮ Are you not supposed to eat something? 먹으면 안 되는 음식 있어요?

⓯ Come to dinner. It's unhealthy to eat alone. 저녁 먹으러 와요. 혼자 먹는 건 건강에 좋지 않으니까요.

🎧 03-7.mp3

Q1 > **Do you watch your diet and exercise?** 다이어트와 운동을 평소에 하세요?

YES > Yes. In fact, I do everything for my health. I go to the fitness club and watch my diet. I've lost about 10 kilos after I started working out. Now I'm addicted to exercising.

그럼요. 사실은 건강을 위해서 안 하는 게 없을 정도예요. 체육관에 가고, 다이어트에 신경 쓰죠. 운동을 시작 한 후로 10킬로 그램 정도 빠졌어요. 지금은 운동에 완전히 중독되었답니다.

YES > Yes, but not continuously. I feel sorry about myself for that. I'd really like to keep in shape, but I keep making excuses: I have no time, I have no money, I'm starving, and so on.

예, 하지만 계속은 아니에요. 그래서 제 자신에 대해 좀 실망하는 편이지요. 정말 건강을 잘 유지하고 싶은데 계속 변명만 늘 어놓게 돼요: 시간이 없다, 돈이 없다, 배가 고프다, 등등 말이에요.

NO > Never. I'm completely happy with my body and myself. Why do I have to watch my diet and exercise when I'm satisfied with the way I look? Come on, let's eat!!!

아니요. 저는 제 몸과 제 자신에 완전 만족하고 있어요. 제가 왜 다이어트를 하고 운동을 해야 하죠? 이렇게 제 외모에 지극 히 만족하고 있는데 말이에요. 자, 어서 먹자고요!

---

watch one's diet 음식을 조절하다, 다이어트 하다　fitness club 헬스클럽　addicted to ~에 중독된　continuously 끊임없이, 계속해서　keep in shape 건강을 유지하다　make an excuse 변명하다　be satisfied with ~에 만족하다

Q2 > **Why do you think people try to be on a diet?**
왜 사람들이 다이어트를 하는 거라고 생각하세요?

They must want to look pretty. I understand that. It can be kind of a self-satisfaction. But I heard losing a lot of weight in a short period was bad for health. You must be extra careful when you're on a diet.

예뻐 보이고 싶은 거겠지요. 이해합니다. 그게 일종의 자기만족 아니겠어요? 하지만 짧은 시간에 너무 많은 살을 빼게 되면 건강에 좋지 않다고 들었어요. 다이어트를 할 때에는 각별히 주의해야 합니다.

Dieting itself is good for health, isn't it? A lot of people try to go on a diet just to lose weight, but I'm on a diet for staying healthy.

다이어트 하는 것 자체는 건강에 좋아요, 그렇죠? 많은 사람들이 다이어트를 하려는 이유는 그저 살을 빼기 위해서예요. 하지만 저는 지금 건강을 유지하기 위해 다이어트를 하고 있답니다.

They want to become thinner. People think they become more attractive when they're thinner. Yes, in a way, but not always.

다들 날씬해지고 싶은 거죠. 사람들은 지금보다 더 날씬하면 더욱 매력적이 된다고 생각해요. 어떤 면에서는 그럴 수도 있겠지만 항상 그런 것은 아니지요.

It's kind of a trend, isn't it? People just don't want to fall behind the trend. I don't believe there are many Koreans who have to go on a diet. They diet and exercise just because others do.

일종의 유행 아닌가요? 사람들은 그저 유행에 뒤떨어지고 싶지 않은 거예요. 제 생각에는 다이어트를 해야 하는 한국인들은 많지 않은 것 같아요. 다들 다이어트를 하고 운동을 하는 이유는 남들이 하기 때문인 거죠.

self-satisfaction 자기만족 **extra** 특별히, 각별히 **trend** 유행, 추세 **fall behind** 뒤지다, 뒤떨어지다

Q3 > **Why do you want to go on a diet?** 왜 다이어트를 하려고 하죠?

I don't like the way I look. I know I have to lose weight. That's why. Nobody has ever forced me to go on a diet. It is my own thinking.

저는 제 외모가 마음에 들지 않아요. 살을 빼야지요. 그래서 다이어트를 하려는 겁니다. 아무도 저에게 다이어트 하라고 강요한 사람은 없어요. 순전히 제 자신의 생각입니다.

All of my friends are on a diet. Whenever I see them, I can't help but think I have to follow suit. Why? They're becoming prettier.

제 친구들은 모두 다이어트를 하고 있거든요. 걔들을 만날 때마다 저도 따라서 해야겠다는 생각을 할 수밖에 없어요. 왜냐고요? 걔들이 지금 점점 예뻐지고 있거든요.

I have recently gained weight. Some of my friends are making fun of me for that. It hurts. That's why I've made up my mind to go on a diet.

최근에 살이 쪘어요. 몇몇 친구들이 그것 때문에 저를 놀리고 있지요. 그거 아주 기분 안 좋아요. 그래서 다이어트를 하기로 마음먹었습니다.

can't help but ~하지 않을 수 없다   follow suit 따라하다   make fun of ~을 놀리다, 비웃다   make up one's mind 결심하다, 마음을 먹다

 After the diet, have you lost weight as much as you wanted? 다이어트 이후에 원했던 만큼 살이 빠졌나요?

YES Yes. Exactly as much as I wanted. I had a hard time, though. I'm really satisfied with the way I look right now. But I won't stop. I'm going to keep going on a diet.

예. 정확히 원했던 만큼이요. 무척 힘들었지만 지금 제 모습에 정말 만족합니다. 하지만 멈추지 않을 거예요. 계속 다이어트 할 겁니다.

NO No. I've lost just one kilo in two months. I don't know what's been wrong with me. I'm afraid I have to go to the fitness club to work out. In fact, I hate to exercise indoors.

아니요. 2개월 동안 겨우 1킬로 빠졌거든요. 뭐가 잘못된 건지 모르겠어요. 아무래도 헬스 클럽에 가서 운동해야 할까 봐요. 사실, 전 실내에서 운동하는 걸 싫어하거든요.

SO SO Not as much as I wanted. But I've lost weight. I'm really happy and proud of myself. Don't I look much prettier? My friends envy me.

원했던 만큼은 아니에요. 하지만 살이 빠졌어요. 정말 기분 좋고 제 자신이 자랑스러워요. 제가 훨씬 예뻐 보이지 않나요? 친구들이 부러워해요.

indoors 실내에서   envy 부러워하다, 질투하다

35

다이어트에 관한 대화를 나눌 때 쓸 수 있는 유용한 표현

❶ I'm on a diet. 저는 지금 다이어트 중이에요.

❷ I'm going on a diet. 다이어트 할 거예요.

❸ I'm determined to lose weight. 살 빼기로 마음먹었어요.

❹ You should watch your diet. 다이어트 하셔야겠네요.

❺ Do you work out? 요즘 운동해요?

❻ I have lost weight. 살 빠졌어요.

❼ I have gained weight. 살 쪘어요.

❽ She's desperate to lose weight. 그녀는 살을 빼려고 필사적이에요.

❾ I've struggled with my weight. 그동안 살 때문에 정말 전쟁이었어요.

❿ Don't eat between meals. 식사 중간에 간식을 먹지 말아요.

⓫ I don't work out or diet. 저는 운동이나 다이어트를 하지 않아요.

⓬ How can I keep in shape? 어떻게 해야 건강한 몸을 유지할 수 있을까요?

⓭ Keeping in shape is also about eating well. 건강을 유지한다는 건 또한 잘 먹는 것이기도 해요.

프리토킹 주제 **08** 가족에 대해 말하기

🎧 03-8.mp3

Q1 > **How many family members do you have?** 식구는 몇 명이에요?

Five. My parents, two sisters and me. I'm the youngest. My sisters are married. My brothers-in-law are very nice. They don't hesitate to give me allowance. I'm happy with them.

5명이요. 부모님과 누나 둘, 그리고 저죠. 제가 막내예요. 누나들은 다 결혼했어요. 매형들은 너무 좋은 분들이에요. 늘 망설임 없이 제게 용돈을 주지요. 우린 사이가 참 좋아요.

I come from a big family. Two brothers and three sisters. I'm the third in the family. I'm proud of my brothers and sisters. I love my parents. They're old, but in good shape.

우리 집은 식구가 많아요. 남자 형제가 둘, 그리고 여자 형제가 셋이죠. 저는 셋째예요. 저는 우리 형제들이 너무 자랑스러워요. 부모님도 사랑하고요. 연세가 많이 드셨지만 두 분 다 아주 건강하답니다.

My parents and me. I'm the only child. So I was lonely when I grew up. But now I'm okay. I'm going to have many children when I get married. I don't want my children to be lonely.

부모님과 저예요. 전 외아들이에요.(무남독녀예요). 그래서 자랄 때 외로웠어요. 하지만 지금은 괜찮아요. 전 결혼하면 아이들을 많이 낳을 거예요. 제 아이들이 외로운 건 싫거든요.

---

allowance 용돈, 수당 **in good shape** (몸) 상태가 좋은 **lonely** 외로운

Q2   Do you get along well with your family members?
식구들과 사이는 좋아요?

 YES   Of course. I'm very close to my parents and my brother. There are four in my family including me. We're really getting along fine. My parents are considerate and very family-oriented. My brother is very generous. I love my family.

물론이죠. 전 부모님 그리고 동생/형하고도 사이가 아주 좋아요. 우리 식구는 저를 포함해서 네 명이에요. 우린 정말 사이가 좋습니다. 우리 부모님은 남을 잘 배려해 주세요. 그리고 가족 중심적이시지요. 우리 동생/형은 아주 너그럽고요. 전 우리 가족을 정말 사랑합니다.

NO   I'm not happy with my mother. My mother's always telling me I don't listen to her. But she's so stubborn and opinionated. She doesn't approve of my lifestyle, but I'm old enough to be on my own.

전 엄마와 사이가 별로예요. 우리 엄마는 항상 제가 엄마 말을 안 듣는다고 하시지요. 하지만 우리 어머니는 너무 고지식하고 고집도 세세요. 어머니는 제 생활 스타일을 인정하지 않으시죠. 하지만 제 나이 정도면 내 뜻대로 할 나이 아닌가요?

NO   No. My family is a disaster. I don't want to talk about my family. Just thinking of my family gets me annoyed.

아니요. 우리 식구는 정말 절망이에요. 절망. 우리 식구에 대해서 말하고 싶지 않아요. 생각만 해도 화가 치밀거든요.

get along with 사이좋게 지내다   considerate 이해심 있는, 마음씨 좋은   family-oriented 가족 지향의   generous 관대한, 아량 있는   stubborn 고집 센   opinionated 완고한   approve of ~에 찬성하다   on one's own 혼자 힘으로, 독립하여, 혼자서   disaster 재앙, 실패   annoyed 괴롭히는, 성가신

Q3   You're so tall. Does it run in your family? Is your father tall, too?
키가 굉장히 크네요. 유전인가요? 아버지도 키가 크세요?

 YES   Yes. My father is taller than I. In fact, my father used to be a basketball player. But I'm terrible at basketball. What's wrong with me?

예. 우리 아버지는 저보다 크세요. 사실, 아버지께서 예전에 농구선수셨어요. 하지만 저는 농구를 전혀 못해요. 전 뭐가 잘못된 걸까요?

NO No, my father's not so tall. But my mother is. She's 172 centimeters and my sister is 174. When we walk together my father's always walking behind us.

아니요. 아버지께서는 별로 크지 않으세요. 하지만 엄마가 크세요. 172cm이시죠. 누나/언니/동생은 174cm예요. 우리가 같이 걸을 때는 아버지께서 항상 우리 뒤에 오세요.

NO No. There's nobody in my family who is taller than I. As a matter of fact, they're very short. When we go eat out, some people look at us and giggle.

아니요. 우리 식구 중에 저보다 큰 사람은 없는데요. 사실, 다들 너무 작아요. 우리가 외식하러 나가면 어떤 사람들은 우리를 보면서 낄낄거리고 웃는다니까요.

giggle 낄낄 웃다

 **가족과 관련된 대화를 나눌 때 쓸 수 있는 유용한 표현**

❶ In our family, religion is more important than anything.
우리 식구들에게는 종교가 다른 무엇보다 중요해요.

❷ Her family's very religious. 그녀의 가족은 신앙심이 아주 깊지요.

❸ Ultimately you want to marry and have a family, don't you?
결국 당신은 결혼해서 아이를 낳아 가정을 꾸리고 싶은 거잖아요. 안 그래요?

❹ I plan to start a family. 아이를 낳을 계획이에요.

❺ It doesn't run in the family. 그거 유전 아니에요.

❻ I don't know how to win over her family.
어떻게 해야 그녀의 가족을 내 편으로 만들 수 있는 건지 모르겠어요.

❼ You have a wonderful family. 당신 가족은 정말 대단해요.

❽ I'm capable of supporting our family. 우리 가정을 책임질 능력은 있습니다.

❾ I've got a family emergency. 집에 급한 일이 좀 생겼어요.

❿ I'd like to have a family someday. 언젠가는 가정을 꾸려야지요.

39

🎧 03-9.mp3

Q1 > **Do you have many friends?** 친구가 많아요?

 Yes, I have a lot of friends from high school and college. We try to meet as often as possible. When I'm with my friends, I feel happy. It is said that talking to friends keeps you healthy.

예, 고등학교와 대학교 친구가 많아요. 가능한 한 자주 만나려고 애를 쓰지요. 전 친구들과 있으면 행복해요. 친구들과 대화하는 건 건강에 좋다는 말도 있잖아요.

 I have only two friends. We're very close. If we're not close, I don't call them friends. The number 2 itself is not many, but two friends are enough for me. They're very understanding and so generous to me. I'm happy with them.

전 친구가 둘밖에 없어요. 아주 친하죠. 저는 친하지 않으면 친구라고 부르지도 않습니다. 숫자 2 자체는 많은 게 아니지만 친구 둘로 저는 충분합니다. 둘 다 정말 이해심이 많고요. 저한테 진짜 너그러워요. 걔들하고 있으면 얼마나 좋은지 몰라요.

 Not many. In fact, the definition of a friend is kind of confusing. We can't get together as often as we want to. We seem to meet every other month. Not often, is it? But getting together itself makes us so happy.

그다지 많지는 않아요. 사실, 친구의 정의는 좀 혼란스럽잖아요. 우리는 원하는 만큼 자주 만나지는 못해요. 두 달에 한 번 정도 만나는 것 같거든요. 자주 만나는 건 아니죠, 그렇죠? 하지만 만나는 것 자체가 정말 즐겁고 좋습니다.

definition 정의 confusing 혼란스러운 get together 모이다, 만나다

What do you usually do with your friends?
친구들을 만나면 주로 뭘 하나요?

We eat and talk. We enjoy eating and talking. There are some hangouts we usually go to. If you want to talk to me, just come to the places, and you can always find me there.

우린 먹고 이야기하죠. 먹고 얘기하는 걸 정말 좋아하거든요. 우리가 주로 가는 아지트가 몇 군데 있어요. 저하고 얘기가 하고 싶다면 그리로 오시면 돼요. 언제든 거기에 있으니까요.

We drink. Drinking with friends is fantastic. It's a great pleasure to me. No, don't misunderstand me. We don't drink a lot. Just enjoy drinking. We just drink about half a bottle of soju each. That's moderate, isn't it?

술을 마시죠. 친구들과 술 마시는 건 너무 좋아요. 저한테는 정말 큰 즐거움이에요. 아니요, 절 오해하진 마세요. 술을 많이 마시지는 않으니까요. 그냥 즐기는 거예요. 그저 각자 소주 반 병 정도 마셔요. 적당하죠, 그죠?

We go see a movie, drive, and go shopping. This sweater I'm wearing is a gift from one of my friends. We enjoy giving gifts to each other. I'm always looking forward to meeting my friends.

영화를 보고, 드라이브하고, 쇼핑을 주로 해요. 제가 지금 입고 있는 이 스웨터는 제 친구가 선물한 거예요. 우리는 서로에게 선물하는 걸 좋아하죠. 전 언제나 친구들 만나는 걸 무척이나 기다려요.

hangout 집합소, 소굴 pleasure 기쁨, 즐거움 misunderstand 오해하다 moderate 알맞은, 적당한 look forward to ~ 을 고대하다

When do you think you need friends? 언제 친구가 필요하다고 생각하세요?

I need friends all the time. I don't think I can live a single day without friends. Friends are everything to me. I prefer friends to a girlfriend. If my girlfriend doesn't like my friends, I would break up with her.

항상 필요하지요. 저는 친구 없이는 단 하루도 살 수 없을 것 같아요. 친구는 제게 전부거든요. 전 애인보다는 친구를 선택하겠어요. 만일 제 애인이 제 친구들을 마음에 들어하지 않는다면 저는 그녀와 헤어질 거예요.

Need friends? That sounds strange. Meeting friends doesn't mean I need them. Have you ever thought about when you need your hands and legs? No. They're just part of your body. Friends are just the same. They're just part of you. That's the way I think of friends. 친구가 필요하나고요? 듣기 좀 그런데요. 친구를 만나는 건 필요해서가 아니잖아요. 언제 손이 필요하고 다리가 필요한지 생각해 보셨어요? 아니죠. 손과 다리는 그저 내 몸의 일부잖아요. 친구도 마찬가지죠. 친구는 나의 일부예요. 저는 친구를 그렇게 생각합니다.

No. I don't need friends. Nobody can help me. Nobody can get rid of my loneliness. I just believe in myself. 아니요. 전 친구가 필요하지 않습니다. 아무도 저를 도와줄 수 없어요. 아무도 제 외로움을 없애줄 수 없지요. 저는 저 자신만 믿습니다.

친구에 관한 대화를 나눌 때 쓸 수 있는 유용한 표현

❶ He's one of my dearest friends. 그는 내게 가장 소중한 친구예요.

❷ I feel as though he's the one friend I can count on. 나는 그가 믿을 수 있는 친구라고 생각해요.

❸ We've been friends a long time. 우린 오랜 친구지요.

❹ I never was friends with her. 그녀와 가깝지 않았어요.

❺ I think you need a friend, someone to trust. 당신은 친구가 필요해요. 믿을 만한 친구 말이에요.

❻ I hope we'll be friends. 우리 가깝게 지내면 좋겠어요.

❼ I was at a friend's place for dinner last night. 나 어젯밤에 친구 집에서 저녁 먹었어요.

❽ I still consider him my best friend. 난 여전히 그를 내 가장 친한 친구라고 생각해요.

❾ I had a sleepover at a friend's house. 친구 집에서 외박했어요.

❿ I think of you as a friend. 난 당신을 친구라고 생각해요.

⓫ I don't really have many friends. 저는 사실 친구가 많지 않아요.

⓬ I used to go out with her. She dumped me. But we are still good friends. 한때 그녀와 데이트했어요. 그러다 그녀가 나를 차버렸지요. 하지만 우리는 지금도 여전히 가까운 친구 사이예요.

⓭ I can't call her such a good friend. 그녀가 그렇게 좋은 친구라고는 말 못하겠어요.

⓮ It's no wonder you don't have any friends. 당신에게 친구가 없는 건 당연해요.

⓯ What are friends for? 친구 좋다는 게 뭐예요?

Q1 > **Do you date?** 요즘 데이트해요?

 YES Yes. I've been dating this guy/girl for three months. I met her on a blind date. It was love at first sight. We are head over heels in love. We drive, eat, and walk together almost every day.

예. 3개월째예요. 그녀를 미팅에서 만났죠. 첫눈에 반한 사랑이었어요. 지금도 너무 사랑하고 있어요. 우리는 드라이브를 하고 밥을 먹고, 함께 걸어요. 거의 매일이요.

 NO No. I've never dated. I think I'm worth dating, but girls don't seem to think so. I know someday I can find my Miss. Right. Please fix me up with a girl.

아니요. 저는 한 번도 데이트를 한 적이 없어요. 저는 제가 데이트할 가치가 있는 사람이라고 생각하는데 여성분들은 그렇게 생각하지 않나 봐요. 언젠간 제 짝을 찾을 수 있겠지요. 여자 좀 소개시켜 주세요.

 SO SO Used to. I broke up with this guy last month. He had cheated on me and it was a shock to me. I don't stand a guy who cheats. I don't think I can date again.

했었죠. 지난달에 이 남자하고 헤어졌어요. 그가 바람을 피웠는데 정말 충격이었죠. 저는 바람피우는 남자 질색이에요. 다시는 데이트를 못할 것 같아요.

---

at first sight 첫눈에   **head over heels** 깊이 빠져들어   **fix A up with** A에게 ~을 소개시켜 주다   **cheat** 몰래 바람피우다

It was about five years ago. When I was in high school. She was living next door to me. Every morning I pretended to run into her at the bus stop. But she didn't even glance at me. I still can't put her out of my mind.

5년쯤 됐네요. 고등학교 다닐 때였죠. 그녀는 우리 옆집에 살았어요. 매일 아침 저는 그녀를 버스 정류장에서 우연히 만나는 척했어요. 그런데 그녀는 저에게 눈길 한 번 주지 않았죠. 전 아직도 그녀를 잊을 수 없어요.

We met when I was 22 and he was 24. The attraction was instant. He was the most charismatic man I'd ever known. We became inseparable immediately. We're still in love.

제가 스물두 살, 그가 스물네 살 때 우린 만났죠. 우린 첫눈에 반했어요. 그는 제가 본 남자 중에서 가장 카리스마 있는 사람이었지요. 우리는 바로 뗄 수 없는 관계가 되었죠. 우린 아직도 서로 사랑하고 있답니다.

I've never fallen in love. I've never dated. And I've never had a crush on anybody. So when I hear people say they're crazy about somebody, I don't understand them. Is being crazy about somebody really possible?

전 한 번도 사랑을 해 본 적이 없어요. 데이트한 적도 없고, 게다가 누군가에게 반한 적도 없습니다. 그래서 사람들이 누군가를 미치도록 좋아한다는 말을 들으면 전 이해 못하겠어요. 누군가를 미치도록 좋아한다는 게 정말 가능한 건가요?

---

run into ~을 우연히 만나다 glance at ~을 흘긋 보다 attraction 매력, 끌어당김 instant 순식간의, 즉시의 inseparable 뗄 수 없는 have a crush on ~에게 홀딱 반하다

Q3 **What does your date look like?** 데이트 상대의 외모는 어떤가요?

He's tall and good-looking. He's an athlete and very particular about his body. And he does have nice eyes. But... his head is kind of big.

그는 키가 크고 잘생겼어요. 운동선수 같은 몸을 가졌죠. 그리고 자기 몸에 대해서는 철저해요. 눈이 참 멋있고요. 그런데… 머리가 좀 커요.

She's pretty. She doesn't have an incredible body, but she's very attractive. People are drawn to her by her smile.

예뻐요. 환상적인 몸매는 아니지만 대단히 매력 있어요. 사람들은 그녀의 미소에 반하죠.

She's tall and long-legged. She's so cute. She's twenty-five years old, but looks much younger. And her lips are very attractive.

키가 크고 롱다리예요. 귀엽게 생겼죠. 나이는 스물다섯인데 훨씬 어려 보이죠. 그리고 입술이 정말 매력적입니다.

I don't think he's handsome, but very charming in his own way. I like the way he walks and laughs. And his voice is so soft and romantic.

그는 잘생긴 건 아니지만 그만의 멋진 매력이 있지요. 저는 그가 걷는 모습, 그리고 웃는 모습이 참 마음에 들어요. 그리고 그의 목소리는 정말 부드럽고 로맨틱하답니다.

particular about ~에 까다롭게 구는   incredible 믿을 수 없는   attractive 매력적인

Q4 **What's your date like?** 애인은 어떤 사람이에요?

He's nice and gentle. Not just to me, but to everybody. Everybody likes him and wants to be with him. And he's humorous.

아주 점잖고 친절한 사람이에요. 저에게만 그러는 게 아니라 모든 사람에게 그래요. 그래서 모두들 그를 좋아하고 그와 함께 있고 싶어해요. 유머러스하기까지 하고요.

45

She's funny and interesting. When you're with her, you can chase your blues away. But sometimes she's a little stubborn.

그녀는 웃기면서도 여러모로 흥미를 자극하는 재미있는 사람이에요. 그녀와 함께 있으면 우울증도 다 사라져 버리지요. 하지만 가끔 고집이 좀 센 면이 있어요.

He's kind, polite and sincere. He doesn't know how to lie. When he lies, his face shows it. I'm so happy with him.

친절하고 공손하고 정말 솔직한 사람이에요. 거짓말하는 법을 전혀 모르는 사람이지요. 그가 거짓말을 하면 얼굴에 다 나타나요. 저는 그와 함께 있는 게 너무 행복합니다.

chase away 쫓아버리다, 몰아내다 blues 우울(증) sincere 성실한, 참된

연애에 대한 대화를 나눌 때 쓸 수 있는 유용한 표현

❶ I'd like to ask her out. 그녀에게 데이트 신청하고 싶어요.

❷ Are you asking me out on a date? 지금 저한테 데이트 신청하는 거예요?

❸ I went out with her. 그녀와 데이트했어요.

❹ I'd like to go out with her. 그녀와 데이트하고 싶어요.

❺ Do you have a date? 데이트 있어요?

❻ I met him on a blind date. 그를 미팅에서 만났지요.

❼ She set me up on a date. 그녀가 소개팅을 시켜 줬어요.

❽ I wouldn't mind going out on a date with him. 그와 데이트하는 거 난 괜찮아요.

❾ We've had three dates. 우리는 데이트를 세 번 했어요.

❿ I haven't dated in ages. 데이트한 지 정말 오래됐네요.

⓫ I got sort of a date later on tonight. 오늘밤 늦게 데이트 같은 거 있어요.

⓬ I'm not just very good at this date thing. 저는 이렇게 데이트하는 거에는 정말 쑥맥이에요.

⓭ How did the date go with her? 그녀와의 데이트는 어떻게 됐어요?

⓮ Will you go out with me on Saturday night? 토요일 밤에 저와 데이트하실래요?